Gernot Wimmer (Hrsg.)
Ingeborg Bachmann und Paul Celan

Untersuchungen
zur deutschen
Literaturgeschichte

—
Band 145

Ingeborg Bachmann und Paul Celan

Historisch-poetische Korrelationen

Herausgegeben von
Gernot Wimmer

DE GRUYTER

Gedruckt mit Unterstützung des
forum culturel autrichien^par

ISBN 978-3-11-055358-1
e-ISBN 978-3-11-033143-1
ISSN 0083-4564

Library of Congress Cataloging-in-Publication Data
A CIP catalog record for this book has been applied for at the Library of Congress.

Bibliografische Information der Deutschen Nationalbibliothek
Die Deutsche Nationalbibliothek verzeichnet diese Publikation in der Deutschen Nationalbibliografie; detaillierte bibliografische Daten sind im Internet über http://dnb.dnb.de abrufbar.

© 2017 Walter de Gruyter GmbH, Berlin/Boston
Dieser Band ist text- und seitenidentisch mit der 2014 erschienenen gebundenen Ausgabe.
Satz: Konrad Triltsch Print und digitale Medien GmbH, Ochsenfurt
Druck und Bindung: CPI books GmbH, Leck

♾ Gedruckt auf säurefreiem Papier
Printed in Germany

www.degruyter.com

Inhalt

Einleitung —— 1

Teil 1: Lebensweltliches als Sozialgeschichte

Sigrid Weigel
Öffentlichkeit und Verborgenheit
Zur literaturpolitischen und persönlichen Konstellation von Ingeborg Bachmanns Frankfurter Poetik-Vorlesung —— 7

Cindy K. Renker
„Lampensuchenderweise..."
Paul Celans und Ingeborg Bachmanns Suche nach Wahrheit —— 24

Barbara Wiedemann
„du willst das Opfer sein"
Bachmanns Blick auf Celan in ihrem nicht abgesandten Brief vom Herbst 1961 —— 42

Marc-Oliver Schuster
„Bestätigung" und „Rechtfertigung"
Celans Briefe mit Bachmann und anderen als Kommentare zum *Gespräch im Gebirg* —— 71

Teil 2: Überlegungen zu poetologischen Kategorien

Linda Maeding
Gespräch und Schweigen
Zum Ort der Dichtung im Briefwechsel —— 93

Madlen Reimer
„Laß uns die Worte finden"
Die Korrespondenz als literarischer Text —— 110

Mareike Stoll
„... und eine Schreibmaschine"
  Handgeschriebenes und Maschine-Geschriebenes bei Ingeborg Bachmann und Paul Celan —— 123

Lina Užukauskaitė
Diskursivierung des Schönen im Dialog zwischen Ingeborg Bachmann und Paul Celan —— 138

Teil 3: Interpretation von Auswahlgedichten

Gernot Wimmer
Endzeitstimmung und Zeitenwende im lyrischen Frühwerk von Celan und Bachmann
  Exemplarisch dargestellt an den Gedichten *Todesfuge* und *Die gestundete Zeit* —— 157

Ruven Karr
Ménage à trois
  Die Liebesbeziehung als biographischer Ausgangspunkt des dialogischen Totengedenkens —— 171

Bernhard Böschenstein
Celans Gedichte aus *Sprachgitter* in Briefen an Ingeborg Bachmann
  Eine Skizze —— 192

Autorenverzeichnis —— 199

Einleitung

Mit der Zielsetzung, die zeitgeschichtliche Verwobenheit zu bestimmen, die sich im intimen Verhältnis zwischen Ingeborg Bachmann und Paul Celan abzeichnete, vereint dieser Studienband elf innovative Beiträge, die in erster Linie der im Jahr 2008 veröffentlichten *Herzzeit*-Korrespondenz gewidmet sind. In Bachmanns und Celans brieflichem Dialog, der beständig um die Kollektivwunde der Shoah kreist, wird vieles als bekannt vorausgesetzt, was das ‚Jüngst Vergangene' betrifft. Immer wieder brechen sich unüberhörbare Störgeräusche Bahn, die das öffentliche Diktum der Verschwiegenheit diskursiv außer Kraft setzen. Ihre je eigene, schon biografisch bedingte Stellung zur Zeitgeschichte, die sie als Angehörige eines ethnischen bzw. nationalen Kollektives ausweist, bildet dabei das konfliktive Zentrum einer sich nicht bloß im Künstlerischen, sondern auch im Privaten manifestierenden Auseinandersetzung. Die bedeutsamen Unterschiede in der Beurteilung der Affären Goll und Blöcker, die mittlerweile den Rang sozialgeschichtlicher Phänomene einnehmen, resultieren letztlich aus einem Fortwirken von Resten einer kulturideologischen Verbundenheit aufseiten Bachmanns.

Die vorliegende Studie ist in zweierlei Hinsicht von erkenntnishafter Bedeutung – in zeitthematischer sowie interpretativer – dies deshalb, weil Bachmanns „Auseinandersetzung mit dem Nationalsozialismus und die zeitkritische Ausrichtung ihres Werks als eines Schreibens ‚danach'" zwar „zu den am meisten diskutierten Themen" der Forschung „gehören", „allerdings erst seit Beginn der 1980er Jahre", als „im Zuge der Neuentdeckung der Autorin [...] auch jene andere ‚Verschiebung des Erkenntnisinteresses' stattfand", „mit der die frühere Auffassung von der ‚Geschichtsferne der Dichterin' radikal in Frage gestellt wurde".[1] Während in den Arbeiten Bachmanns der Schwerpunkt auf der Täter-Perspektive liegt, aktualisiert sich das jüngste Weltkriegs-Trauma im Werk Celans durch ein Opfergedenken, das vor allem die jüdische Ethnie betrifft. Von dem literarhistorischen Umstand abgesehen, dass im Fall des rumänisch-jüdischen Emigranten nicht allein eine Tabuisierung, sondern auch eine Ablehnung durch einflussreiche Teile der deutschen Literaturkritik erfolgte, ist die Veröffentlichung aller von ihm geführten Briefwechsel auch aus einem interpretativen Grund bedeutsam. Denn bereits mit der lange erwarteten Publikation der Briefe an und von Gisèle Celan-Lestrange trat ein „grundsätzliche[r]", paradigmatisch entscheidender „Ein-

---

[1] Monika Albrecht, Kontexte und Diskurse in Bachmanns Werk: Bachmann und die Zeitgeschichte: Nationalsozialismus. In: Bachmann-Handbuch. Leben – Werk – Wirkung. Hg. von Monika Albrecht und Dirk Göttsche. Stuttgart [u.a.] 2002, S. 237–246, hier: S. 237.

schnitt im Umgang mit und im Verhältnis zum lebensweltlichen Wissen" ein: „Die Details des celanschen Werks wie des Lebens wurden [...] zu überprüfbaren Daten."² Wenngleich jene Hermetik des Biografischen bei Bachmann nicht in selbigem Ausmaß vorzuliegen scheint, ist solch ein biografisch begründeter Erkenntnisgewinn auch im Fall dieser österreichischen Autorin festzustellen.

Bis zum Zeitpunkt der Herausgabe der Korrespondenz, zu der sich die Erbengemeinschaft erst nach langem Zögern entschloss, hatten dieser Quellenlage wegen die „biographischen Spekulationen" zu dominieren. Die Nützlichkeit des Mittels der biografischen Imagination, mit dessen Hilfe, über den *Missing Link* hinweg, eine Verbindung zum Werk geschlagen werden sollte, unterzogen Sigrid Weigel und Bernhard Böschenstein, die Herausgeber der *Poetischen Korrespondenzen*, Jahre vor dem Erscheinen der *Herzzeit* einer kritischen Revision: „Die schwierige Archivlage verhindert [...] Untersuchungen, in denen das Œuvre zum bloßen Abziehbild der persönlichen Beziehung degradiert wird, und qualifiziert alle biographischen Spekulationen als Produkte akademischer Einbildungskraft."³ Weil eine gesicherte Faktenlage die Grundbedingung eines fundierten Deutungsganges darstellt, überwiegt der Zugewinn an Erkenntnis, der mit der Erschließung neuer Quellen einhergeht, letztlich gegenüber allen Nachteilen. Mit der Korrespondenz bietet sich nun zum ersten Mal die Möglichkeit, die vielfältigen, zuweilen intertextuellen Korrelationen, die das Werk aufweist, mit jenen des Biografischen abzugleichen.

Die jeweilige ethnische bzw. nationale Abkunft macht die *Herzzeit* zu einem sozialhistorischen Dokument, das signifikante Unterschiede im Umgang mit dem jüngsten Kriegs-Trauma sichtbar werden lässt. Ein unermüdlicher Celan, der in Deutschland die Heimat der Täter sah, benennt in seinen Briefen die Verfolgungen, die sich nach 1945 fortsetzten – wie er auch am eigenen Leib erfuhr –, um diese in der Folge in den Dienst seines Totengedenkens für die jüdischen Opfer zu stellen. Bachmann dagegen, die als österreichische Dichterin mit zeitgeschichtlicher Gewissenslast eine literarische Karriere in Westdeutschland anstrebte, offenbart in den Briefen, wenngleich auf verstohlene Weise, eine indifferente Haltung. So manifestieren sich die Konturen der individuellen Haltung zur zeitgeschichtlichen Last: im ersten Fall mit der nachdrücklichen Einforderung

---

2 Peter Goßens, Grundlagen: Leben und Werk im Überblick: Voraussetzungen für die Forschung. In: Celan-Handbuch. Leben – Werk – Wirkung. Hg. von Peter Goßens, Jürgen Lehmann [u.a.]. Stuttgart [u.a.] 2008, S. 1–7, hier: S. 6.

3 Bernhard Böschenstein und Sigrid Weigel (Hg.), Paul Celan – Ingeborg Bachmann. Zur Rekonstruktion einer Konstellation. In: Ingeborg Bachmann und Paul Celan. Poetische Korrespondenzen. Frankfurt a. M. 2000, S. 7–14, hier: S. 10.

eines Gedenkens, das sich auf die Opfer der Shoah bezieht, und im zweiten in der ambivalenten Gestalt der Sorge um öffentliche Anerkennung.

Mit dem Kolloquium „Ingeborg Bachmann und Paul Celan: Historisch-poetische Korrelationen", das am 7. Dezember 2012 im Forum Culturel Autrichien in Paris, unter Mithilfe von Marie-Fleur Marchand stattfand, wurde daher das Ziel verfolgt, anhand des edierten Briefwechsels einen wesentlichen Aspekt einer facettenreichen Wechselbeziehung zu fokussieren: jenen des Umganges mit dem zeitgeschichtlich jüngsten Kollektiv-Trauma.

Zusätzlich zu den Beiträgen, die von den Teilnehmern vorgestellt bzw. diskutiert wurden, enthalten die *Historisch-poetischen Korrelationen* auch Aufsätze von Bernhard Böschenstein und Sigrid Weigel, den Herausgebern der *Poetischen Korrespondenzen*.

Der Sammelband gliedert sich in drei Abschnitte, die insofern einen kumulativen Anspruch erheben, als die Beiträger der ersten Sektion, in der das „Lebensweltliche als Sozialgeschichte" untersucht wird, einen Grundriss der biografischen Faktenlage erstellen. Dieses Element des Individuellen, dem exemplarische Qualität eignet, wird mit dem mittleren Abschnitt dadurch fortgeführt, dass hierin „Überlegungen zu poetologischen Kategorien" im Mittelpunkt stehen, die auf die abschließende „Interpretation von Auswahlgedichten" vorausweisen.

Sigrid Weigel beschäftigt sich im ersten Beitrag der Auftaktsektion mit der sozialhistorischen Bedingtheit von Bachmanns „Kunst einer verborgenen und verschwiegenen Rede", „die man an ihren Vorlesungen studieren kann". Cindy Renker widmet sich danach den poetischen Implikationen des „Schmerz[es] der Trauer um sein Volk", eines Leides, das sich in den Briefen an Bachmann „offenbart". Anschließend geht Barbara Wiedemann der Frage zum Wesen des antisemitischen Klimas in der westdeutschen Nachkriegsgesellschaft nach sowie jener, „warum die Kommentatoren und Kritiker des Briefwechsels 2008 so begeistert über die ‚Abrechnung' mit Celan waren". Beschlossen wird der erste Themenbereich mit Marc-Oliver Schusters sozialgeschichtlicher Beurteilung der berüchtigten *Sprachgitter*-Rezension, die vergleichend dem *Gespräch im Gebirg* als „aufklärerisch-diskursive Verteidigungs- und Rechtfertigungsschrift" gegenübergestellt wird.

Den Auftakt zum poetologischen Abschnitt macht Linda Maeding mit der Beschreibung der „adressierten Chiffren, die sowohl in den Gedichten als auch in den Briefen wiederkehren" und „auf die Durchlässigkeit beider Textsorten hindeuten". Madlen Reimer zeigt in ihrem Beitrag auf, „dass die Briefe die poetologischen Implikationen *Malinas* ebenso aufweisen wie der Roman selbst es tut". Mareike Stoll geht es anschließend „darum, wie sich beide Schriftsteller in den

Briefen ihre eigene Poetik erschreiben". Beschlossen wird der mittlere Themenbereich von Lina Užukauskaitės Erörterungen zu „Schönheit und Wahrheit nach 1945".

In der abschließenden, interpretativ ausgerichteten Sektion erläutert Ruven Karr, warum die Liebesdarstellung bei Celan „keinem Selbstzweck dient, sondern vielmehr eine Projektionsfläche für die Toten bildet". Bernhard Böschenstein erörtert letztlich die Frage, ob sich die „in Briefform" übermittelten „Gedichte aus *Sprachgitter*" „auch als Liebesgedichte verstehen lassen".

Sofia, im Winter 2014   Der Herausgeber

Teil 1: **Lebensweltliches als Sozialgeschichte**

Sigrid Weigel
Öffentlichkeit und Verborgenheit

Zur literaturpolitischen und persönlichen Konstellation von
Ingeborg Bachmanns Frankfurter Poetik-Vorlesung[1]

Als Ingeborg Bachmann ihre Frankfurter Poetikvorlesungen antrat, war das zugleich der Beginn dieses Genres in Deutschland. Während es heute an nicht wenigen Universitäten Poetikvorlesungen gibt (z. B. in München, Berlin, Bamberg, Leipzig und Dresden), war Ende der Fünfziger die Initiative des ehemaligen Frankfurter Rektors, des Anglisten Helmut Viebrock, durch ein englisches Vorbild motiviert, durch den seit 1708 bestehenden *Oxford Professor of Poetry* (der allerdings jeweils für fünf Jahre vergeben wurde). Den hatte seinerzeit gerade Wysten Hugh Auden inne, in Deutschland vor allem durch seinen Versdialog *Age of Anxiety* (1947, dt. 1951) bekannt. Vom Akademischen Senat der *Johann Wolfgang Goethe-Universität Frankfurt* wurde im Mai 1959 die Einrichtung einer zunächst vom Fischer Verlag finanzierten Stiftungs-Gastdozentur für Poetik beschlossen und umgehend eine Berufungskommission ernannt, der unter anderem Theodor W. Adorno angehörte. Offensichtlich arbeiteten solche Gremien damals noch unter Bedingungen, die ihnen zügige Beschlüsse ermöglichten, denn bereits am 2. Juli konnte das Einladungsschreiben an die damals in Zürich lebende Ingeborg Bachmann ergehen und im November desselben Jahres die Vorlesung beginnen. – Ob Bachmann, als sie – trotz großer Bedenken – die Einladung annahm, sich mit Auden beraten oder an seine Rolle gedacht hat? Sie kannte ihn persönlich aus den Jahren ihrer Ischia-Aufenthalte bei Hans Werner Henze zwischen 1953 und 1957. Audens ‚barocke Ekloge', so der Untertitel von *Age of Anxiety*, gehört zu den Referenztexten ihres Hörspiels *Der gute Gott von Manhattan*;[2] und als die Einladung kam, hatte Henze ihr gerade Audens, den für seine Oper bestimmten Text *Elegy for Young Lovers* (1961) geschickt, weil er wissen wollte, was sie davon hielt.

Dass die Wahl der Frankfurter Berufungskommission auf die 33-jährige Österreicherin (1926–1973) fiel, war nicht überraschend. Es war zwar erst sieben Jahre her, dass sie beim Nienburger Treffen der Gruppe 47 erstmals in Deutschland

---

[1] Der Beitrag stützt sich auf meine intellektuelle Biographie Bachmanns – Ingeborg Bachmann. Hinterlassenschaften unter Wahrung des Briefgeheimnisses. Wien 1999 – und konzentriert sich auf die im Titelmotto angesprochene Dialektik von Verschwiegenheit und Öffentlichkeit, indem Zeugnisse einbezogen werden, die zur Zeit der Arbeit an dem Buch nicht eingesehen werden konnten.

[2] Weigel 1999, S. 189 – Auden zählt auch zu den zahlreichen Autoren, die Bachmann in den fünf Vorlesungen erwähnt.

aufgetreten war, mit Gedichten, deren Bildersprache weit in die europäische Dichtungstradition zurückreicht, auf antike Topoi und den Petrarkismus Bezug nimmt und damit gänzlich vom ‚Kahlschlags'-Ton der westdeutschen Nachkriegsliteratur abwich, ohne doch die Erfahrungen der jüngsten Vergangenheit auszuklammern. Ihr Orpheus-Gedicht (*Dunkles zu sagen*) ist der Entstehung der Dichtung aus der Klage gewidmet, ähnlich dem Klagegesang um den Tod der Geliebten, von der Ovid erzählt; zugleich führt es einen poetischen Dialog mit Paul Celan. Die vielleicht berühmteste Metapher aus der nach Auschwitz geschriebenen Lyrik, die ‚schwarze Milch der Frühe' aus seiner *Todesfuge*, beantwortet ihr Gedicht mit der Wendung von „der Finsternis schwarze Flocken", die „dein Antlitz"[3] beschneiten.

In nur wenigen Jahren war sie zu einer der bedeutendsten deutschsprachigen Schriftstellerinnen avanciert. Gerade hatte sie im Frühjahr 1959 für ihr Hörspiel *Der gute Gott von Manhattan* (1958), in dem literarische Vielstimmigkeit und akustisches Medium eine ideale Verbindung eingehen, den Hörspielpreis der Kriegsblinden erhalten – nachdem ihr 1957 schon der Bremer Literaturpreis verliehen worden war. Hatten ihr die Gedichte aus *Die gestundete Zeit* (1953) und *Anrufung des Großen Bären* (1955) den Ruf einer ‚Poeta assoluta' eingebracht, so war sie darüber hinaus mit ungewöhnlichen Prosatexten, etwa dem kulturgeschichtlichen Bilderatlas der Stadt Rom, *Was ich in Roma sah und hörte* (1955), aber auch mit Radioessays über Literatur und Philosophie hervorgetreten (über Franz Kafka, Robert Musil, Marcel Proust, Simone Weil, Ludwig Wittgenstein). – Dem Kommissionsmitglied Adorno, der enge Kontakte zur neuen Musik unterhielt, wird die Autorin eher durch ihre Zusammenarbeit mit Hans Werner Henze bekannt gewesen sein – Henze hatte die Musik zu ihrem, das Formprinzip des *Reigen* variierenden Hörspiel *Die Zikaden* (1955) beigetragen und bei den Donaueschinger Musiktagen 1957 Vertonungen von Bachmanns Gedichten vorgestellt, und Bachmann wiederum hatte das Libretto für seine Oper *Der Prinz von Homburg* geschrieben –; sicher aber kannte Adorno sie durch ihre Musik-Essays. In derselben Nummer der Zeitschrift *Jahresringe 56/57*, die seinen eigenen Aufsatz über *Musik, Sprache und ihr Verhältnis zum gegenwärtigen Komponieren* brachte, war auch Bachmanns Text *Die wunderliche Musik* zu lesen, eine Art szenisches Porträt der Musikkultur – das von den Zuschauern über die Sänger, den Dirigenten und die Partitur bis hin zur Frage „Was aber ist Musik?" reicht.[4] Und soeben war in dem

---

3 Ingeborg Bachmann, Werke. Hg. von Christine Koschel, Inge von Weidenbaum [u.a.]. 4 Bde. Band 1: Gedichte, Hörspiele, Libretti, Übersetzungen. Hg. von dens. München [u.a.] 1978, S. 32; aus dieser Ausgabe wird künftig nur unter Angabe von Band- und Seitenzahl zitiert.
4 Siehe Ingeborg Bachmann, „Die wunderliche Musik". In: Jahresring 56/57. Ein Querschnitt durch die deutsche Literatur und Kunst der Gegenwart. Stuttgart 1956, S. 217–227.

Band zur *Musica Viva* 1959 ihr Beitrag zu *Musik und Dichtung* erschienen, der zum Teil als Antwort auf Adornos Text gelesen werden kann.[5]

Wo Adorno grundlegende, allgemeingültige Sätze über das Verhältnis von Musik und Sprache formuliert, indem er – im Fahrwasser des Diskurses über den Wettstreit der Künste und über die Sprachähnlichkeit von Musik – die Musik als intentionslose, intermittierende, uneindeutige Sprache bestimmt,[6] setzt Bachmann mit der Feststellung ein, dass man über Musik und Dichtung nur beiseite, nicht aber laut sprechen könne. Ihr Gedanke einer Verwandtschaft der Künste im Geistigen muss Adorno gefallen haben, denn er wird ihn 1965 in seinen Aufsatz *Über einige Relationen zwischen Musik und Malerei* aufnehmen. Bei Bachmann klingt das so:

> Es gibt ein Wort von Hölderlin, das heißt, daß der Geist sich nur rhythmisch ausdrücken könne. Musik und Dichtung haben nämlich eine Gangart des Geistes. Sie haben Rhythmus, in dem ersten, dem gestaltgebenden Sinn. Darum vermögen sie einander zu erkennen. Darum ist da eine Spur. (4/60)

Diese Spur führt in Bachmanns Essay zu einem Miteinander, in dem einerseits die Dichtung durch die Musik zu einem „zweite[n] Leben" erweckt und ihrer Teilhabe an einer universalen Sprache versichert werde und andererseits die Musik, durch die Worte teilnehmend, haftbar und verwundbar werde, um sich derart auf „unser Geschick" einzulassen (4/61). Wenn auch Bachmann, wie sie betont, aus einem „[A]bseits" sprechen mochte (4/59), so war doch ihr Anspruch an die Künste (dasjenige, was sie dem Miteinander von Musik und Dichtung zuschrieb) nicht weniger gewichtig. Denn es handelt sich um nichts Geringeres als eine Art Wiederbelebung der Sprache im Klang. Um diese zu skizzieren, nutzt sie das Bild des Steins, der zu blühen beginnt, ein Bild, das aus dem Vers „Es ist Zeit, dass der Stein sich zu blühen bequemt" aus Paul Celans Gedicht *Corona* (*Mohn und Gedächtnis*, 1952)[7] stammt; Bachmann hat das Bild an verschiedenen Stellen zitiert. Im Musik-Essay heißt es: „So müßte man den Stein aufheben können und in wilder Hoffnung halten, bis er zu blühen beginnt, wie die Musik ein Wort aufhebt und es durchhellt mit Klangkraft." (4/61) Sichtlich hat Bachmann bei ihren Überlegungen zum Miteinander von Wort und Musik vor allem die Oper im Sinn. Für die Oper hegte sie

---

5 Ingeborg Bachmann, Musik und Dichtung. In: Musica Viva. Hg. von Karl Heinz Ruppel. München 1959, S. 161–166.
6 Theodor W. Adorno, Musik, Sprache und ihr Verhältnis zum gegenwärtigen Komponieren. In: Musikalische Schriften I–III. Band 16. Hg. von Rolf Tiedemann. Frankfurt a. M. 1978, S. 649–664, hier: S. 649 (Gesammelte Schriften in zwanzig Bänden. Hg. von dems.).
7 Paul Celan, Mohn und Gedächtnis. Frankfurt a. M. 1975, S. 33.

eine echte Leidenschaft, seit sie im Januar 1956, zusammen mit Henze auf dem Weg zu dessen neapolitanischem Domizil, in der Scala eine Probe von Viscontis *Traviata*-Inszenierung mit Maria Callas besucht hatte. Der nachhaltige Eindruck dieses Besuchs hat Ausdruck in einer Hommage gefunden, die der Stimme der Callas gewidmet ist, aber leider unveröffentlicht blieb:

> [...] sie war immer die Kunst, ach die Kunst, und sie war immer ein Mensch, immer die Ärmste, die Heimgesuchteste, die Traviata. [...] Sie war der Hebel, der eine Welt umgedreht hat, zu dem Hörenden, man konnte plötzlich durchhören, durch Jahrhunderte, sie war das letzte Märchen. (Entwurf 1956, 4/343)

Das erinnert an Benjamins Beschreibung des Souveräns im barocken Trauerspiel: als sterblichen Gott und Gipfel der Kreatur zugleich. Bachmann sah in der Stimme der Oper, Ausdruck der Kreatur und höchster Kunst, eine Art Gegenpol zu der a-humanen, weil gedächtnislosen Kunst, die sie in dem Hörspiel *Die Zikaden* (1955) im Inselmotiv thematisiert hatte: als Flucht- und Vergessens-Sehnsucht ihrer Zeit. Die singenden Insekten, die einer Überlieferung Platos zufolge einmal Menschen gewesen seien, vor Lust am Gesang jedoch Speise und Trank vergessen hätten und gestorben seien, werden im Hörspiel zur Allegorie einer körperlosen Stimme ohne Erinnerung.

Im Fluchtpunkt eines ‚zweiten Lebens' der Sprache steht im Essay zu *Musik und Dichtung* die menschliche Stimme: als Stimme eines „gefesselten Geschöpfs", ausgezeichnet dazu, einer „hoffnungslose[n] Annäherung an Vollkommenheit" zu dienen. Es sei Zeit, die Stimme „nicht mehr als Mittel zu begreifen, sondern als den Platzhalter für den Zeitpunkt, an dem Dichtung und Musik den Augenblick der Wahrheit miteinander haben" (4/62). Werden in dem Essay die beiden Künste als Sprache des Absoluten begriffen, so gerät das durch die Stimme gestiftete Zusammentreffen dieser Künste in der Metaphorik des Textes zu einem erotischen Moment, der den Namen einer Wahrheit – jenseits von Philosophie und Logos – erhält. Damit sind kunstphilosophische Vorstellungen formuliert, die – im Lichte der gegenwärtig vorherrschenden Literatur – einer vergangenen, schon heute vollkommen abgeschlossenen Epoche anzugehören scheinen.

Was Bachmann damals vor allem zur idealen Besetzung für die Inauguration der Frankfurter Poetikvorlesung prädestinierte, das war ihr besonderer Schreib- und Redemodus, es war ihre Fähigkeit, „Fragen zeitgenössischer Dichtung", so der Titel der Vorlesung, im Medium poetischer Bilder selbst, zugleich aber auch im Resonanzraum philosophischer Horizonte zu erörtern – weniger also die, *über* Literatur zu sprechen oder von ihr bestimmt zu handeln. In der Art und Weise, wie sie Fragen der Literatur reflektiert, wird die Dichtung zum Schauplatz einer ‚theoria' im ursprünglichen Sinne: zur Schau auf die Gemeinsamkeiten von Anschauung und Denken, von Bild und Begriff, von Kunst und Wissen. – Durch die Schule von Philosophie und Musik hindurchgegangen, hat Bachmann eine anspielungsreiche Schreibweise entwickelt. Die Tatsache, dass ihre Erzählungen aber auch unmittelbar, voraussetzungslos zugänglich sind, machte sie zu einer viel gelesenen Autorin. Ihr Schreiben, in dessen Sprache philosophische ebenso wie poetische Momente eingegangen und aufgehoben sind, ist Ergebnis ihrer intellektuellen Entwicklung. Nach der Promotion mit einer Arbeit über die Heidegger-Rezeption des Wiener Kreises (1949) hatte sie sich von der akademischen Philosophie verabschiedet und dies sechs Jahre später mit der Entscheidung besiegelt, vom Vorhaben einer Monographie über Ludwig Wittgenstein Abstand zu nehmen, der im deutschsprachigen Raum damals noch wenig bekannt war. Während Philosophie und Musik nach ‚dem Absoluten' streben, sah sie in der Literatur das Reich, in dem sich dieses Streben im stets Unvollkommenen menschlichen Denkens und Handelns spiegelt und bricht. In der Titelerzählung ihres Erzählungsbandes *Das dreißigste Jahr* (1961), an dem sie gerade zu arbeiten begonnen hat, als die Einladung nach Frankfurt eintrifft, wird Bachmann diese Erfahrung zu einer Szene in der Wiener Nationalbibliothek verdichten. Darin löst das Lesen und Denken ein Glücks- und Schwindelgefühl aus, eine Art Höhenflug, der jäh durch einen Schlag der Schädeldecke unterbrochen wird:

> Ein Glücksgefühl wie nie zuvor hatte ihn erfaßt, weil er in diesem Augenblick daran war, etwas, das sich auf alles und aufs Letzte bezog, zu begreifen. Er würde durchstoßen mit dem nächsten Gedanken! Da geschah es. Da traf und rührte ihn ein Schlag, inwendig im Kopf; ein Schmerz entstand, der ihn ablassen hieß, er verlangsamte sein Denken, verwirrte sich und sprang von der Schaukel ab. Er hatte seine Kapazität zu denken überschritten oder vielleicht konnte dort kein Mensch weiterdenken, wo er gewesen war. Oben, im Kopf, an seiner Schädeldecke, klickte etwas, es klickte beängstigend und hörte nicht auf, einige Sekunden lang. (2/107)

Diese Szene eines leibhaftigen Schädeldecken-Schlags, eine Art Grenzfall des *homo philosophicus* als reines Bibliothekswesen, wird in der Erzählung als Augenblick eines Eintritts in „das Reich der Gattung" kommentiert, als Eintritt in ein menschliches Denken, ein Denken, das sich auf einen Radius beschränkt, der dem menschlichen Maß entspricht:

> Denn was hier vernichtet worden war, in dem großen alten Saal, beim Licht der grünen Lämpchen, in der Stille der feierlichen Buchstabenabspeisung, war ein Geschöpf, das sich zu weit erhoben hatte, ein Flügelwesen, das durch blaudämmernde Gänge einem Lichtquell zustrebte, und, genau genommen, ein Mensch, nicht mehr als ein Widerpart, sondern als der mögliche Mitwisser der Schöpfung. Er wurde vernichtet als möglicher Mitwisser, und von nun an würde er nie wieder so hoch steigen und an die Logik rühren können, an die die Welt gehängt ist. (2/108)

Diese Szene der Desillusionierung und Destruktion eines Denkens, das eine gleichsam göttliche Perspektive anstrebt, ebenso wie die nachfolgende Reflexion über die Unmöglichkeit, sich außerhalb der Sprache zu stellen, korrespondiert mit der im Vorwort von Wittgensteins *Tractatus logico-philosophicus* (1921) formulierten Absicht: „Das Buch will also dem Denken eine Grenze ziehen [...]."[8] Dennoch findet Bachmann eine andere Antwort auf diese Grenzproblematik als die im viel zitierten *Tractatus*-Satz formulierte: nicht „wovon man nicht reden kann, darüber muß man schweigen", sondern ‚darüber muß man *schreiben'*.

Als Bachmann im Wintersemester 1959/60 in der Frankfurter Universität auftrat, sprach sie denn auch nicht als Wittgenstein-Schülerin, auf die man sie gern festgelegt hätte; auch sprach sie weniger als Anhängerin Adornos. Vielmehr weisen zahlreiche Bezüge und Anspielungen die Rednerin als Wahlverwandte Walter Benjamins aus. Anders als heutige Poetikvorlesungen, in denen Autoren angehalten sind, sich öffentlich Rechenschaft über ihr eigenes Schreibprogramm abzulegen, diskutierten Bachmanns Vorlesungen im Wintersemester 1959/60 grundlegende Fragen der Literatur – und dies nicht nur, wie man erwartet hatte, für ihre unmittelbare Gegenwart, sondern im Horizont des 20. Jahrhunderts bzw. der Moderne. Wenn sie in der Unterscheidung von „Fragen und Scheinfragen" in ihrer ersten, am 25. November gehaltenen Vorlesung die „glatte[] Übersetzung[]" von Fragen der Schriftsteller in die „Sprache für" „literarische[] Probleme" kritisiert (4/184), dann erinnert das an Benjamins Ausführungen zur Kunstkritik in dem Aufsatz über *Goethes Wahlverwandtschaften* (1924), in denen er von einer unhintergehbaren Differenz zwischen Kunst und Philosophie in der Frage der Darstellbarkeit ausgeht. Die Achtung der Kritik vor der Wahrheit sieht Benjamin darin, dass sie vor der „virtuellen Formulierbarkeit des Wahrheitsgehalts" eines Kunstwerks haltmacht, dass sie dessen Formulierung also nicht in eine philosophische Sprache übersetzt. Denn diese könne nur das „Ideal des Problems" bezeichnen, es aber nicht in seiner Vielheit darstellen.[9] Und auch Bachmanns Verwerfung eines Auftrags, aus dem sich die Schriftstellerexistenz rechtfertigen ließe – „kein Auftrag mehr [...] von oben", „überhaupt kein Auftrag mehr" (4/186) – berührt sich damit, wie Benjamin in demselben Text die Inanspruchnahme eines ‚göttlichen Mandats' für den Dichter am Beispiel von Gundolfs Goethe-Buch und am Beispiel der Dichtertheologie der George-Schule zurückweist.[10]

---

8 Ludwig Wittgenstein, Tractatus logico-philosophicus. Frankfurt a. M. 1960, S. 9.
9 Walter Benjamin, Goethes Wahlverwandtschaften. In: Abhandlungen. Band 1.1. Hg. von Rolf Tiedemann und Hermann Schweppenhäuser. Frankfurt a. M. 1978, S. 123–202, hier: S. 173 (Gesammelte Schriften. Hg. von dens. 7 Bde.).
10 Benjamin, Band 1.1, S. 159.

An die Stelle eines quasi göttlichen Mandats, sei es der Philosophie oder der Dichtung, tritt bei Bachmann der emphatische Begriff eines Denkens und Schreibens aus Notwendigkeit – wobei die Not am Grund den Ton angibt. Vor diesem Anspruch hat nur eine Dichtung Bestand, die als unausweichlich gelten kann. Genau in diesem Sinne unterscheidet die erste Vorlesung „Fragen und Scheinfragen":

> Und doch ist nur Richtung, die durchgehende Manifestation einer Problemkonstante, eine unverwechselbare Wortwelt, Gestaltenwelt und Konfliktwelt imstande, uns zu veranlassen, einen Dichter als unausweichlich zu sehen. (4/193)

Das Unausweichliche ist für Bachmann auch Kriterium des Neuen. Die Antwort auf die Frage, woran wirklich neue Dichtung zu erkennen sein werde, lautet: „Es wird zu erkennen sein an [...] dem geheimen oder ausgesprochenen Vortrag eines unausweichlichen Denkens." (4/195) Insofern auch steht Denken bei ihr in diametralem Gegensatz zum Expertentum – im Kontrast also zu jenem Wissenstypus, den die heutige Öffentlichkeit als nahezu einzigen Abkömmling der Universitäten noch zu kennen oder anzuerkennen scheint. Noch einmal Bachmann: „Wie es neue Zündungen geben könnte? Es ist schwer zu sagen. Die Spezialisten, die Experten mehren sich. Die Denker bleiben aus." (4/196) – Eine Sprache diesseits eines verallgemeinernden Diskurses und ein unausweichliches Denken und Schreiben, das sind die zentralen Elemente der Poetik, die Bachmann in der ersten Vorlesung erörtert. Deren Leitmotiv ist der Topos einer „neuen[n] Gangart" (4/192), sei sie als „erkenntnishafter Ruck" (4/192), als „Richtungnehmen", als „Geschleudertwerden" (4/193) oder als immer „neue[s] Aufreißen einer Vertikale" (4/195) gefasst. Der Ausgangspunkt für eine derartige, abrupte Zäsur sind „zerstörerische, furchtbare Fragen in ihrer Einfachheit, und wo sie nicht aufgekommen sind, ist auch nichts aufgekommen in einem Werk" (4/184).

All das sind keine leeren Pathosformeln. Bachmann bezeichnet in derselben Vorlesung die Erfahrung als „einzige Lehrmeisterin" (4/184) und bemerkt, dass „eine neue Erfahrung [...] *gemacht* und nicht aus der Luft geholt" werde (4/190). Und tatsächlich beziehen sich ihre Ausführungen auf eigene, ‚gemachte' Erfahrungen und auf existentielle Fragen ihr nahestehender Schriftsteller – ohne dass sie doch direkt von diesen sprechen könnte, will sie nicht das Vertrauen in Liebe und Freundschaft aufs Spiel setzen. Von konkreten Erfahrungen kann nur indirekt die Rede sein, in Form von Anspielungen und Verweisen. – Was die Beziehung zwischen Öffentlichkeit und Privatheit angeht, war Ingeborg Bachmann eine Anhängerin von Hannah Arendt, die in *Human Condition* (1955; dt. *Vita activa oder vom tätigen Leben*, 1958) den privaten Bereich als Reich der Verborgenheit beschrieben hat. Bachmann wird Arendt anlässlich eines New York Besuchs 1962 auch persönlich kennen und schätzen lernen und ihr nach der Begegnung schreiben: „Ich habe nie daran gezweifelt, dass es jemand geben müsse, der ist, wie Sie sind, aber nun gibt es Sie wirklich, und meine ausserordentliche Freude darüber wird immer anhalten."[11] In dem Kapitel „Das Gesellschaftliche und das Private" von *Human Condition*, in dem Hannah Arendt den privaten Bereich als Reich der Verborgenheit bestimmt, thematisiert sie auch die Gefahr, welche die „Enteignung, nämlich der Schwund des privaten Bereichs, für das Menschsein überhaupt in sich birgt".[12] Diese Gefahr, das Private vollends zu verlieren, trifft nun für Schriftsteller in besonderer Weise zu, weil ihre Arbeit immer schon an der Schwelle von Öffentlichkeit und Privatheit stattfindet. Im besten Falle bearbeiten sie Erlebtes, Wahrgenommenes, Gedachtes und Gefühltes und verwandeln es in teilbare und mitteilbare Erfahrungen, ohne dabei die eigenen Erfahrungen nur zu verallgemeinern; im Fall mangelnder schriftstellerischer Begabung hingegen fließt das eigene und fremde Leben oft ungefiltert zwischen die Buchdeckel. Nicht nur speist sich die Literatur aus dem Persönlichsten und Intimsten, auch umgekehrt ragt die Öffentlichkeit empfindlich in das Private hinein, in Gestalt von Freundschaften zu Schriftsteller-Kollegen, Verlegern, Lektoren und Kritikern. Auch Hannah Arendts theoretische Überlegungen gründeten in ureigensten Erfahrungen. Das bezeugt ein Brief, den sie im Jahr des Erscheinens von *Human Condition* an ihren Mann Heinrich Blücher geschrieben hat: „Mir ist, als müßte ich mich selbst suchen gehen. Kein Erfolg hilft mir über das Unglück, ‚im öffentlichen Leben' zu stehen, hinweg."[13] Vergleichbar zwiespältig stand Bachmann ihrem Erfolg gegenüber: mit einer unaufhebbaren Mischung von Verborgenheitswunsch und Anerkennungsbegehren. Kann doch die Bestätigung ihrer Arbeit als Schreibende nur durch Leser, Publikum und Literaturkritik, das heißt durch die Öffentlichkeit erfolgen; so geht von dieser gleichzeitig eine Bedrohung aus, die aus der Neugier an der Person und ihrem Privatleben erwächst.

Die tendenzielle Ununterscheidbarkeit zwischen der Person und dem Werk macht Schriftsteller besonders verletzbar und kränkbar. Aufgrund der Einsicht in solche Strukturen hat Ingeborg Bachmann eine ihr ganz eigene Ethik der Freundschaft gepflegt, in der jeder einzelnen Beziehung und Person eine exklusive Vertrautheit zukam. Nur selten hat sie die je besondere Verbindung zu einer Person einer anderen mitgeteilt oder mit ihm/ihr geteilt. Nicht nur für das eigene ‚private' Leben wünschte sie sich Verborgenheit; das Gebot der Verschwiegenheit

---

11 Brief Bachmanns an Arendt vom 16.8.1962, zitiert nach Weigel 1999, S. 463 (HAW = Hannah Arendt Papers, Manuscript Division der Library of Congress, Washington).
12 Hannah Arendt, Vita activa oder vom tätigen Leben. 3. Aufl. München 2007, S. 85.
13 Hannah Arendt und Heinrich Blücher, Briefe 1936–1968. Hg. von Lotte Köhler. München 1996, S. 353.

galt für sie auch im Reich der Freundschaften. Ebenso hat sie eine ganz eigene Schreibweise verschwiegenen Erzählens entwickelt, die man unter das am Ende von *Malina* (1971) formulierte Motto stellen kann: „Ich möchte das Briefgeheimnis wahren. Aber ich möchte auch etwas hinterlassen." (3/327) Ihre Arbeit an dieser Schreibweise bedeutete, solche Spuren, die sich einer kriminalistischen Indizienlektüre oder einer Interpretation ihrer Literatur als Schlüsseltexte erschließen, zu löschen und sie stattdessen in Erinnerungsspuren zu verwandeln: in Spuren von Erfahrungen jenseits der eigenen Biographie. Nur für Eingeweihte, nur für Betroffene waren viele der Anspielungen – meist einzelne Worte, Titel oder Zitate – entzifferbar. So wie beispielsweise jenes „bateau ivre" in den Ausführungen der ersten Vorlesung: „Die Kunst ist schon so viele Male umgezogen, vom Gotteshaus in das Haus der Ideale, vom *house beautiful* auf das *bateau ivre*, und dann in die Gossen, in die nackte Wirklichkeit, wie man sagte [...]." (4/196). Literaturkundige konnten in dem Bild den Titel von Arthur Rimbauds Gedicht in 100 Versen (*Bateau Ivre*, 1871; dt. *Das Trunkene Schiff*) erkennen; für Bachmann jedoch bedeutete es im Augenblick der Vorlesung weit mehr: ein Schibboleth, ein Kennwort, das für sie selbst Zeichen einer glücklicheren Zeit war und das sich zugleich an Paul Celan adressierte. Der nämlich hatte das Gedicht Rimbauds erst vor kurzem übersetzt und ihr im Jahr zuvor einen Sonderdruck der soeben erschienenen Übersetzung übereignet.

Da *Das Trunkene Schiff* in jener Nummer XXI der Zeitschrift *Bottega Oscure* erschien, deren Texte Ingeborg Bachmann mit Celan gemeinsam zusammengestellt hatten, war seine Gabe offenkundig weniger dazu bestimmt, die Beschenkte mit dem Druck bekannt zu machen; sie war vielmehr das Medium, um eine persönliche Widmung zu transportieren und der Geliebten die Übersetzung zuzueignen: „Für Ingeborg – / Paul / Paris, Juni 1958."[14] Vermutlich hat Celan ihr die Übersetzung während ihres Aufenthaltes in Paris Ende Juni/Anfang Juli persönlich übergeben, bei jenem Zusammentreffen also, bei dem die beiden sich – aus Rücksicht auf Celans Frau Gisèle und den dreijährigen Sohn Eric – zu einer Metamorphose ihrer Liebe in Freundschaft entschlossen. Die zurückliegenden Monate waren durch eine glückliche, diesmal von seiner Seite aktiv und leidenschaftlich gesuchte Nähe gekennzeichnet, eine Art Wiedererweckung: ein zweites Leben ihrer über ein Jahrzehnt zurückliegenden Liebesbeziehung nach der ersten Begegnung 1948 in Wien und dem damaligen Scheitern. Erstmals schreibt er ihr Sätze wie: „Du bist der Lebensgrund, auch deshalb, weil Du die Rechtfertigung

---

14 Ingeborg Bachmann und Paul Celan, „Herzzeit". Briefwechsel. Hg. von Bertrand Badiou, Hans Höller [u.a.]. Frankfurt a. M. 2008, S. 91.

meines Sprechens bist und bleibst."¹⁵ In dem Jahr nach dem schmerzlichen Entschluss zeugt der Briefwechsel von dem Bemühen, die Balance zu halten zwischen einer besonderen Intimität und dem Vorhaben, die jeweiligen Lebenspartner in die briefliche Kommunikation einzubeziehen: dort Gisèle Celan-Lestrange, hier Max Frisch, mit dem Bachmann nur drei Monate später, nachdem sie dem Schweizer Schriftsteller in jenem Sommer 1958 begegnet war, in Zürich zusammengezogen ist – nachdem sie zunächst nach Neapel zu Henze, dem Altvertrauten, in die größtmögliche Entfernung zu Paris geflüchtet war.

In den Monaten, als Bachmann sich auf die Frankfurter Vorlesung einstimmte und vorbereitete, brach eine Störung aus der literarischen Öffentlichkeit – ungefiltert und unmittelbar – in den vertrauten Briefwechsel ein, in deren Folge ihre Beziehung nicht nur gestört wurde, sondern zunächst vorübergehend, dann endgültig zerbrach – bis das Gespräch ganz erstarb. Am 17. Oktober 1959 schickte Celan ihr die Besprechung seines Gedichtbandes *Sprachgitter* von Günter Blöcker, die am 11. Oktober im *Tagesspiegel* erschienen war und deren antisemitische Töne ihn, vor dem Hintergrund der unsäglichen Goll-Affäre, von der er seit Jahren verfolgt wurde,¹⁶ in eine gesteigerte Verzweiflung stürzten. Die Dynamik, die den jahrelang verzweifelt um die Wahrheit kämpfenden Celan, der sich allein gelassen fühlte, durch negative Besprechungen seiner Gedichte, in denen er sich als Jude getroffen sehen musste, krank werden ließ, diese Dynamik ist inzwischen in allen Details dokumentiert. Doch um die Goll-Affäre soll es hier nicht primär gehen, sondern um die Art und Weise, in der Bachmanns Vorlesungen von derartigen Erfahrungen sprechen, ohne sie zu erwähnen.

Diese Störung ist zwar das gravierendste und aufwühlendste, nicht aber das einzige Ereignis, das sich gleichsam auf der Rückseite der Bühne abspielte, auf der Bachmann ihre Vorlesungen hielt. In die Chronologie und Details der Ereignisse haben erst *wir* – die Überlebenden und die Nachgeborenen – Einblick: zunächst die Forscher, die sich ins verstreute Archiv der Hinterlassenschaften begeben, und nun auch die Leser der zahlreichen Briefeditionen, die in den letzten Jahren nach und nach erschienen sind. Die darin notierten Begebenheiten, Gespräche und Verwerfungen dokumentieren, was sich hinter den Kulissen der Öffentlichkeit von Universität und Vorlesung ereignete. Es wäre trivial, sie lediglich als Schlüsseltexte zu lesen, mit denen private und intime Zusammenhänge enthüllt werden können, manches Mal auch Details, die man so genau gar nicht wissen will, durch deren Veröffentlichung man ungewollt in die Position des Voyeurs gerät – dies ist

---

15 Brief vom 31.10.1957; Bachmann und Celan 2008, S. 64.
16 Zu einer genaueren Darstellung dieser Störung aus dem Literaturbetrieb und einer Deutung der literarkritischen Rhetorik siehe das Kapitel VIII.3 in: Weigel 1999, S. 435–453.

eine Unbill, die zum Beispiel den Lesern des Briefwechsels zwischen Paul und Gisèle Celan geschieht, eines Briefwechsels, der zudem noch mit zahlreichen Enthüllungen aus beider Tagebüchern angereichert ist. Der Bruch des Briefgeheimnisses, den das Edieren nachgelassener privater Zeugnisse zwangsläufig einschließt, erfordert eine verantwortungsvolle Methode des editionsphilologischen Umgangs mit den Hinterlassenschaften. So kann der Einblick in das Geschehen hinter der Bühne dazu beitragen, Bachmanns öffentlichen Umgang mit den verschwiegenen Erfahrungen genauer zu verstehen, die Art und Weise, wie die Dramaturgie ihrer Vorlesungen auf jene Fragen Bezug nimmt, die sie selbst als unausweichliche erfahren hat.

Wenn in ihren Poetikvorlesungen das Unausweichliche als Movens des Denkens und Schreibens von literaturtheoretischen Scheinfragen abgesetzt wird, dann entdeckt sie derartige Fragen in Kontroversen, die mit einem Vokabular geführt werden wie beispielsweise: das „Alogische, Absurde, Groteske, anti-, dis- und de-, Destruktion, Diskontinuität", „Antistück", „Anti-Roman", „Anti-Gedicht" (4/185). Diese Passagen verweisen ganz direkt auf einen zeitgleich mit der Arbeit an der Vorlesung geführten Dialog im Briefwechsel mit Wolfgang Hildesheimer, einem Schriftsteller, dem Bachmann seit Jahren in Freundschaft verbunden war. Der diesem Dialog vorausgegangene Briefwechsel mit dem zehn Jahre älteren Hildesheimer, der nach Kriegsende aus dem Exil in England und Palästina zurück nach Deutschland gekehrt, bei den Nürnberger Prozessen als Übersetzer tätig gewesen war und seit 1957 in Graubünden lebte, ist noch unpubliziert.[17] Der Briefwechsel zeugt vom Einverständnis beider Schriftsteller in ihre innere Reserve gegenüber der Gruppe 47, über die sie sich in einer Art privatsprachlich codierter Ironie verständigen. Es geht um den Landser-Ton und nationalistischen Habitus der Gruppe,[18] die sie mit der Burschenschaftsbewegung vergleichen, indem sie etwa von der „Ortsgruppe München" reden oder Hans Werner Richter als „Turnvater Richter" titulieren.[19] Ganz direkt und ungeschützt durch solcherart Ironie kommen ähnliche Beobachtungen in einem Rückblick Bachmanns auf ihre erste Teilnahme am Gruppentreffen zur Sprache, den sie 1961 für einen Jubiläumsband aufschreiben, aus naheliegenden Gründen aber abbrechen wird. Darin ist die Erzählung über eine ansonsten als heiter charakterisierte

---

17 Ich habe den Erben wiederholt eine Publikation des Briefwechsels vorgeschlagen, die unter literaturtheoretischen und -politischen Aspekten für die Nachkriegsliteratur von großem Interesse wäre; der Vorschlag ist leider ohne Antwort geblieben.
18 Siehe Klaus Briegleb, Mißachtung und Tabu. Eine Streitschrift zur Frage: „Wie antisemitisch war die Gruppe 47?". Berlin [u.a.] 2003.
19 Brief Bachmanns an Hildesheimer, zitiert nach Weigel 1999, S. 283 (AKB = Stiftung Archiv Akademie der Künste Berlin, Nachlass von Wolfgang Hildesheimer).

Zusammenkunft jäh von dem Satz unterbrochen: „Am zweiten Tag wollte ich abreisen, weil ein Gespräch, dessen Voraussetzungen ich nicht kannte, mich plötzlich denken ließ, ich sei unter deutsche Nazis gefallen [...]."[20] – Das Einverständnis zwischen Hildesheimer und Bachmann über ihre gemischten Gefühle zum Nachkriegsdeutschland wird es gewesen sein, das Hildesheimer dazu ermutigt hatte, sich an die Jüngere zu wenden, als er nach der Uraufführung seines Theaterstücks *Landschaft mit Figuren* am 29. September 1959 (an der *Tribüne* in Berlin unter der Regie von Hermann Herrey) grundlegende Zweifel am eigenen Schreiben hegte. Bachmann antwortet mit einer deutlichen Kritik, die sichtlich auf ein bestehendes Vertrauensverhältnis setzt: „Bei dir reibt sich das absurd Konventionelle am absurd Konventionellen, alles reibt sich innerhalb der *einen* Sprache, und dadurch wird man vertrieben aus dem Stück, wird immer gleichgültiger [...]."[21] Doch geht ihre Antwort weit über eine literarische Kritik hinaus und rührt an grundlegende Probleme, welche die Person des Schreibenden selbst betreffen:

> Die Veränderung freilich – und das ist wie das meiste sehr persönlich und für Dich daher vielleicht nicht fruchtbar gedacht – denke ich mir weder in der Veränderung des Stils, noch in irgendeiner Hinsicht literarischer Art, sondern in der schmerzhaftesten und schwersten Wendung – zu einem Warum, einem Woraufhin, einem Wozu, und sei es auch nur dialektisch anzugeben.[22]

Mit der hieran anschließenden Formulierung einer Forderung, die „vor dem Schreiben, vor jeder Errungenschaft" ansetze, hat Bachmann den wunden Punkt Hildesheimers getroffen, wie aus seiner Antwort deutlich wird. In einer „Selbstoffenbarung" teilt er ihr mit, dass ihre Überlegungen die Quelle seiner „allertiefsten Zweifel" berührten, denn sein Schreiben sei ein ewiges „Winden vor dem Eingangstor des Schmerzes", aus Furcht und weil er die Folgen nicht absehe: „Ich fürchte, daß ich – zum Teil unbewußt – vor der allerletzten Konsequenz des Schreibens zurückschrecke, nämlich: meine Lebenssubstanz dazuzugeben."[23] – Dieser Briefwechsel mit Wolfgang Hildesheimer bildet den verschwiegenen Hintergrund, wenn Bachmann in ihrer Vorlesung von unausweichlichen Fragen spricht, oder auch vom Schweigen:

---

[20] K7254/N1948, zitiert nach Weigel 1999, S. 280 (NÖN = Nachlass von Ingeborg Bachmann in der Österreichischen Nationalbibliothek, Handschriften- und Inkunabelsammlung, Wien).
[21] Wolfgang Hildesheimer, Briefe. Hg. von Silvia Hildesheimer und Dietmar Pleyer. Frankfurt a. M. 1999, S. 95.
[22] Hildesheimer 1999.
[23] Hildesheimer 1999, S. 96.

> In unserem Jahrhundert scheinen mir diese Stürze ins Schweigen, die Motive dafür und für die Wiederkehr aus dem Schweigen darum von großer Wichtigkeit für das Verständnis der sprachlichen Leistungen, die ihm vorausgehen oder folgen, weil sich die Lage noch verschärft hat. (4/188)

Aus dem Schweigen wiederzukehren und eine ‚neue Gangart' zu finden, wird für Hildesheimer einige Jahre in Anspruch nehmen. Nach einer Art abschließenden Resümees, in einer Rede 1961 – „Absurdes Theater aber bedeutet: Eingeständnis der Ohnmacht des Theaters, den Menschen läutern zu können und sich dieser Ohnmacht als Vorwand des Theaterspiels zu bedienen"[24] – nach diesem Schluss wird er 1965 mit dem Roman *Tynset* mit einer ganz neuen Literatur hervortreten. Darin hat er eine Sprache gefunden, um jenseits jeder autobiographischen Erzählung vom eigenen Ort in der Nachgeschichte von Vertreibung und Holocaust zu sprechen. – Die Zuhörer von Bachmanns Vorlesung konnten von diesem konkreten Hintergrund nichts wissen, dennoch war der geschichtliche Erfahrungshorizont, den ihre Rede von „zerstörerischen, furchtbaren Fragen" aufrief, für aufmerksame Ohren hörbar – war doch Hildesheimers Frage keine private, biographische Frage, sondern symptomatisch für die deutschsprachige Nachkriegsliteratur. Sie betraf somit weder nur ihn persönlich noch ihn allein.

In der zweiten Vorlesung „Über Gedichte" gestaltet sich das Verhältnis zwischen offener und verschwiegener Mitteilung in einer anderen Weise. Wenn Bachmann ihre Besprechung der poetischen Traditionen des 20. Jahrhunderts hier in eine Würdigung von Paul Celan münden lässt und die Vorlesung mit einem Zitat aus seinem Gedicht *Engführung* aus dem im selben Jahr veröffentlichten *Sprachgitter* abschließt, dann ist das eine doppelte Geste, exoterisch und esoterisch zugleich. Indem sie dem Dichter Celan eine singuläre Stellung in der zeitgenössischen Lyrik zuschreibt, antwortet sie indirekt auf die Literaturkritik und ergreift – vor dem Hintergrund der Goll-Affäre – in der Öffentlichkeit für ihn Partei, während sich diese Passage zu gleicher Zeit auch an den früheren Geliebten, an Paul, richtet. Der ist gerade dabei, ihr verloren zu gehen – selbst als Freund abhandenzukommen. Dort, wo er sich dem direkten privaten Gespräch entzieht, adressiert sich ihre öffentliche Rede in einer Weise an ihn, die nur für ihn selbst und für die von den Verwerfungen unmittelbar Betroffenen lesbar ist. Das sind Max Frisch, Gisèle Celan-Lestrange und die gemeinsamen Wiener Freunde Klaus Demus bzw. dessen Frau Nani, Bachmanns Freundin aus Jugendzeiten. Selbst in den Briefen an Hans Werner Henze, den Vertrauten, dem sie später, nach der Trennung von Max Frisch, als Einzigem das Ausmaß ihrer Verzweiflung anver-

---

24 Wolfgang Hildesheimer, Theaterstücke. Über das absurde Theater. Frankfurt a. M. 1976, S. 178.

trauen wird – dass sie „tödlich verletzt" sei und „dass diese Trennung die grösste Niederlage" ihres „Lebens bedeutet"[25] – wird Celan mit keinem Wort erwähnt. Den Zuhörern der Vorlesung blieb diese esoterische Bedeutung der Würdigung Celans gänzlich verschlossen. Selbst eine begeisterte Brigitte Bermann-Fischer beispielsweise schrieb am Tag nach der ersten Vorlesung an Celan in Paris, sie würde sich wünschen, dass er zur nächsten Vorlesung nach Frankfurt kommen möge: „Ich weiß nicht, ob Sie Ingeborg Bachmann persönlich kennen. Wir sind gute Freunde geworden und von ihrer dichterischen Entwicklung außerordentlich beeindruckt."[26] Wäre Celan der Einladung gefolgt, dann hätte er am 9. Dezember im Publikum einer Vorlesung folgen können, die in eine Hommage an seine Dichtung mündet. Er aber war mit anderem beschäftigt.

Am 17. Oktober 1959 hatte Paul Celan die Besprechung seines Gedichtbandes *Sprachgitter* von Günter Blöcker an Bachmann geschickt: „Liebe Ingeborg, die beiliegende Besprechung kam heute früh – bitte lies sie und sag mir, was Du denkst. / Paul"[27] Als die Rezension eintraf, befand Bachmann sich gerade im Aufbruch zu einem Treffen der Gruppe 47 in Elmau, offensichtlich ohne dem Brief Celans entnommen zu haben, welches Ausmaß seine Verzweiflung bereits angenommen hatte. Als sie aus Elmau zurückkam, war aus der Störung bereits ein Trauerspiel geworden. Ungeduldig auf Antwort wartend, hatte Celan in der Zwischenzeit an Max Frisch eine von ihm verfasste Polemik geschickt, eine an den *Tagesspiegel* gerichtete Erwiderung, in der die aus der Blöcker-Rezension zitierten Sätze unterstrichen sind. Die Sendung wurde begleitet von einem kurzen Brief, in dem er Blöcker, unter dem dreifachen Ausruf „Hitlerei", als „Autor, ach von Kafka- und Bachmann-Aufsätzen" bezeichnet.[28] Besonders gekränkt hatte Celan die Tatsache, dass Blöckers Rezension seiner Metaphernsprache jeden Objekt- und Wirklichkeitsbezug absprach, obwohl er seine Gedichte doch, wie er immer wieder betonte, als Grabschrift für seine Eltern und andere Juden verstand, die von den Nazis ermordet worden waren und ohne Grab geblieben waren. Blöckers Rezension spricht ihm genau diese Perspektive eines Überlebenden ab, argumentiert andererseits mit Celans Herkunft gegen seine Gedichte und bürgert ihn gleichsam aus der deutschen Sprache aus:

---

25 Ingeborg Bachmann und Hans W. Henze, Briefe einer Freundschaft. Hg. von Hans Höller. München [u.a.] 2004, S. 245.
26 Gottfried und Brigitte Bermann Fischer, Briefwechsel mit Autoren. Hg. von Reiner Stach. Frankfurt a. M. 1990, S. 618.
27 Bachmann und Celan 2008, S. 123.
28 Bachmann und Celan 2008, S. 165.

Celan hat der deutschen Sprache gegenüber eine größere Freiheit als die meisten seiner dichtenden Kollegen. Das mag an seiner Herkunft liegen. Der Kommunikationscharakter der Sprache hemmt und belastet ihn weniger als andere. Freilich wird er gerade dadurch oftmals verführt, im Leeren zu agieren.[29]

Für Celan war die Besprechung ein Mosaikstein aus einer gegen ihn gerichteten literaturkritischen Kampagne, die er als Seitenstück zu den Angriffen durch Claire Golls konstruierte Plagiats-Vorwürfe deutete. Deren Fälschungen wurden erst im Verlaufe des darauffolgenden Jahres aufgedeckt. Dann traten ihnen mehrere Kollegen öffentlich entgegen (Peter Szondi, Demus, Kaschnitz, Bachmann, Jens u. a.), offenbar aber zu einem Zeitpunkt, als Celan diese Unterstützung nicht mehr erreichte. In der Tat hatte die Kritik an seiner Metaphernsprache durchaus einen systematischen Charakter, insofern die wiederholte Kritik an ihrem Pathos mit einem nachkriegsdeutschen Ironiegebot korrespondiert, das sich als stilpolitische Form der ‚Vergangenheitsbewältigung' deutscher Autoren und Kritiker darstellt – als eine Art literarische Strategie, mit ihrer Vergangenheit vor 1945 umzugehen, genauer: nicht umzugehen. Es handelt sich um eine Haltung, die den Erfahrungen einer spezifischen Generation deutscher Männer entspricht, die aber, ohne ihre Voraussetzungen zu reflektieren, als allgemeine Stilforderung selbst jüdischen Autoren entgegengehalten wurde.[30]

Ahnungslos gegenüber derartigen Zusammenhängen, hatte Max Frisch die unausgesprochene Aufforderung Celans, ihn zu unterstützen, zurückgewiesen und dessen Kränkung auf eine allgemeine, für Schriftsteller notorische Eitelkeit und auf gekränkten Ehrgeiz zurückgeführt.[31] Bachmanns Antwort und Reaktion auf Celans Bitte, sich zur Rezension zu äußern, ergeht am 9. November bereits im Schatten des Briefwechsels zwischen Frisch und Celan: „[...] denn alles ist davon überschattet, daß ich von dem Brief weiß, den Max an Dich geschrieben hat, von meinen Ängsten und meiner Ratlosigkeit deswegen."[32] Ihr Versuch, Celan zu beruhigen, indem sie auf die Bedeutung seiner Gedichte und Frischs Bewunderung hinweist, fruchtet nicht. Sein Ton wird immer bitterer, ja aggressiv. Die Art und Weise, wie in dieser Situation das Privateste und Intimste sich mit der Literaturpolitik verquickt, der zerstörerische Widerhall, den die Störungen aus dem Literaturbetrieb im privaten Leben Bachmanns erhalten, wird nur an einer Stelle ihrer Korrespondenz lesbar. In dem Brief, den sie am 18. November, eine Woche vor ihrer ersten Vorlesung, an Paul Celan schickt, schreibt sie: „Hier die letzten Tage,

---

29 Günter Blöcker, „Gedichte als graphische Gebilde". In: Der Tagesspiegel, 11.10.1959.
30 Ausführlicher und mit den entsprechenden Belegen in: Weigel 1999, S. 438–444.
31 Bachmann und Celan 2008, S. 171.
32 Bachmann und Celan 2008, S. 125–126.

seit Deinem Brief – es war entsetzlich, alles im Wanken, dem Bruch nahe, jetzt sind jedem von jedem soviel Wunden geschlagen. Aber ich kann und darf von hier nicht reden."[33] Mit etwas Phantasie lassen sich die Belastungen der Situation, in der Bachmann an den Vorlesungen schrieb, ausmalen: seit einem Jahr mit einem Mann zusammenlebend, dessen politische Haltung ihr fremd ist und der im Zerwürfnis liegt mit einem Mann, an den sie leidenschaftlich gebunden ist, dessen Gedichte sie verehrt und für dessen Verzweiflung sie persönlich sowie als politisch äußerst reflektierte Autorin der Nachkriegsliteratur Empathie empfindet. Celans Hinweis auf Blöcker als Autor von Bachmann-Aufsätzen (gemeint sind positive Besprechungen von Bachmanns Gedichtbänden) ist nicht ohne Folgen geblieben, zu schwer wog für die Autorin das Lob von der falschen Seite, durch das sie in eine prekäre Beziehung zu Paul Celan – als jüdischem Dichter und Überlebendem – geraten war. Der Aufruhr des vielschichtigen Konflikts wird nicht unwesentlich zu Bachmanns Entscheidung beigetragen haben, keine Gedichte mehr zu veröffentlichen.

Vor dem Hintergrund dieser Ereignisse erhält das Wort ‚bitter' aus Celans Gedicht *Zähle die Mandeln*, das dem Band *Mohn und Gedächtnis* zugehört, einen zusätzlichen Klang und ein ‚privates' Echo. Sie zitiert es in der zweiten Vorlesung „Über Gedichte". Das Ich von Celans Dichtung erpresse sich keine Autorität und erbitte sich nichts, so Bachmann, die dann das Gedicht offensichtlich aus dem Kopf, das heißt *by heart*, zitiert, denn sie dreht die Reihenfolge der Verse um und fügt einen Vers aus der ersten an die letzte Strophe des Gedichts an: „‚Mache mich bitter, zähle mich zu den Mandeln, zähl mich dazu ... was bitter war und dich wachhielt ...'" (4/215) Das Gedicht gehört zu jenen, die Paul Celan der Geliebten während ihrer zweiten Liebe mit der handschriftlichen Widmung „f. D." (für Dich) zugeeignet hatte.[34] Doch Bachmann lässt ihre Vorlesung nicht mit der bitteren Mandel enden, sondern mit dem „nichts ist verloren" aus Celans Gedicht *Engführung* – mit einem Topos, der zwischen beider Texten mehrfach hin- und hergeschickt wurde:

> . . . . Ein
> Stern
> hat wohl noch Licht.
> Nichts,
> nichts ist verloren. (4/216)

---

33 Bachmann und Celan 2008, S. 129.
34 Bachmann und Celan 2008, S. 73.

Damit erscheint Ingeborg Bachmanns Vorlesung wie jene *Carte Postale*, deren Struktur Jacques Derrida als symptomatisch für das postalische Zeitalter beschrieben hat; er versteht dieses Zeitalter zugleich als Epoche der Literatur: Als öffentliche Sendung ist ihre Schrift – die der Postkarte und die der Literatur – für jeden lesbar und enthält doch zugleich eine verborgene Mitteilung, die nur für den einen Adressaten entzifferbar ist. Wenn das Wiederlesen von Bachmanns Poetik heute den Eindruck hinterlässt, dass das Zeitalter der Literatur in dem von ihr beschriebenen emphatischen Sinne vorüber ist, dann stellt sich die Frage, ob damit auch die Kunst einer verborgenen und verschwiegenen Rede vergessen ist, die man an ihren Vorlesungen studieren kann.

Literaturverzeichnis

Adorno, Theodor W.: Gesammelte Schriften in zwanzig Bänden. Hg. von Rolf Tiedemann. Frankfurt a. M. 1978.
Arendt, Hannah: Vita activa oder vom tätigen Leben. 3. Aufl. München 2007.
Arendt, Hannah und Heinrich Blücher: Briefe 1936–1968. Hg. von Lotte Köhler. München 1996.
Bachmann, Ingeborg: Die wunderliche Musik. In: Jahresring 56/57. Ein Querschnitt durch die deutsche Literatur und Kunst der Gegenwart. Stuttgart 1956, S. 217–227.
Bachmann, Ingeborg: Musik und Dichtung. In: Musica Viva. Hg. von Karl Heinz Ruppel. München 1959, S. 161–166.
Bachmann, Ingeborg: Werke. Hg. von Christine Koschel, Inge von Weidenbaum und Clemens Münster. 4 Bde. München [u.a.] 1978.
Bachmann, Ingeborg und Paul Celan: „Herzzeit". Briefwechsel. Hg. von Bertrand Badiou, Hans Höller, Andrea Stoll und Barbara Wiedemann. Frankfurt a. M. 2008.
Bachmann, Ingeborg und Hans W. Henze: Briefe einer Freundschaft. Hg. von Hans Höller. München [u.a.] 2004.
Benjamin, Walter: Gesammelte Schriften. Hg. von Rolf Tiedemann und Hermann Schweppenhäuser. 7 Bde. Frankfurt a. M. 1978.
Bermann Fischer, Gottfried und Brigitte: Briefwechsel mit Autoren. Hg. von Reiner Stach. Frankfurt a. M. 1990.
Blöcker, Günter: „Gedichte als graphische Gebilde". In: Der Tagesspiegel, 11.10.1959.
Briegleb, Klaus: Mißachtung und Tabu. Eine Streitschrift zur Frage: „Wie antisemitisch war die Gruppe 47?". Berlin [u.a.] 2003.
Celan, Paul: Mohn und Gedächtnis. Frankfurt a. M. 1975.
Hildesheimer, Wolfgang: Theaterstücke. Über das absurde Theater. Frankfurt a. M. 1976.
Hildesheimer, Wolfgang: Briefe. Hg. von Silvia Hildesheimer und Dietmar Pleyer. Frankfurt a. M. 1999.
Weigel, Sigrid: Ingeborg Bachmann. Hinterlassenschaften unter Wahrung des Briefgeheimnisses. Wien 1999.
Wittgenstein, Ludwig: Tractatus logico-philosophicus. Frankfurt a. M. 1960.

Cindy K. Renker
„Lampensuchenderweise..."
Paul Celans und Ingeborg Bachmanns Suche nach Wahrheit

In den vergangenen Jahrzehnten beschäftigte sich die Forschung einerseits mit dem poetischen wie poetologischen Dialog, den diese beiden wohl wichtigsten deutschsprachigen Nachkriegsdichter miteinander führten, andererseits stellte man Spekulationen zum Aspekt der Privatheit an. In diesem zweiten Fall konzentrierte man sich zumeist auf ihre erste Liebesbeziehung, die 1948 in Wien begann und 1950 in Paris endete, als Bachmann, nach einem vergeblichen Versuch mit Celan zusammenzuleben, die Stadt an der Seine mit der Begründung verließ, dass sie „aus unbekannten, dämonischen Gründen" nicht miteinander auskamen.[1]

Mit dem Erscheinen des Briefwechsels wurde nicht nur eine intime Vertrautheit offengelegt, sondern es wurde auch ersichtlich, dass für beider Leben und Werk die wiederaufgelebte, zweite Liebesbeziehung der Jahre '57 sowie '58 von nicht weniger großer Bedeutung war als die erste. Die Korrespondenz aus dieser Zeit ist umfangreich und zeugt von einer, was Celan anbelangt, niemals zuvor da gewesenen Intensität, die nicht nur zu einer Vielzahl neuer Gedichte führte, sondern auch eine tiefe Verbundenheit mit Bachmann begründete. Ihre geistige Zweisamkeit rührte daher, dass beide, trotz der Unterschiede in Herkunft und Erfahrung, die jüngere Vergangenheit in den Blick nahmen. Bachmann und Celan machten das Streben nach Wahrheit zum Leitthema ihres Werkes, für beide definierte das Bemühen um wahre Worte ihr Rollenbild als Dichter, Schriftsteller und Übersetzer. Während Bachmann sich in ihrer Literatur mit der Verdrängung der Vergangenheit in Österreich und Deutschland beschäftigte, mit der Schuldfrage, wies Celan in seinen Gedichten auf das Schicksal seines Volkes hin, auf seine jüdische Herkunft und die Shoah.

Celan geht es nicht allein um eine Konfrontation mit der Vergangenheit – und wahrlich nicht um Vergangenheitsbewältigung –, sondern seine Absicht bestand darin, seinen Lesern, vor allem den deutschen, die historische Wahrheit abzuringen. Es ist die Wahrheit über den Holocaust und dessen Opfer, die Celan zu einem Wahrheitszeugen (um einen Begriff Kierkegaards zu verwenden) macht. Eine profunde Aussage, die er 1958 in einem Brief an Jean Firges tätigt, fasst

---

[1] Brief Bachmanns an Hans Weigel, zitiert nach Barbara Wiedemann, Paul Celan und Ingeborg Bachmann: Ein Dialog? In Liebesgedichten? In: „Im Geheimnis der Begegnung". Ingeborg Bachmann und Paul Celan. Hg. von Dieter Burdorf. Iserlohn 2003, S. 21–43, hier: S. 34, Fn. 62.

zusammen, worauf es ihm in seiner Dichtung ankam: „Es geht mir nicht um Wohllaut, es geht mir um Wahrheit."[2] Auch in einer Umfrage der Librairie Flinker in Paris von 1958 betont Celan, dass deutsche Lyrik, „Düsteres im Gedächtnis", nun schöner Sprache misstraut und stattdessen „versucht, wahr zu sein".[3] Nicht nur die Dichtung, sondern auch die Korrespondenz, die aus der Zeit der zweiten Liebesbeziehung stammt, belegt deren Drang nach Wahrheit. Da Bachmanns Wahrheitsverständnis besonders in diesen Jahren durch Celan geprägt wurde, entstand eine tiefe Verbundenheit. Die Suche nach einer Lampe, von Celan als Geschenk für Bachmanns neue Wohnung in München gedacht, wird hierbei zum Symbol des Strebens nach Wahrheit und zur Chiffre für das gemeinsame Unterfangen.

Celans Verständnis von Wahrheit wurde, was das Verhältnis zur Kunst betrifft, wesentlich von Heideggers Denken beeinflusst.[4] Ein Blick in *La Bibliotheque* genügt,[5] um festzustellen, dass Celan sich mit Heideggers Schriften, wie zum Beispiel *Der Ursprung des Kunstwerkes*[6] und *Vom Wesen der Wahrheit*,[7] eingehend beschäftigt hatte. Heideggers These in diesen Schriften beruht darauf, dass Wahrheit Kunst sein will, womit er die von ihm gestellte Frage beantwortet, ob Wahrheit in einem Werk geschehen und geschichtlich sein kann.[8] Wie definiert sich bei Celan dieser Begriff der Wahrheit? Der Vergleich von Heideggers *Vom Wesen der Wahrheit* und Celans Bremer Rede[9] gewährt uns einen aufschlussreichen Einblick. Für Martin Heidegger bedeutet Wahrheit stets „wirkliche Wahrheit": „Das Wahre ist das Wirkliche."[10] Von Celan wissen wir aus einer seiner Reden, dass er „wirk-

---

2 Brief vom 2.12.1958; Jean Firges, „Sprache und Sein in der Dichtung Paul Celans". In: Muttersprache 72 (1962), S. 261–269, hier: S. 266–267.
3 Paul Celan, Gesammelte Werke in sieben Bänden. Hg. von Beda Allemann und Stefan Reichert. Band 3: Gedichte III, Prosa, Reden. Hg. von dens. Frankfurt a. M. 2000, S. 167.
4 Obwohl die Person Heidegger für Celan immer ambivalent blieb, war er sehr an den Lehren des Philosophen interessiert. Die Problematik der Celan-Heidegger Beziehung ist ausgiebig besprochen worden: Hadrian France-Lanord, Paul Celan et Martin Heidegger. Le sens d'un dialogue. Paris 2004 u. James K. Lyon, Paul Celan and Martin Heidegger: An Unresolved Conversation, 1951–1970. Baltimore, Md. 2006.
5 Paul Celan, La Bibliothèque philosophique. Die philosophische Bibliothek. Hg. von Alexandra Richter, Patrik Alac [u.a.]. Paris 2004.
6 Martin Heidegger, Der Ursprung des Kunstwerkes. In: Holzwege. Frankfurt a. M. 1950, S. 7–68.
7 Martin Heidegger, Vom Wesen der Wahrheit. Frankfurt a. M. 1949.
8 Heidegger 1950, S. 23 – Celan beantwortete diese Frage in dem wohl kürzesten Gedicht, das er je geschrieben hatte, mit: „Es muß Wahrheit geschehen [...]."; vgl. Timothy Boyd, „dunkler gespannt". Untersuchungen zur Erotik der Dichtung Paul Celans. Heidelberg 2006, S. 229.
9 Celan 2000, Band 3, S. 185–186.
10 Heidegger 1949, S. 74–75.

lichkeitswund" und „Wirklichkeit suchend" versuchte, Gedichte zu schreiben, um sich eine „Wirklichkeit zu entwerfen".[11]

Diese Art der Wirklichkeit beruht darauf, dass Celan auf ein Gegenüber hofft, das in einen Dialog mit seiner dichterischen Botschaft tritt. Um seine Leser mit dem Wahren konfrontieren zu können, muss er aber die Wahrheit über „das, was geschah"[12] offenlegen. So hat es einen tieferen Grund, dass Celan in Heideggers Nachwort zu *Der Ursprung des Kunstwerkes* den folgenden Satz anstrich: „Die Wahrheit ist die Unverborgenheit des Seienden [...]."[13] Heidegger setzt zwar Wahrheit mit Unverborgenheit gleich, doch heißt das nicht, wie dieser später relativierte, dass Wahrheit von sich aus zutage tritt. Das Erscheinen von Wahrheit erfordert vielmehr einen Prozess, einen, der sich als solcher unabhängig vom Menschen vollzieht, der aber dennoch dessen ‚Lichtung' bedarf. Ist Offenheit im Spiel beim Entbergen, ist es wahrlich das Richtige, das Seiende – „Wahrheit als Richtigkeit"[14] –, das zum Vorschein kommt. Celan verinnerlichte nicht nur das Prinzip des „Katakombenleben[s] der Wahrheit"[15] (die Verborgenheit der Wahrheit), sondern er versuchte auch, dem Prozess gerecht zu werden, den das Streben, der Wahrheit ans Licht zu verhelfen, erforderlich machte.

Als Dichter geht es Celan um die Geburt der Wahrheit durch wahre Sprache, die auch das Schweigen, als Teil dieser Sprache, mit einschließt. In seiner *Meridian*-Rede weist er ausdrücklich darauf hin, dass das Gedicht „eine starke Neigung zum Verstummen" hat. Sein Gedicht, das sich von jeher an den Grenzen der sprachlichen Möglichkeiten bewegt, besteht daher auch im Schweigen „[i]mmernoch".[16] Zwischen den Worten füllt eine bedächtige Stille den Erinnerungsraum, die jenen Schmerz ins Licht setzt, der diesem innewohnt. Bachmann ist diejenige, die erkennt, dass es „jener geheime Schmerz"[17] ist, den der Leser wahrnehmen muss, um Zugang zur Wahrheit zu finden, wie sie in ihrer Rede zur Verleihung des Hörspielpreises der Kriegsblinden erklärt:

> So kann es auch nicht die Aufgabe des Schriftstellers sein, den Schmerz zu leugnen, seine Spuren zu verwischen, über ihn hinwegzutäuschen. Er muß ihn, im Gegenteil, wahrhaben und noch einmal, damit wir sehen können, wahrmachen. Denn wir wollen alle sehend

---

11 Celan 2000, Band 3, S. 186.
12 Celan 2000.
13 Celan 2004, S. 359.
14 Heidegger 1949, S. 76.
15 Celans Unterstreichung in Ernst Blochs *Das Prinzip Hoffnung* (1959); Celan 2004, S. 313.
16 Celan 2000, Band 3, S. 197.
17 Ingeborg Bachmann, Die Wahrheit ist dem Menschen zumutbar. In: Essays, Reden, Vermischte Schriften. Band 4. Hg. von Christine Koschel, Inge von Weidenbaum [u.a.]. 2. Aufl. München [u.a.] 1982, S. 275 (Werke. Hg. von dens. 4 Bde.).

werden. Und jener geheime Schmerz macht uns erst für die Erfahrung empfindlich und insbesondere für die Wahrheit. [...] Der Schriftsteller – und das ist auch in seiner Natur – ist mit seinem ganzen Wesen auf ein Du gerichtet, auf den Menschen, dem er seine Erfahrung vom Menschen zukommen lassen möchte [...].[18]

Gehalten im Jahr 1959, erkennt man in Bachmanns Rede, die den Titel „Die Wahrheit ist dem Menschen zumutbar" trägt, deutlich den Einfluss Celans. Der Anspruch, dass es als Schriftstellerin ihre Verantwortung ist, für Wahrheit einzustehen, wird deutlich artikuliert. Bachmann argumentiert in ihrer Preisrede auch, dass Kunst im Dienst der Wahrheit steht und dem Zweck dient, den Menschen die Augen zu öffnen.[19] Als Schriftstellerin kommt ihr somit die Aufgabe zu, die Blinden „sehend" zu machen – eine interessante Formulierung, wenn man bedenkt, dass sie zu einer Organisation sprach, die sich der Unterstützung der Kriegsblinden verschrieb. Was Menschen ‚sehen' lässt, ist laut Bachmann, dass sie den Schmerz „wahrhaben", der Teil des Erlebten ist.

Ihre Ansprache hielt sie nur vierzehn Monate nach Celans Bremer Rede. Sein Denken spiegelt sich hierin auffällig wider, zu einem Zeitpunkt, als die Liebesbeziehung schon beendet war. Bachmann wusste um Celans ‚großen geheimen Schmerz', um sein Bestreben, die ihm eigenen Erfahrungen zu vermitteln, und tat es ihm gleich. Daneben zeigt sich auch Bachmann von Heideggers Denken beeinflusst. In ihrer Dissertation, die sich mit seiner Existentialphilosophie beschäftigte, hatte sie sich zwar auf eine Weise geäußert, die einem frontalen Angriff auf den Philosophen gleichkam, dabei eignete sie sich aber zugleich ein Wissen an, das ein Teil ihres Wahrheitskonzeptes wurde.[20] Heideggers Hypothese: „Wahrheit bedeutet heute und seit langem die Übereinstimmung der Erkenntnis mit der Sache",[21] kehrt bei Bachmann in der Folgerung wieder, dass das Wahrhaben des Schmerzes uns erst empfänglich für die Wahrheit macht und Erkenntnis bringt, aufgrund der „Übereinstimmung des in der Aussage Gemeinten mit der Sache".[22]

Mit der Wiederaufnahme der Liebesbeziehung im Oktober 1957, anlässlich des Wuppertaler Treffens „Literaturkritik – kritisch betrachtet", begann ein neuer Abschnitt. Während die beiden in den vorangegangenen Jahren nur sporadisch

---

18 Bachmann 1982, S. 275–276.
19 Bachmann 1982, S. 275 – Auch Heidegger schreibt in seiner Schrift *Der Ursprung des Kunstwerkes*, dass Kunst Wahrheit entspringen lässt; Heidegger 1950, S. 64.
20 Bachmann hatte gehofft, den großen Philosophen mit ihrer Dissertation zu stürzen. Als Heidegger sie später um einen Beitrag für eine Festschrift zu seinem siebzigsten Geburtstag bat, lehnte sie – wie auch Celan – ab.
21 Heidegger 1950, S. 38.
22 Heidegger 1949, S. 75.

brieflichen Kontakt gehabt hatten,[23] zeugen die Briefe aus der Zeit ihrer erneuerten Beziehung von einer starken Verbundenheit: Jene von Celan dokumentieren eine nie zuvor auf diese Weise artikulierte Zuneigung, die insofern zur Grundlage seiner Existenz wurde, als er diese sogar mit seiner Suche nach Wahrheit gleichsetzte. Bachmanns Ängsten, dass sie Celan „wieder unglücklich mache, wieder die Zerstörung bringe",[24] entgegnet er in seinem Brief vom 31. Oktober 1957 vehement: „Zerstörung, Ingeborg? Nein, gewiß nicht. Sondern: die Wahrheit. Denn dies ist ja wohl, auch hier, der Gegenbegriff: weil es der Grundbegriff ist."[25] Das Prinzip der Wahrheit wird nicht nur zum Ausgangspunkt seines Schaffens, sondern auch zur Antwort auf psychische Zerstörung. Die Suche nach Wahrheit ist für Celan „Bestimmung, vielleicht, Schicksal und Auftrag", und Bachmann ist diejenige, die er zur Mitstreiterin in seinem Ringen darum macht:

> Du weißt auch: Du warst, als ich Dir begegnete, beides für mich: das Sinnliche und das Geistige. Das kann nie auseinandertreten, Ingeborg.
>
> Denk an „In Ägypten". Sooft ichs lese, seh ich Dich in dieses Gedicht treten: Du bist der Lebensgrund, auch deshalb, weil Du die Rechtfertigung meines Sprechens bist und bleibst. (Darauf habe ich wohl auch damals in Hamburg angespielt, ohne recht zu ahnen, wie wahr ich sprach.)
>
> Aber das allein, das Sprechen, ists ja gar nicht, ich wollte ja auch stumm sein mit Dir.[26]

Sein Gegenüber ist der „Lebensgrund", wie er schreibt: Ihre Existenz verleiht ihm Sprache. Ihre Gegenwart, als Gegenpol zur Vergangenheit, macht es ihm erst möglich, die Wahrheit über den großen Schmerz, den sein Volk erlitt, auszusprechen. In seinem Gedicht *In Ägypten*, das er Bachmann nicht nur gewidmet, sondern 1948 auch als Brief an sie gesandt hatte, sieht sich die Adressatin mit diesem Schmerz konfrontiert – sie, „die Fremde", auf der einen Seite, der auf der anderen Celans Volk, personifiziert durch drei jüdische Prophetinnen des Alten Testaments, gegenübersteht. Es ist der Schmerz der Trauer um sein Volk, den er ihr darin offenbart, und den sie jetzt zusammen mit ihm tragen muss: „Du sollst zum Aug der Fremden sagen: Sei das Wasser! / [...] Du sollst sie schmücken mit dem

---

23 Bachmann hielt sich zum Beispiel Ende 1956 in Paris auf, ohne Kontakt mit Celan aufzunehmen; Ingeborg Bachmann und Paul Celan, „Herzzeit". Der Briefwechsel. Hg. von Bertrand Badiou, Hans Höller [u.a.]. Frankfurt a. M. 2008, S. 365.
24 Vgl. Brief vom 28.10.1957; Bachmann und Celan 2008, S. 63.
25 Brief vom 31.10.1957; Bachmann und Celan 2008, S. 64.
26 Bachmann und Celan 2008.

Schmerz um Ruth, um Mirjam / und Noemi."²⁷ Das Wissen Bachmanns um diesen Schmerz ist es, das sein Sprechen, wie auch ihres, rechtfertigt.

Innerhalb der Beziehung offenbart sich die Wahrheit aber nicht allein im Sprechen. Auch Schweigen spricht wahr („ich wollte ja auch stumm sein mit Dir"). Das gelangt in der zweiten Strophe seines Gedichts *Köln, Am Hof* zum Ausdruck: „Einiges sprach in die Stille, einiges schwieg [...]."²⁸ Celan schrieb das Gedicht wenige Tage nach der Wiederaufnahme der Liebesbeziehung. Nach Paris zurückgekehrt, erinnerte sich Celan an das Hotel in Köln, in dem Bachmann und er im Anschluss an das Treffen in Wuppertal zusammen Zeit verbrachten. Das Hotel befand sich in der Straße „Am Hof", die vom Rathaus bis zum erzbischöflichen Palast führt. In diesem Teil der Stadt lebten im Mittelalter die Juden.²⁹ Celan historisiert diesen Platz in seinem Gedicht und macht ihn zu einem Erinnerungsort für die Verlorenen: „Verbannt und Verloren / waren daheim."³⁰ ‚Daheim' verweist bei Celan auf seine verlorene Heimat, die Bukowina, auf die einst dort existierende, aber nun zerstörte jüdisch-deutsche Kultur sowie auf sein Zuhause und seine Mutter.³¹ Die Flucht aus der Heimat, erzwungen durch die zur damaligen Zeit kommunistische Regierung Rumäniens, unter der er nicht leben konnte, der Verlust seiner Eltern, Verwandten und Freunde durch die Shoah, all dies offenbart sich in diesen Gedichtzeilen als persönlicher Schmerz.

Daneben wird Köln zu einem Ort der Erinnerung an Bachmann und seine Beziehung zu ihr. So beginnt *Köln, Am Hof* mit dem Celan'schen Neologismus „Herzzeit". Und in einem Brief an seine Freundin vom November 1957, Wochen nach Köln, berichtet Celan, dass er zu Hause auf einen Eintrag in seinem Taschenkalender stieß, der ihre Ankunft am 14. Oktober 1950 in Paris ankündigte. Der Daten immer eingedenk, weist Celan darauf hin, dass ihr Zusammensein in Köln sieben Jahre später auch auf den 14. Oktober fiel.³² Er schließt den Brief mit

---

27 Das Gedicht ist die erste Korrespondenz zwischen den beiden; Bachmann und Celan 2008, S. 7.
28 Bachmann und Celan 2008, S. 60.
29 Paul Celan, Die Gedichte. Kommentierte Gesamtausgabe. Hg. von Beda Wiedemann. Frankfurt a. M. 2005, S. 658.
30 Bachmann und Celan 2008, S. 60.
31 Vgl. Celans frühes Gedicht *Nähe der Gräber* aus *Der Sand aus den Urnen*: „Und duldest du, Mutter, wie einst, ach, daheim, / den leisen, den deutschen, den schmerzlichen Reim?"; Celan 2005, S. 17.
32 Auch Bachmann ist der Daten eingedenk, wie ihr Gedicht *Früher Mittag* beweist. Darin beziehen sich die sieben Jahre, die wiederholt aufgerufen werden, nicht unmittelbar auf die Beziehung zu Celan, sondern auf die NS-Zeit. Sie prangert an, dass sieben Jahre nach dem Zusammenbruch des NS-Regimes die Henker immer noch unter ihnen weilen; Ingeborg Bachmann, Darkness Spoken. Hg. von Peter Filkins. Brookline, MA 2006, S. 34–36.

der letzten Zeile von *Köln, Am Hof*: „Ihr Uhren tief in uns."³³ So evoziert Celan, neben der gemeinsamen Zeit in Köln, auch die Tatsache, dass ihr Treffpunkt einst Wohnort von Juden war – jenes Volks, das im Zuge der Wannseekonferenz am ‚20. Jänner 1942' zum Tode verurteilt wurde. Gedichte sind für Celan nicht zeitlos,³⁴ daher sind die verdrängten Ereignisse immer präsent in seiner Dichtung. Bachmann wusste um die Doppeldeutigkeit dieser inneren „Uhren", wusste, dass bei Celan „jedem Gedicht sein ‚20. Jänner' eingeschrieben bleibt".³⁵

Nicht nur Köln, sondern auch München wird zum Erinnerungsort, wenn Bachmann in ihrer Widmung für Celan in einem Exemplar der zweiten Auflage von *Die gestundete Zeit* schreibt: „München, Am Hof"³⁶. Natürlich evoziert Bachmann hier die gemeinsame Zeit in Köln, aber vielleicht auch eine Geschichtsträchtigkeit, die München innehat. Bedenkt man, dass die bayrische Landeshauptstadt vor nicht allzu langer Zeit der Schauplatz von Hitlers Aufstieg gewesen war, spricht einiges für diese Stadt als Erinnerungsort – nämlich in Sachen zeitgeschichtlicher Vergangenheit. Insgesamt dreimal besuchte Celan seine Freundin in München: Anfang Dezember 1957, Ende Januar 1958 und zuletzt Anfang Mai desselben Jahres, wobei zu jener Zeit ihre Liebesbeziehung auch zu Ende ging. Bachmann, die sich im September 1957 wegen ihrer neuen Stelle als Dramaturgin beim Bayrischen Fernsehen im Großraum München angesiedelt hatte, war zum Zeitpunkt der wiederaufgenommenen Liebesbeziehung gerade im Begriff, in eine Wohnung umzuziehen, die innerhalb Münchens lag. Dies geschah dann auch eine Woche nach Celans erstem Besuch. In einem Brief vom 9. November 1957, einen vollen Monat vor dem Umzug, schreibt Celan zum ersten Mal von seiner Absicht, eine Lampe für die neue Wohnung zu besorgen: „Morgen ziehst Du in Deine neue Wohnung: darf ich bald kommen und mit Dir eine Lampe suchen gehen?"³⁷ Auch im Brief vom 23. November betont Celan, dass er die Lampe „suchen gehen" will, und zwar mit Bachmann zusammen: „Wir wollen dann die Lampe suchen gehen,

---

33 Brief vom 7.11.1957; Bachmann und Celan 2008, S. 68.
34 Ansprache anlässlich der Entgegennahme des Literaturpreises der Freien Hansestadt Bremen; Celan 2000, Band 3, S. 185–186.
35 Vgl. Celan 2000, Band 3, S. 196.
36 Vgl. Bachmann und Celan 2008, S. 74 – Kurz vor einem zweiten Wiedersehen machte er Bachmann, die sich ebenfalls im Norden Deutschlands aufhielt, den Vorschlag, sich wieder in Köln zu treffen, doch am Ende besuchte Celan sie in München; Bachmann und Celan 2008, S. 80. Selbst noch 1959, nachdem die Liebesbeziehung geendet hatte, nutzt Celan die Chiffre erneut. Nunmehr ist es die österreichische Hauptstadt, die als Erinnerungsort ins Gedächtnis gerufen wird. Am 11.2.1959 sandte er Bachmann eine Postkarte aus Wien, wo ihre erste Liebesbeziehung begonnen hatte. Die Karte war unterzeichnet mit „1. Bez. Am Hof."; Bachmann und Celan 2008, S. 103.
37 Bachmann und Celan 2008, S. 69.

Ingeborg, Du und ich, wir."[38] Der Umzug, wie auch Celans Besuch bei Bachmann, verschob sich jedoch, und so ließ die gemeinschaftliche Suche noch bis Anfang Dezember auf sich warten. Sein dringlicher Wunsch nach einem gemeinsamen Unterfangen offenbart sich auch in einem Brief vom 9. November, in dem er gesteht, dass er die Herausgeberin der italienischen Literaturzeitschrift *Botteghe Oscure* bat, ihn zusammen mit Bachmann Beiträge für eine deutsche Ausgabe auswählen zu lassen. Nun bittet er Bachmann, die zuvor schon einmal die Edition übernommen hatte, um Entschuldigung, dass er sich aufdrängt. Gleichzeitig aber drückt er auch seine Hoffnung aus, dass es für die Ausgabe des Frühjahrsheftes zu einer Zusammenarbeit kommt.

Bachmann reagiert positiv auf sein Angebot. Zugleich ermutigt sie ihn zum Schreiben: „‚Allerseelen' ist ein wunderbares Gedicht. Und ‚Köln, Am Hof' ... Du mußt wieder schreiben, wie Du mußt."[39] Wenngleich dies Bachmanns erste Erwähnung des Gedichts *Köln, Am Hof* ist, so wird doch augenscheinlich (angedeutet durch die Auslassungspunkte), dass es ihr ernst ist mit ihrer Ermutigung. Da sie um die Dringlichkeit seines Schreibens weiß, sich im Klaren darüber ist, dass es ihm nicht um Wohlklang geht, ermutigt sie Celan, so zu schreiben, wie er es zuvor getan hatte. Dieser Brief ist bedeutsam, weil er offenbart, dass Bachmann nicht nur Celans Beispiel als Wahrheitszeuge folgte, sondern ihm auch Mut machte, dieses Unterfangen fortzusetzen. Das Verständnis, das Bachmann seiner Dichtung entgegenbrachte, und ihre sanfte Vehemenz, mit der sie ihm zuredete, unterstreicht ihre tiefe Verbundenheit mit ihm. So verwundert es nicht, dass auch sie ihren Brief mit der Chiffre schließt, bald mit ihm die Lampe suchen zu gehen. Damit verbunden ist die Hoffnung auf ein erneutes Wiedersehen und auf „Klarheit" in der Sache ihrer neu aufgenommenen Beziehung. Die Lampe ist dabei nicht nur ein Symbol für die zeitgeschichtlich fundierte Wahrheitssuche der beiden, sondern auch ein realer Gegenstand, der Wohnlichkeit und Licht in Bachmanns neues Heim bringen soll. In ihren Briefen nehmen beide, bis zum Zeitpunkt des ersten Treffens, wiederholt auf diese symbolische Suche Bezug, in Form einer semantischen Dopplung von Wahrheit: Klarheit und Wahrheit zur Liebesbeziehung zu erlangen, ist ihr Ziel, sowie Wahrheit über „das, was geschah".

Bemerkenswert ist, dass es keineswegs eine Lampe ist, die beide während Celans erstem München-Aufenthalt erstehen, sondern ein Leuchter. Zu beachten ist auch, dass, während Celan das Wort „Lampe" in seinen Briefen an Bachmann bevorzugt, er in seinen Gedichten das Wort „Leuchter" präferiert.[40] Bedenkt man

---

38 Bachmann und Celan 2008, S. 72.
39 Brief vom 14.11.1957; Bachmann und Celan 2008, S. 70.
40 Das Wort „Lampe" kommt auch in Celans Gedichten vor. So zum Beispiel in seinem Gedicht *Stimmen*, auf welches an späterer Stelle noch einzugehen sein wird.

Celans Herkunft, so assoziiert man den Leuchter zum einen mit dem neunarmigen Chanukkaleuchter – allein schon deshalb, weil der Leuchter nur wenige Tage vor dem jüdischen Fest erstanden wurde.[41] Davon abgesehen lagen sieben Jahre zwischen der ersten und zweiten Liebesbeziehung, und siebenarmig ist ein Leuchter, der eines der wichtigsten Symbole des Judentums ist: die Menora. John Felstiner erinnert sich, dass ihm die Witwe Celans von einer Begebenheit erzählte, als er für sich und seine Familie solch einen Leuchter nach Hause brachte. Celan hatte zwei Menora an einem Bücherstand an der Seine gesehen und eine davon gekauft. Zu Hause fragten er und seine Frau sich, ob ein Jude, der seine Religion nicht aktiv praktizierte, ein Recht habe, eine Menora zu besitzen, und auch, ob es rechtens gewesen sei, diese zwei identischen Leuchter zu trennen. Laut Gisèle ging ihr Mann daraufhin zurück zum Bücherstand und kaufte auch den zweiten Leuchter. Einen behielten sie in ihrer Wohnung in Paris und einen in ihrem Sommerhaus in der Normandie.[42]

Diese Anekdote veranschaulicht Celans Ehrfurcht vor der jüdischen Tradition. Wenn Celan schon die eigene Würdigkeit, eine Menora zu besitzen, in Frage stellte, wie hätte seine Haltung erst bei einer Nicht-Jüdin wie Bachmann auszusehen? In den Briefen an sie sprach er zwar nie von einem Leuchter, sondern immer nur von einer Lampe. Aber in seinem Gedicht *Ein Tag und noch einer*,[43] das er Bachmann nur vier Tage nach seinem ersten Aufenthalt in München zusandte, bringt er klar zum Ausdruck, was sie in der bayrischen Hauptstadt taten: „wir holten / den Leuchter".[44] Das ‚Wir' dieser Gedichtzeile ruft *In Ägypten* in Erinnerung und damit das biografische Faktum, dass Celan seine Freundin nicht nur in seinen Schmerz einweihte, sondern ihr auch befahl („Du sollst"[45]), an diesem mit ihm zu tragen. Wie in Celans Gedicht von 1948 sind auch in *Ein Tag und noch einer* die Zeitebenen der Vergangenheit und der Gegenwart ineinander verwoben: Das Gestern „drängt sich" in das Heute und Morgen, „der vergangene Herbst [...] in

---

41 An dieser Stelle ist zu betonen, dass es sich wahrscheinlich um einen einarmigen Leuchter handelte, den Celan und Bachmann zusammen erstanden. Denn in ihrem Brief an Celan vom 27. Dezember 1957 schreibt Bachmann: „Heute habe ich für den Leuchter *eine* schöne Kerze gekauft." [meine Hervorhebung, C.R.]; Bachmann und Celan 2008, S. 79.
42 John Felstiner, Paul Celan. Poet, Survivor, Jew. New Haven [u.a.] 1995, S. 96 – Celan verweist auch im Gedicht *Wolfsbohne* auf die Menora, die sich in seinem Heim befindet; Celan 2005, S. 455–457.
43 Bachmann und Celan 2008, S. 77–78 – Der Titel des Gedichtes bezieht sich auf den zweitägigen Aufenthalt Celans in München. Celan, der ursprünglich nur einen Tag eingeplant hatte, teilt ihr in seinem Brief vom 23. November schließlich mit, auch einen Tag länger zu bleiben, sollte sie das wollen oder erlauben; Bachmann und Celan 2008, S. 72.
44 Vgl. Bachmann und Celan 2008, S. 78.
45 Vgl. Bachmann und Celan 2008, S. 7.

diesen".⁴⁶ Das Gedicht zeugt von einer gemeinschaftlichen Teilung der Last des Schmerzes, der in der Vergangenheit seinen Ursprung fand und immer gegenwärtig ist: „[...] ein Morgen / stieg ins Gestern hinauf, wir holten / den Leuchter, ich weinte / in deine Hand."⁴⁷ Es ist die Vergangenheit, die zur gemeinsamen Sache wird – und die Wahrheit (der „Leuchter") zum gemeinsamen Unterfangen macht („*wir* holten") [meine Hervorhebung, C.R.]. Bachmann, die zum Zeitpunkt der Entstehung des Gedichts für Celan Gegenwart und Zukunft bedeutete (ein „Morgen"), wendete sich dieser Vergangenheit (dem „Gestern") zu, an der sie ihr Gegenüber teilhaben ließ („ich weinte / in deine Hand"). So kommt Bachmann, der Nicht-Jüdin, letztlich der Status einer Eingeweihten zu. Ihre Aufgabe ist es nun, nachdem sie ‚jenen großen Schmerz', ‚wahrgehabt' hat, ihn auch wahrzumachen. Celan hat die Wahrheit deshalb in ihre Hand gegeben, damit auch sie wahr schreiben kann, denn „[n]ur wahre Hände schreiben wahre Gedichte", wie er Hans Bender erklärt.⁴⁸

Wie bedeutend der Leuchter für Bachmann wirklich war, lässt ihr Brief vom 11. Dezember erkennen, in dem sie schreibt: „[...] ich habe nur dieses zerknitterte Papier im Hotel, alles andre ist in der Franz Josephstraße bei dem Leuchter."⁴⁹ Aus ihrem Besitz hebt Bachmann allein den Leuchter hervor, den Rest fasst sie unter „alles andre" zusammen. Allem Anschein nach ist es allein der Leuchter, der ihr wichtig ist. In der Folge erwähnt Bachmann den Leuchter noch zwei weitere Male, unter anderem in dem Brief, in dem sie sich für den Erhalt des Gedichts *Ein Tag und noch einer* bedankt: „Jetzt gerade kam das Gedicht; Du hast es an dem 13., am Freitag geschrieben, als ich zum Leuchter zog (denn solang dauerte es noch)."⁵⁰ Bachmann, deren Umzug in eine neue Wohnung sich immer wieder verzögert hatte, scheint den Leuchter an dieser Stelle zu personifizieren. Nicht um ihre neue Wohnung handelt es sich, wie sie erklärt, sondern um die des Leuchters, zu dem sie nun endlich ziehen kann. Obwohl der Leuchter in ihren Briefen nach 1957 nicht mehr erwähnt wird, finden sich in Celans Gedichten immer noch Hinweise auf die symbolische Bedeutung des wahren Sprechens, die dieser eignet.⁵¹ Und auch

---

46 Vgl. Bachmann und Celan 2008, S. 97 – „Herbst" ist in Celans Fall mit Schmerz verbunden, da dieser an die Jahreszeit erinnert, in der er Nachricht vom Tod der Eltern erhielt.
47 Brief vom 13.12.1957; Bachmann und Celan 2008, S. 78.
48 Vgl. Celan 2000, Band 3, S. 177.
49 Bachmann und Celan 2008, S. 76.
50 Brief vom 16.12.1957; Bachmann und Celan 2008, S. 78.
51 Zum Beispiel im Gedicht *Eine Hand*, das Celan am 7.1.1958 an Bachmann sandte, ist dies der Fall. In der letzten Strophe heißt es: „Eine Hand, die ich küßte, / leuchtet den Mündern."; Bachmann und Celan 2008, S. 82.

Bachmann setzt sich mit dem Thema Wahrheit in ihren Gedichten, wie auch in ihrer Prosa, bis zuletzt auseinander.

Bachmanns Gedicht *Was wahr ist*, vom Oktober 1956, offenbart ihr je eigenes Wahrheitsverständnis, und zwischen den Zeilen finden sich auch Spuren des Wahrheitsanspruchs, den Celan vertrat. Die vier ersten Strophen des sechsstrophigen Gedichts setzen mit „Was wahr ist" ein, wobei die letzten Zeilen der ersten beiden Strophen ebenfalls mit dieser Einleitung beginnen. Nachfolgend soll besonders auf die aussagekräftige erste Strophe eingegangen werden: „Was wahr ist, streut nicht Sand in deine Augen, / was wahr ist, bitten Schlaf und Tod dir ab / als eingefleischt, von jedem Schmerz beraten, / was wahr ist, rückt den Stein von deinem Grab."[52] Die Verwendung von „Sand" erinnert an Celans ersten, aber später wegen massiven Druckfehlern zurückgezogenen Lyrikband *Der Sand aus den Urnen* (1948), in dem Gedichte wie *Todesfuge*, *Schwarze Flocken* und *Nähe der Gräber* erschienen waren. Der Sand, der aus eben diesen Urnen stammt, macht die Leser nicht blind, sondern offenbart die Gräueltaten der Shoah und den persönlichen Schmerz, den Celan dadurch erfuhr. Die Wahrheit über diese Vergangenheit („was wahr ist") macht sehend – eine Auffassung, auf die sich Bachmann in ihrer Preisrede „Die Wahrheit ist dem Menschen zumutbar" bezieht. Die *Todesfuge* ruft ebenfalls jene Opfer der Shoah ins Gedächtnis, die keine eigentlichen Gräber haben, sondern nur „ein Grab in den Lüften".[53] Im Fall dieser Opfer ist es nicht möglich, wie es in der jüdischen Gedächtniskultur Brauch ist, dem jeweiligen Toten einen Stein auf das Grab zu legen.

Auch in einem ihrer späten Gedichte, *Wahrlich*, das sie der russischen Dichterin Anna Achmatova widmete, spricht Bachmann von der Wichtigkeit des wahren Sprechens: „Wem es ein Wort nie verschlagen hat, / und ich sage es euch, / wer bloß sich zu helfen weiß / und mit den Worten – / dem ist nicht zu helfen."[54] Ohne das Motiv der Wahrheit, vom Titel abgesehen, direkt anzusprechen, weist Bachmann darauf hin, dass es derjenigen Person, die sprechen muss, um mehr zu gehen hat als nur um bloße Worte. Bachmann selbst kann die Zeile „und mit den Worten –" nicht zu Ende führen. Sie bricht abrupt ab, so als ob es zu schrecklich wäre, darüber zu sprechen, was mit den Worten passiert, die nicht dem wahren Sprechen dienen. Dass Bachmann das Gedicht Anna Achmatova widmete, mit der sie 1964 in Rom zusammentraf, überrascht nicht. Die russische Dichterin war ebenfalls eine Wahrheitszeugin[55] – in ihrem Fall eine Zeugin von Stalins Schre-

---

52 Bachmann 2006, S. 178.
53 Vgl. Celan 2005, S. 40.
54 Bachmann 2006, S. 614.
55 An dieser Stelle ist zu bemerken, dass Bachmann sich 1967 von ihrem langjährigen Verlag (Piper) trennte, nachdem sie erfuhr, dass Hans Baumann – ein ehemaliger Hitlerjugendführer

ckensherrschaft, durch die sie Familienmitglieder und enge Freunde verlor. Trotz Schreibverbots und einer strengen Zensur verkünden ihre oft verschlüsselten Worte die Wahrheit über Stalins Gräueltaten.

In einem Prosatext Bachmanns, in *Ein Wildermuth*, bildet das Streben nach Wahrheit ebenfalls das zentrale Thema.[56] Der gleichnamige Protagonist ist eine Richter-Figur, die sich seit frühen Kindestagen den Prinzipien der Wahrheit und Gerechtigkeit treu verschrieben hat. Ihr gegenüber steht ein Angeklagter, der denselben Namen trägt. Obwohl der Richter die Schuld des Angeklagten als erwiesen ansieht, fordert der Verurteilte, wie auch sein Verteidiger, diesen auf, der Wahrheit noch genauer auf den Grund zu gehen – sie bestehen auf der richtigen, der absoluten Wahrheit. Im Verlauf der sich hinziehenden Verhandlung wird das Wahrheitsverständnis des Richters, das diesen ein Leben lang geprägt hat, auf eine kritische Probe gestellt. Der Richter fällt schließlich einer Identitätskrise anheim und resigniert in seiner Wahrheitssuche, weil es „[e]ine Wahrheit [ist], von der keiner träumt, die keiner will".[57] So erkennt Anton Wildermuth, dass die absolute Wahrheit nicht greifbar ist.

Die Erzählung erschien 1961, gerade in dem Jahr, in dem nicht nur die Freundschaft, sondern auch ihre Korrespondenz zum Erliegen kommt. In ihrer Charakteristik erinnert die Hauptfigur zum Teil an Celan, der sich zum Zeitpunkt der Veröffentlichung in einer schweren Krise befand. Seit 1953 sah er sich den Beschuldigungen Claire Golls und anderen Anfeindungen ausgesetzt. Als sich zu Beginn des Jahres 1958 die Plagiats-Vorwürfe gegen Celan verstärken, rät Bachmann ihm in einem Brief:

> Zu dem neuen Goll-Unfall: ich bitte Dich, laß die Geschichten in Dir zugrunde gehen, dann, meine [ich], gehen sie auch aussen zugrund. Mir ist oft, als können die Verfolgungen [uns] nur [etwas anhaben], solang wir bereit sind, uns verfolgen zu lassen.
> Die *Wahrheit* macht doch, daß Du darüber stehst, und so kannst Du's auch wegwischen von oben.[58]

Bachmann zeigt sich darin einerseits als Mitstreiterin, die versucht, ihren Freund vor dem Abgrund zu bewahren, andererseits erklärt sie Celan aber auch, dass es

---

und Verfasser des nationalsozialistischen Liedes *Es zittern die morschen Knochen* – die Gedichte von Anna Achmatowa übersetzen würde. Bachmann wechselte zum Suhrkamp-Verlag, zu dem ein Jahr zuvor auch Celan gewechselt war – Vgl. hierzu „Gekreuzte Regenbogen". In: Der Spiegel 31 (1967), S. 95–96 u. Bachmann und Celan 2008, S. 372–373.
56 Bachmann 1982, Band 2, S. 214–252 – Auch andere Erzählungen Bachmanns gehen der Wahrheitsfrage nach.
57 Vgl. Bachmann 1982, Band 2, S. 252.
58 Bachmann und Celan 2008, S. 85 [meine Hervorhebung, C.R.].

ihr nicht möglich ist, seine Befürchtungen in ihrer vollen Tragweite nachzuempfinden. Der Briefwechsel der folgenden Monate dokumentiert dann, angesichts des wachsenden Antisemitismus in Deutschland und der politischen Lage in Europa, seine Niedergeschlagenheit: „Unruhige Zeiten, Ingeborg. Unruhige, unheimliche Zeiten."[59] Es sind diese Umstände, die Entfernung und die unregelmäßigen Treffen, die sich belastend auf ihre Beziehung auswirken.

Celans Übersetzung eines Gedichts Paul Éluards, die er Ende Februar 1958 an Bachmann sandte, wird zum Spiegelbild ihrer Rolle als Vertraute: „du bringst / den Umnachteten Ehrfurcht entgegen".[60] Allerdings liegen in dem Gedicht auch erste Hinweise auf die wachsende Distanz zwischen ihnen vor: „[...] du wirst mir / zur Unbekannt-Fremden, du gleichst dir, du gleichst / allem Geliebten, du bist / anders von Mal zu Mal."[61] Bachmann, die in seinen Gedichten, vor allem in denen aus der Zeit der ersten Liebesbeziehung, immer als vertraute Fremde erscheint, beginnt, sich allmählich zu einer unbekannten Fremden zu wandeln.

Nach Celans letztem Besuch in München, der im Mai 1958 erfolgte, veränderte sich ihre Beziehung grundlegend.[62] Als Bachmann ihren Dichterfreund, sowie dessen Frau, im Sommer 1958 in Paris traf, schien sich die Unmöglichkeit einer Fortsetzung ihres Liebesverhältnisses zu bestätigen. Aber selbst die Beziehung zu Max Frisch kann Bachmanns intime Verbundenheit mit Celan nicht vollends lösen, wie ihr Brief vom 5. Oktober belegt: „Wann kommst Du? Soll ich irgendwohin kommen? Kommst Du zu mir? Sag! Ich kann es offen tun und werde es immer dürfen, darüber bin ich auch froh."[63] Dabei geht es Bachmann vor allem um das Gespräch,[64] wie auch Celan,[65] der sie erinnert, als er den Dialog mit ihr sucht, dass sie ja weiß, worum es ihm ist.[66]

Es scheint, als ob persönliche Probleme, die politische Situation, antisemitische Kritiken zu Celans Gedichten in der deutschen Presse, die eskalierende Goll-Affäre und allem voran die aufgegebene Liebesbeziehung nicht nur Spuren in der Dichtung und Sprache beider hinterlassen hatten, sondern auch Auswirkungen auf ihr Verständnis von Wahrheit. Celan äußert sich entsprechend pessimistisch:

---

59 Brief vom 6.6.1958; Bachmann und Celan 2008, S. 90.
60 Bachmann und Celan 2008, S. 88.
61 Bachmann und Celan 2008.
62 Vgl. Bachmann und Celan 2008, S. 296.
63 Bachmann und Celan 2008, S. 95.
64 Vgl. Brief vom 2.12.1958; Bachmann und Celan 2008, S. 98.
65 Vgl. Brief vom 31.5.1959; Bachmann und Celan 2008, S. 110.
66 Jean Firges berichtete Celan von einer antisemitischen Karikatur des Dichters nach seiner Bonner Lesung. Celan sandte diesen Bericht an Bachmann. In einem späteren Brief vom 2.2.1959 schreibt Celan: „[...] ich weiß ja, daß Du weißt, worum es mir, auch in dieser üblen Bonner Sache, geht."; Bachmann und Celan 2008, S. 101.

„[...] ich bin, obwohl ich die Jeune Parque übersetzt habe, wieder ganz zerfallen mit mir und mit allem, was soll das Schreiben – und was soll der, der sich ins Schreiben hineingelebt hat?"⁶⁷ Bachmann ergeht es nicht anders: „Ich denke und denke, aber immer in dieser Sprache, in die ich kein Vetrauen mehr habe, in der ich mich nicht mehr ausdrücken will."⁶⁸ Letztlich waren es die Umstände von Blöckers Kritik an der *Todesfuge*, die Celan tief betroffen machten und die einst tiefe Verbundenheit zu Bachmann wiederholt auf die Probe stellten. Für ihn kam Blöckers Besprechung im *Tagesspiegel* einer Schändung der Toten und einer Leugnung der historischen Wahrheit gleich. Celans Briefe an Bachmann aus dieser Zeit dokumentieren seine Enttäuschung und Verzweiflung, und auch das Gefühl, allein gelassen worden zu sein, vor allem von ihr. In seinem Brief vom 12. November 1959 macht Celan seinen Frustrationen dann Luft, nachdem er Bachmann mehrere Male vergeblich zu erreichen versucht hatte:

> Du weisst auch – oder vielmehr: Du wusstest es einmal –, was ich in der Todesfuge zu sagen versucht habe. Du weisst – nein, Du wusstest – und so muss ich Dich jetzt daran erinnern –, dass die Todesfuge auch dies für mich ist: eine Grabschrift und ein Grab. Wer über die Todesfuge _das_ schreibt, was dieser Blöcker darüber geschrieben hat, der schändet die Gräber. Auch meine Mutter hat nur _dieses_ Grab.
> [...]
> Ich muss an meine Mutter denken.
> Ich muss an Gisèle und das Kind denken.⁶⁹

Dieser Brief, der zu den bedeutendsten der Korrespondenz zählt, ist eine Antwort auf Bachmanns Reaktion zu Blöckers Kritik⁷⁰ und hierin Zeugnis seiner tiefen Enttäuschung. Celan beschuldigt sie, seinen Schmerz, den er ihr einst anvertraut hatte, nicht mehr ‚wahrhaben' zu wollen. Wie sehr ihn Bachmanns Verhalten tatsächlich verletzte, zeigt sich am Ende des Briefes darin, dass er darum bittet, ihm nicht mehr zu schreiben und auch von anderweitigen Versuchen der Kontaktaufnahme abzusehen.

Der Bruch scheint irreparabel zu sein, doch entschuldigt sich Celan bereits im nächsten Brief für seinen „Notschrei" (der wiederum an Wildermuth erinnert).⁷¹ Bachmann reagiert mit Erleichterung. Celans Misstrauen, unter anderem auch

---

67 Brief vom 20.7.1959; Bachmann und Celan 2008, S. 112.
68 Brief vom 3.9.1959; Bachmann und Celan 2008, S. 120–121.
69 Bachmann und Celan 2008, S. 127–128 – Man berücksichtige auch das Gedicht *Wolfsbohne*, in dem Celan deutlicher denn je, und völlig unverschlüsselt, seinem tiefen Schmerz Ausdruck verleiht – seinem Schmerz über die Schrecken der Vergangenheit, aber auch über bedrohliche Entwicklungen der Gegenwart.
70 Brief vom 9.11.1959; Bachmann und Celan 2008, S. 125–126.
71 Vgl. Bachmann und Celan 2008, S. 128.

Max Frisch gegenüber, nahm aber unaufhörlich zu. Und als die Goll-Affäre im Frühjahr 1960 ihren Höhepunkt erreichte, war es auch Bachmann, der Celan mit Misstrauen begegnete – weil sie sich nicht vehement genug, wie er meinte, für ihn einsetzte. Letztlich waren es die Umstände, die zum Ende ihrer Freundschaft führten. Dass Celan die erste Version von *Ein Tag und noch einer*, dem Gedicht, das er nach seinem ersten Besuch in München schrieb, für die spätere Publikation in *Sprachgitter* abänderte, ist dabei nicht ohne Bedeutung. Veröffentlicht im März 1959, zehn Monate nach dem Ende ihrer erneuerten Liebesbeziehung, zeugen besonders die folgenden Zeilen von einer tiefen Verletztheit: „[...] wir holten, / *zerstoben*, den Leuchter, ich *stürzte / alles in niemandes* Hand."[72] Zuvor hatte Celan noch in ihre Hand geweint, sie an seinem Schmerz teilhaben lassen, jetzt aber sieht er sich in seinem Streben nach historischer Wahrheit allein. Den Leuchter, den sie einst holen gingen, hat das „wir [...] / zerstoben", was so viel heißt wie ‚aus den Augen verloren' bzw. ‚zunichte gemacht'. Am 30. Juli 1967 sandte Celan seinen letzten Brief an Bachmann. Nur wenige Wochen später, Anfang September, nimmt er auch in einem Gedicht von ihr Abschied: „Dein Gesicht scheut leise, / wenn es auf einmal / lampenhaft hell wird / in mir, an der Stelle, / wo man am schmerzlichsten Nie sagt."[73] Ein letztes Mal erinnert Celan sie daran, dass es ihm um Wahrheit ging. Bachmann aber beabsichtigte nun nicht länger, sich der Wahrheit zu stellen, die er ihr offenbart hatte. Mit der Chiffre der Lampe ruft Celan ein letztes Mal die einst gemeinsam vollzogene Wahrheitssuche in Bachmanns und damit in unser Gedächtnis.

Während Celan den Begriff „Leuchter" bereits in seinem frühen Gedichtband *Von Schwelle zu Schwelle* verwendet hatte,[74] schien das Wort „Lampe" erstmalig in *Sprachgitter* auf. Celan schrieb den Band in einem Zeitraum, der die Monate vor der Wiederbegegnung und die Zeit der Liebesbeziehung selbst umfasst.[75] In jener frühen Zeit, die noch vor der Wiederbegegnung lag, meinte Celan sich ganz auf sich gestellt in seinem Wahrheits-Bestreben. So erscheint in *Stimmen*, dem Auftaktgedicht von *Sprachgitter*, der Begriff der „Lampe" in folgendem Kontext: „Wer mit der Lampe allein ist, / hat nur die Hand, draus zu lesen."[76] Die hypothetisch wirkende Aussage bringt zum Ausdruck, dass eine einsam verwirklichte Suche nach Wahrheit einem Aus-der-Handlesen gleicht. Die Doppeldeutigkeit von

---

[72] Celan 2000, Band 1, S. 179 [meine Hervorhebung, C.R.].
[73] Das Gedicht *Ich kann dich noch sehn* erschien nach Celans Tod in seinem letzten Gedichtband *Lichtzwang*; Celan 2000, Band 2, S. 275.
[74] In der ersten Strophe des Gedichts *Vor einer Kerze*; Celan 2000, Band 1, S. 110.
[75] Vor allem Teil IV stammt aus der Zeit der wiederaufgenommenen Liebesbeziehung zu Bachmann. Celan sandte ihr etliche der Gedichte als Briefe oder mit Briefen zu.
[76] Vgl. Celan 2000, Band 1, S. 147.

,wahrsagen' (Wahrheit verkünden vs. hellsehen) deutet so zum einen auf den Wahrheitsanspruch hin, in dem Sinn, dass der Dichter zum Sprachrohr der Wahrheit wird und dieser auch, wie von alters her, die Rolle eines Propheten einnimmt. Zum anderen spielt die negative Konnotation von Handlesen auf eine erfundene, aus der Luft gegriffene Verkündung an.

Beachtenswert ist, dass Celan diese Zeilen in seiner *Meridian*-Rede zitierte, die er anlässlich der Verleihung des Büchner-Preises 1960 in Darmstadt hielt.[77] Wohl war die Goll-Affäre zu diesem Zeitpunkt bereits in ihrer Endphase, aber Celan hatten die Anfeindungen stark mitgenommen. Und die Freundschaft zu Bachmann hatte bereits gelitten. Anscheinend beschwört Celan diese Verse im *Meridian* deshalb, weil er sich zu diesem Zeitpunkt allein und hilflos fühlte. Dabei verweist die Wortwahl auf den utopischen Aspekt der Suche nach Wahrheit – nach der ,wirklichen Wahrheit'. So überrascht es nicht, dass Celan nur wenige Abschnitte vorher vom „Lichte der U-topie" spricht.[78] Aber dennoch bemühte er sich, im Lichte dieser Utopie, um Wahrheit, denn U-topie ist nicht ein Ziel, sondern eine Richtung.

Sowohl Bachmann als auch Celan kommen 1961 in getrennt gezogenen Schlussfolgerungen zu demselben Ergebnis, das besagt, dass die Suche nach Wahrheit letzten Endes auf eine Art von Utopie hinausläuft. Bei Bachmann klingt dies in ihrer Erzählung *Ein Wildermuth* an und bei Celan in einer Antwort auf eine erneute Umfrage der Librairie Flinker – er stellt resigniert fest: „Dichtung – das ist das schicksalhaft Einmalige der Sprache. [...] Dichtung sieht sich ja heutzutage, wie die Wahrheit, nur allzuoft in die Binsen gehen [...]."[79] Celans Wortspiel bezeugt seine Resignation. Er hatte erfahren, dass seine Dichtung und somit die Wahrheit, um die er sich bemühte, von anderen zur Banalität und nichtssagenden Redensart verunglimpft wurde. Sein Dasein als Dichter wurde damit in Frage gestellt. Das kritische Verhältnis von Wahrheit und Sein, das zwangsläufig immer am ‚Abgrund' angesiedelt ist, bildet laut Heidegger zwar die Voraussetzung für Kunst. Aber indem Celan realisierte, dass absolute Wahrheit ein utopisches Ziel ist, existierte nicht länger die Grundvoraussetzung für seine Dichtung, die so im Verstummen des Dichters endete.

Für Celan kam die Suche nach Wahrheit einer Suche nach seiner eigenen, endlichen Erlösung in dieser Welt gleich – der Erlösung von der Schuld, die Mutter

---

[77] „Meine Damen und Herren, ich habe vor einigen Jahren einen kleinen Vierzeiler geschrieben [...]"; Celan 2000, Band 3, S. 201.
[78] Vgl. Celan 2000, Band 3, S. 199.
[79] Celan 2000, Band 3, S. 175.

nicht gerettet zu haben.[80] Celans Dichtung zeugt von solch einer Gewissenslast. In einem Beitrag von Franz Rosenzweig, enthalten in einer Festschrift zum neunzigsten Geburtstag von Margarete Susman, unterstrich Celan (mit zusätzlichen Randanstreichungen) die folgende Stelle: „[...] die Frage des ganzen, des lebenden und sterbenden Menschen lautet ganz anders; sie lautet: ‚Wo ist eine Wahrheit, die mich erlösen kann?'"[81] Von seinem langersehnten Aufenthalt in Israel, der erst wenige Monate vor seinem Tod zur Realität wurde, erhoffte Celan sich Erlösung und einen Neuanfang. Denn, wie er in seiner Rede vor dem Hebräischen Schriftstellerverband in Israel sagte, es ist die große Dichtung, wie sie in Israel zu finden ist, die der Wahrheit unterliegt: „Und ich finde hier, in dieser äußeren und inneren Landschaft, viel von den Wahrheitszwängen, der Selbstevidenz und der weltoffenen Einmaligkeit großer Poesie."[82] So setzte Celan seine Suche nach Wahrheit, wenn auch nur einen Moment lang, fort.

Literaturverzeichnis

Bachmann, Ingeborg: Werke. Hg. von Christine Koschel, Inge von Weidenbaum und Clemens Münster. 4 Bde. 2. Aufl. München [u.a.] 1982.
Bachmann, Ingeborg: Darkness Spoken. Hg. von Peter Filkins. Brookline, MA 2006.
Bachmann, Ingeborg und Paul Celan: „Herzzeit". Der Briefwechsel. Hg. von Bertrand Badiou, Hans Höller, Andrea Stoll und Barbara Wiedemann. Frankfurt a. M. 2008.
Boyd, Timothy: „dunkler gespannt". Untersuchungen zur Erotik der Dichtung Paul Celans. Heidelberg 2006.
Celan, Paul: Gesammelte Werke in sieben Bänden. Hg. von Beda Allemann und Stefan Reichert. Frankfurt a. M. 2000.
Celan, Paul: La Bibliothèque philosophique. Die philosophische Bibliothek. Hg. von Alexandra Richter, Patrik Alac und Bertrand Badiou. Paris 2004.
Celan, Paul: Die Gedichte. Kommentierte Gesamtausgabe. Hg. von Beda Wiedemann. Frankfurt a. M. 2005.
Felstiner, John: Paul Celan. Poet, Survivor, Jew. New Haven [u.a.] 1995.
Firges, Jean: „Sprache und Sein in der Dichtung Paul Celans". In: Muttersprache 72 (1962), S. 261–269, hier: S. 266–267.
France-Lanord, Hadrian: Paul Celan et Martin Heidegger. Le sens d'un dialogue. Paris 2004.
Heidegger, Martin: Vom Wesen der Wahrheit. Frankfurt a. M. 1949.
Heidegger, Martin: Der Ursprung des Kunstwerkes. In: Holzwege. Frankfurt a. M. 1950, S. 7–68.

---

80 Celans Schuldgefühl rührt daher, dass er die Nacht, in der seine Eltern abgeholt und deportiert wurden, nicht in der elterlichen Wohnung verbrachte und somit deren Verschleppung in ein ukrainisches Konzentrationslager nicht verhindern konnte.
81 Celan 2004, S. 537.
82 Celan 2000, Band 3, S. 203.

Lyon, James K.: Paul Celan and Martin Heidegger: An Unresolved Conversation, 1951–1970. Baltimore, Md. 2006.
Wiedemann, Barbara: Paul Celan und Ingeborg Bachmann: Ein Dialog? In Liebesgedichten? In: „Im Geheimnis der Begegnung". Ingeborg Bachmann und Paul Celan. Hg. von Dieter Burdorf. Iserlohn 2003, S. 21–43, hier: S. 34, Fn. 62.
„Gekreuzte Regenbogen". In: Der Spiegel 31 (1967), S. 95–96.

Barbara Wiedemann
„du willst das Opfer sein"
Bachmanns Blick auf Celan in ihrem nicht abgesandten Brief vom Herbst 1961

Ingeborg Bachmanns wütender, nicht abgesandter Brief vom Herbst 1961 hat in der Presse zur Briefedition ganz besondere Beachtung gefunden und ist als Aufbegehren der jungen Frau nach ihrer mehr als ein Jahrzehnt andauernden ‚Unterwerfung' begeistert begrüßt worden.[1] Ulla Hahn nennt ihn den „Angelpunkt dieser Briefsammlung",[2] Dirk Knipphals einen „Analysebrief",[3] Andrea Stoll eine „grundsätzliche Klärung",[4] Peter Hamm schließlich bezeichnet ihn als „todtraurigen Abschieds- und Abrechnungsbrief".[5] Alle diese Einschätzungen geben dem Text eine ausschließlich persönliche Bedeutung und interpretieren ihn als Dokument einer Beziehung zwischen Mann und Frau, durch das ein bisher unausgewogenes Verhältnis in das erwünschte Gleichgewicht kommt.

Eine gründliche Auseinandersetzung mit dem Brieftext und seinen Kontexten findet durch diese begeisterten Leser nicht statt. Sie stellen weder Fragen nach dem Charakter der begrüßten ‚Emanzipation', noch versuchen sie, das Dokument als Teil einer Auseinandersetzung innerhalb einer ‚exemplarischen' Konstellation von Menschen zu lesen,[6] die während der NS-Diktatur und des Eroberungskriegs auf unterschiedlichen Seiten gelebt haben. Eine detaillierte Analyse unter einem anderen als nur dem persönlichen Blickwinkel verspricht freilich neue Erkenntnisse, sowohl für die Beurteilung von Bachmanns persönlicher Entwicklung als auch für die der gesellschaftlichen Verhältnisse in den frühen 1960er Jahren der Bundesrepublik Deutschland. Das aus den Kritiken spürbare Desinteresse für die

---

[1] Paul Celan – Ingeborg Bachmann, „Herzzeit". Briefwechsel. Mit den Briefwechseln zwischen Paul Celan und Max Frisch sowie zwischen Ingeborg Bachmann und Gisèle Celan-Lestrange. Hg. und kommentiert von Bertrand Badiou, Hans Höller [u.a.]. Frankfurt a. M. 2008, S. 152–156 – Sigel: IB/PC; bei Zitaten im Folgenden finden sich die Seitenzahlen zu dieser Ausgabe direkt im Text.
[2] Vgl. Ulla Hahn, „Du willst das Opfer sein, aber es liegt an dir, es nicht zu sein". In: Frankfurter Allgemeine, 30.8.2008.
[3] Vgl. Dirk Knipphals, „Die sich Entliebenden". In: TAZ, 16.8.2008.
[4] Vgl. Andrea Stoll, „Wer bin ich für Dich, wer nach so vielen Jahren?". In: Frankfurter Allgemeine, 9.8.2008.
[5] Vgl. Peter Hamm, „Wer bin ich für Dich?". In: Die Zeit, 21.8.2008.
[6] Celan wehrt diesen von Bachmann 1951 gebrauchten Begriff des Exemplarischen für die Beziehung zwischen ihnen in seinem Brief vom 7.7.1951 ab; IB/PC, S. 25.

Hintergründe macht schließlich auch Aussagen möglich über deren Autoren und die Zeit, in der sie schreiben, die unsere.

1 Der Brief

Obwohl undatiert, wissen wir recht genau, wann der lange Briefentwurf entsteht, an dem Bachmann, wie sie am 24. Oktober im Rückblick formuliert, „jeden, fast jeden, Abend [...] versucht, weiterzuschreiben" (156). Am 27. September 1961 schreibt Celan an Bachmann, er wolle Missverständnisse aufklären und bitte um ein Gespräch.[7] Am gleichen Tag richtet er diese oder ähnliche Bitten nicht nur an sie, sondern, teilweise mit den gleichen Worten, auch an Bachmanns damaligen Lebensgefährten Max Frisch[8] und an Freunde wie Schallück und Böll.[9] Bachmann gegenüber geht Celan mit einem verspäteten Geburtstagsgruß und einem ebenso verspäteten Dank für zugesandte Bücher über die nüchterne Bitte um Kontaktaufnahme etwas hinaus.[10] Nach einer ersten Abschlussformel – „Alles, alles Gute, Ingeborg!" (151) – wird er noch persönlicher, bezieht Frisch als ihren Lebenspartner ein, unterstreicht emphatisch: „Ich <u>glaube</u> an <u>Gespräche</u>", und endet: „Alles Liebe!" (152).

Warum Celan nach vielfältigen Versuchen (seit August an Böll, Schallück, Frisch und Grass gerichtet und Anfang September an Bachmann) die Briefe gerade an diesem Tag schreibt und auch abschickt, ist bislang nicht geklärt. Wenn sich darüber in seinen Notizbüchern auch nichts findet: Es ist nicht unmöglich, dass der Auslöser in den Tagen vor jenem 27. September ein Gespräch Celans mit Günter Grass ist, der sich zur Präsentation der französischen Übersetzung der *Blechtrommel* in Paris aufhält. An ihn datiert ein kurzer Einladungsbrief vom 22. September, in dem Celan schreibt, er habe aus *Le Monde* von seiner Anwesenheit erfahren. Der Brief wurde zwar nicht abgesandt, vielleicht aber ist der erhaltene

---

7 IB/PC, S. 151–152.
8 Vgl. IB/PC, S. 176–177.
9 Vgl. Paul Celan, Briefwechsel mit den rheinischen Freunden Heinrich Böll, Paul Schallück und Rolf Schroers. Mit einzelnen Briefen von Gisèle Celan-Lestrange, Ilse Schallück und Ilse Schroers. Hg. und kommentiert von Barbara Wiedemann. Berlin 2011, S. 303 u. 363 – Sigel: PC/SSB.
10 Das unzeitige Gratulieren selbst hat in der Korrespondenz eine gewisse Bedeutung, vgl. die Widmung von 1948 und den Brief vom 20.6.1949; IB/PC, S. 7 u. 11.

nur die Abschrift einer Rohrpost, oder die Einladung wurde fernmündlich ausgesprochen.[11]

Auch in anderer Hinsicht bringt Celan zu diesem Zeitpunkt etwas wieder in Ordnung; am 25. September macht er eine Ende Juni vereinbarte Beurlaubung aus gesundheitlichen Gründen bei seiner Arbeitsstelle, der ENS, rückgängig.[12] Wir wissen aus den verschiedensten Dokumenten, dass es Celan seit dem Sommer 1961 psychisch nicht gut geht. Das schlägt sich in Form und Inhalt der Briefentwürfe seit August nieder, die verschiedenste Angriffs- und Verfolgungssituationen für die jeweiligen Empfänger nicht immer verständlich beschreiben. Dagegen argumentieren die Briefe vom 27. September klar und beschränken sich auf das Nötigste: Sie gehen auf den jeweiligen Briefpartner zu und lassen den möglichen Ausgang des Gesprächs offen. Freilich schreibt Celan in allen Fällen mit der Maschine und behält Durchschläge.

Bachmann wird den Brief spätestens am 29. September in Zürich erhalten und sofort angerufen haben. Gleich danach – „vor wenigen Minuten haben wir telefoniert" (152) – beginnt sie den hier ins Zentrum gestellten Brief, den sie bis zum 24. Oktober fortsetzt, ohne ihn schließlich abzuschicken. Der Entwurf ist damit nicht nur Antwort auf Celans vorausgehenden Brief, sondern auch, ja besonders, auf das Telefongespräch.

Wenn auch von den Rezensenten gelegentlich, die Begeisterung etwas zurücknehmend, angemerkt wird, dass dieser Brief einer „Selbstermutigung" dann doch ‚in der Schublade' bleibt, fehlt in der Regel, wie bei der hier zitierten Ulla Hahn,[13] der Hinweis darauf, dass der Entwurf am 24. Oktober zumindest vorläufig durch einen veritablen, also abgeschickten Brief ersetzt wird. Dort geht Bachmann dann recht nüchtern auf Celans Bitte um ein Gespräch – zu dem sie den langen Briefentwurf mitzubringen ankündigt – ein und bietet Termine dafür an. Einen einzigen Punkt spricht sie in *beiden* Briefen, dem abgebrochenen und dem abgesandten, an: Celans kurze Interpretation der Probleme als ‚Mißverständnis'. Dies ist ein Punkt, auf den Celan am 27. September ein besonderes Gewicht legt: „Ich sage mir […], daß das, was zwischen uns getreten ist, nur ein Mißverständnis sein kann, ein schwer zu entwirrendes vielleicht, aber doch nur das." (152)

---

[11] Brief vom 22.9.1961 und Entwurf vom 16.8.1961 – Vgl. Arno Barnert, „Eine ‚herzgraue' Freundschaft. Der Briefwechsel zwischen Paul Celan und Günter Grass". In: TextKritische Beiträge 9 (2004), S. 65–127, hier: S. 108–109 u. S. 106–107.

[12] Vgl. Paul Celan – Gisèle Celan-Lestrange, Correspondance. Avec un choix de lettres de Paul Celan à son fils Eric. Éditée et commentée par Bertrand Badiou avec le concours d'Eric Celan. 2 Bde., Band 2. Paris 2001, S. 531–532 – Sigel: PC/GCL.

[13] Vgl. Hahn 2008 – So auch bei Stoll 2008, Knipphals 2008, Hamm 2008 sowie bei Jürgen Serke, „Dein Herz schlägt allerorten". In: Die Welt, 16.8.2008.

Celans Brief scheint am 24. Oktober wieder hervorgeholt worden zu sein, als das Telefongespräch und die dort erspürte Atmosphäre bereits vergessen sind. Im langen Briefentwurf schränkt Bachmann unter dem Eindruck des Telefongesprächs noch vorsichtig ein: „Ich weiss nicht, ob es Missverständnisse sind, die zwischen uns getreten sind oder etwas, das einer Aufklärung bedarf. Ich empfinde es anders: Einbrüche von Schweigen, ein Ausbleiben von den einfachsten Reaktionen [...]." (152) Im abgesandten Brief ist sie deutlicher und selbstsicherer: „Missverständnisse, die Du annimmst, sehe ich nicht; ich dachte bloss, als keine Nachricht mehr kam, meine Bücher hätten Dir missfallen. –" (157)

2 Die Vorwürfe

Im Entwurf folgen dieser einzigen direkten Antwort auf Celans *Brief* grundsätzliche Vorwürfe, die sich auf konkrete Vorkommnisse zwischen ihnen vor allem in den letzten beiden Jahren beziehen. Dass es sich hier um Themen des *Telefongesprächs* handelt, wird deutlich, wenn Bachmann bemerkt, dass sie durchaus wahrgenommen habe, wie schlecht es ihm gehe. Schonen will sie ihn – zumindest brieflich – aber ausdrücklich nicht. Der mehrseitige, wie viele von Bachmanns Briefen an Celan mit der Maschine geschriebene Brief[14] – ein Durchschlag ist nicht erhalten und wurde wohl auch nicht angefertigt – zeigt deutliche Spuren zunehmender Nachlässigkeit, die sicherlich als Steigerung der emotionalen Beteiligung bis hin zur Wut zu deuten sind.

In ihrem Versuch, sich verständlich zu machen, kommt sie immer wieder auf den gleichen Vorwurf zurück, den sie in vielen Varianten einbringt. Sie wirft ihm vor, „dass das grössere Unglück in Dir selbst ist" (153), und wenig später: „Du willst das Opfer sein, aber es liegt an Dir, es nicht zu sein" (155); und mit einer seltsamen Wortwahl, die an Celans Frühwerk und an ihr eigenes daraus zitierendes Werk erinnert, fährt sie fort: „Du willst der sein, der dran zuschanden wird" (155). Ihre Wertung ist ausdrücklich negativ: „aber ich kann das nicht gutheissen, denn Du kannst es ändern" (155). Sie ist sich sicher, dass „[e]s" „nur von Dir abhängen" „kann", „ihm richtig zu begegnen" (153), und fordert ihn geradezu auf: „Ich erwarte, dass Du [...] Dir selbst hilfst, Du Dir." (156)

---

[14] Vgl. zu Bachmanns Bevorzugung der Schreibmaschine auch für sehr persönliche Briefe meine Arbeit: „auch ich schreibe jetzt mit Durchschlag...". Reflektierte Materialität im Briefwechsel zwischen Ingeborg Bachmann und Paul Celan. In: Der Brief – Ereignis & Objekt. Frankfurter Tagung. Hg. von Waltraud Wiethölter und Anne Bohnenkamp. Frankfurt a. M. 2010a, S. 196–215.

Ihre Argumentation stützt sie dadurch, dass sie sich als Vergleichsmodell neben ihn stellt, ja, als gutes Vorbild anbietet. Auch das erscheint in vielfältigen Varianten: „Ich kann alles überstehen", „weil ich mich stärker fühle" (154) „weil ich glaube, dass ich stärker bin als diese Fetzen" (155). Sie verlange von ihm nicht zu viel, denn: „ich verlange es auch von mir für mich" (155).

3 Die Beispiele

Die von ihr postulierte Vergleichbarkeit seiner und ihrer Situation illustriert Bachmann im Wesentlichen an drei Beispielen: zum einen an Kritiken von Günter Blöcker zu Celans *Sprachgitter* und ihren neueren Arbeiten, dem ersten Erzählungsband und dem Kleist-Libretto; zum anderen an Kritiken von Übersetzungen, aktuell ihrer Ungaretti-Übertragung (ihre erste Übersetzung in Buchform) und Celans zuletzt erschienenen Übersetzungsbänden, von denen einer etwas weiter zurückliegt. Beide Bachmann-Publikationen haben mit der „Abbitte" (152), also Entschuldigung Celans zu tun, die sie nicht verstehen will oder nicht zu verstehen meint: Celans Dank für die ihm im Juli zugesandten Widmungsexemplare von *Das dreißigste Jahr* und der Auswahl *Gedichte* aus dem Werk von Giuseppe Ungaretti steht noch aus. Und drittens wird die Behandlung beider Autoren und ihrer Werke in der österreichischen Kulturzeitschrift *Forvm* angesprochen.

Günter Blöckers ausführlicher Artikel *Nur die Bilder bleiben* im Septemberheft des *Merkur* ist brandaktuell. Er beginnt mit dem Satz „Der Ruhm *Ingeborg Bachmanns* gründet sich auf zwei schmale Gedichtbände" und spielt dann in polemischer Weise die von ihm einst hochgelobte Lyrikerin gegen die Librettistin von Hans Werner Henzes *Prinz von Homburg* und vor allem gegen die Autorin des Erzählungsbandes *Das dreißigste Jahr* aus.[15] Der bekannte und einflussreiche Kritiker trauert ihren Gedichten nach und lehnt ihren Wechsel zur Prosa rüde ab. Blöcker ‚weiß', wie eine Bachmann zu schreiben hat. Er ‚kennt' den „Bachmann-Ton"[16] und hat daher auch ganz konkrete Vorstellungen, wie die Prosa der Lyrikerin auszusehen hat: „Die Nähe einer solchen Art von Lyrik zu einer konzentrierten Prosa des Zeigens und Vergegenwärtigens liegt auf der Hand."[17] Er schreibt ihr also gleichsam vor, in welche Richtung sie mit ihrer Prosa zu gehen hat, zumindest hofft er auf die Wirkung seiner Kritik und eine daraus resultierende

---

15 Günter Blöcker, „Nur die Bilder bleiben". In: Merkur (1961), S. 882–886 – Als Bachmann-Kritiker begann Blöcker schon mit einer Rezension zu *Die gestundete Zeit*: „Lyrischer Schichtwechsel". In: Süddeutsche Zeitung, 13.11.1954.
16 Vgl. Blöcker 1961, S. 884.
17 Blöcker 1961; dort die folgenden Zitate.

Einsicht: „Das sind Spielarten einer imaginativen Prosa, die weiterzuentwickeln sich lohnen würde. Doch die Verfasserin hat sich – vorerst – anders entschieden." Der Rezensent ist nicht willens, Bachmann eine andere Entwicklung zuzugestehen; mit Formulierungen ist er dabei nicht zimperlich: „Von der nackten, kargen Einsamkeit ihrer in die Wüste gestellten Bilder und Zeichen führt keine Verbindung zu den Webformen konventionellen Erzählens, um die sie sich nun angestrengt bemüht." Auf das Vorgelegte lässt er sich gar nicht ein; wann „die Autorin [...] als Erzähler nicht mehr weiter" weiß, das ‚weiß' er, und was sie stattdessen zu tun habe, auch:

> Die Bestimmung dieser Dichterin, die, um eines ihrer Worte auf sie selbst anzuwenden, wahrhaft in Bilder „hineingeboren" ist, wird es sein, weiterhin Bilder zu entwerfen, die immer neue Bilder erzeugen und – eine Sprache tief unter aller Sprache – auch dann noch gelten, wenn die Worte und Geschichten verstummt sind.[18]

Blöcker behandelt Bachmann – dem Bild entsprechend, das die Medien von ihr geschaffen haben[19] – als beschützenswertes ‚kleines Mädchen', dem Erfahrenere zeigen müssen, ‚wo es langgeht'.[20] Dass die inzwischen 33-Jährige das 1961 nicht mehr ist, belegt nicht zuletzt der Brief, den es hier zu beurteilen gilt; ob sie es je war, ist eine andere Frage. Eine solche ausführliche Rezension geht ohne Zweifel weit in persönliche Bereiche hinein – Unkenntnis der eigenen, ‚wahren' Dichterpersönlichkeit, Unfähigkeit, die richtigen Entscheidungen zu treffen –, geht aber über eine ausführliche literarische Kritik nicht hinaus. Dem *Dreißigsten Jahr* hat der Artikel im Übrigen nicht geschadet: Von Mitte Oktober an bleibt das Buch monatelang auf der *Spiegel*-Bestsellerliste.

In der Qualität als literarische Kritik liegt der Unterschied zwischen dieser autoritären Werkanalyse und der *Sprachgitter*-Besprechung vom Oktober 1959.[21] Blöcker macht dort nicht nur Aussagen über Celans Werk, bis hin zu diesem dritten Gedichtband, sondern auch über den Autor. Beim Werküberblick kann er, anders als bei Bachmann, nicht auf eigene Kritiken zurückgreifen. Denn der bereits recht bekannte Kritiker befasst sich im Herbst 1959 – auch auf *Sprachgitter* bezogen reichlich spät, das Buch ist schon im März erschienen – erstmals mit Celan, mehr

---

18 Blöcker 1961, S. 886.
19 Siehe hierzu Constanze Hotz, Die Bachmann. Das Image der Dichterin – Ingeborg Bachmann im journalistischen Diskurs. Konstanz 1990.
20 Die Wörter werden in einfache Anführungszeichen gesetzt, um sie als Klischee zu kennzeichnen.
21 Günter Blöcker, „Gedichte als graphische Gebilde". In: Der Tagesspiegel, 11.10.1959 (in einer Abschrift von Celan wiedergegeben in: IB/PC, S. 124–125).

als sechs Jahre also, nachdem dieser mit seinem ersten Gedichtband an die westdeutsche Öffentlichkeit getreten ist.

Die Hauptthese Blöckers zu Celans Gedichten ist das Fehlen eines Wirklichkeitsbezugs: „Celans Metaphernfülle ist durchweg weder der Wirklichkeit abgewonnen, noch dient sie ihr. [...] Entscheidend ist nicht die Anschauung, sondern die Kombinatorik"; „die Fühlung mit der ausserhalb seines kombinationsfreudigen Intellekts gelegenen Wirklichkeit" sei nur in wohltuenden Ausnahmefällen nicht ganz aufgegeben. Von diesem Blickwinkel aus schätzt Blöcker Gedichte wie die *Todesfuge* aus *Mohn und Gedächtnis* und den Zyklus *Engführung* aus dem rezensierten Band als „kontrapunktische Exerzitien auf dem Notenpapier" ein. Indirekt begründet er beide Beobachtungen durch die vermeintlich positive Wertung: „Celan hat der deutschen Sprache gegenüber eine grössere Freiheit als die meisten seiner dichtenden Kollegen. Das mag an seiner Herkunft liegen. Der Kommunikationscharakter der Sprache hemmt und belastet ihn weniger als andere." Dies schränkt er allerdings sofort ein: Celan werde „gerade dadurch oftmals dazu verführt, im Leeren zu agieren".

Mit dem Verweis auf die ‚Herkunft' werden die vorausgehenden Kritikpunkte zu typischen Elementen eines antisemitischen Klischees: Der durch seinen Intellekt geprägte ‚Jude' hat keinen natürlichen Bezug zu Landschaft und Natur;[22] zutiefst unkreativ kombiniert er bereits vorliegendes Material. Der Erlebnishintergrund von Celans Gedichten hat demnach mit der Wirklichkeit nichts zu tun, hat also auch ‚nie stattgefunden'.

Wie vertraut Blöcker mit Celans früher erschienenen Gedichtbänden *Mohn und Gedächtnis* und *Von Schwelle zu Schwelle* tatsächlich ist, wird aus der Kritik im Berliner *Tagesspiegel* nicht deutlich. Wohl aber zeigt sich, dass er Rezensionen über diese Bände kennt und zur Hand hat: die von Piontek in *Welt und Wort* (1953) und von Donath in den *Frankfurter Heften* (1954) zu Celans deutschem Erstling ebenso wie die Beurteilungen durch Hohoff und Holthusen innerhalb von Überblicksartikeln zur zeitgenössischen Lyrik (1954). Derartige Sekundärkenntnisse, die als Ersatz für eine sorgfältige Primärlektüre dienten, würden Celan nicht zum ersten Mal begegnen: Die Laudatio von Erhart Kästner anlässlich der Verleihung des Bremer Literaturpreises im Januar 1958 zeigt das, und auch der Celan im Spätjahr 1958 vorgelegte erste Eintrag zu seiner Person in der achten Auflage von Franz Lennartz' Lexikon *Deutsche Dichter und Schriftsteller* (1959).

---

22 Siehe zum Klischee des ‚jüdischen Intellektuellen' den Rundfunkbeitrag von Paul Schallück, „Die elenden Intellektuellen", den dieser Celan als Antwort auf Blöckers Text zuschickt; PC/SSB, S. 289–292.

Die „Etuden und Fingerübungen" von Piontek,[23] Donaths „musikalische Inventionen, kontrapunktische Übungen"[24] und Holthusens „Kontrapunktik"[25] sind bei Blöcker wieder da. Die Unterschiede im Kontext derartiger Begriffe freilich sind entscheidend: Während zumindest Donath und Piontek damit recht allgemein auf das Vorhandensein von Gedichten hinweisen, die ihnen nicht gelungen scheinen, verwendet Blöcker sie zur Beschreibung der *Todesfuge* und der *Engführung*. Beiden Gedichten entzieht er damit das, was Celan im Februar 1961 gegenüber Fritz Martini mit den Worten fasst: „[...] meine Gedichte sind meine Vita."[26] Das hinter der *Todesfuge* Stehende ist keine Invention, also Erfindung, sondern Lebenswirklichkeit: Geschrieben wurde sie nach der Lektüre eines Artikels über die ‚Endlösung der Judenfrage' in Lemberg und die Beseitigung von deren Spuren durch Exhumierungen und Verbrennungen im Rahmen der „Sonderaktion 1005", erschienen am 23. Dezember 1944 in der sowjetischen Zeitung *Izvestija*. Der Artikel vermittelte Celan seinerzeit Fakten, die auch seine in der Ukraine ermordeten Eltern betrafen, machte ihm durch die Art der Darstellung aber auch den neuen, nach allem Geschehenen unerträglichen sowjetischen Antisemitismus deutlich.[27] Nicht umsonst nennt er Bachmann gegenüber am 12. November 1959, im Zusammenhang mit Blöckers Artikel, die *Todesfuge* „eine Grabschrift und ein Grab" (127), nur dieses habe seine Mutter. Auch die *Engführung* ist unter dem „Neigungswinkel seines Daseins" geschrieben.[28] Geprägt durch sein Schicksal, erlebt der Dichter nun die beunruhigenden Entwicklungen im Deutschland und Frankreich der Jahre 1957 und 1958: „Atom-Gedicht" wird sie daher nach einem Treffen mit Celan von Paul Schallück genannt.[29] Der gemeinsame deutsche Freund Rolf Schroers, selbst Offizier der Wehrmacht, begreift den Grund von Celans Verletzung, hervorgerufen durch Blöckers Formulierung, sehr genau: „Ich fasse

---

23 Vgl. Heinz Piontek, [Rez. von *Mohn und Gedächtnis*]. In: Welt und Wort 8 (1953), S. 200–201, hier: S. 201.
24 Vgl. Andreas Donath, „Der Balken im eigenen Auge". In: Frankfurter Hefte 9 (1954), S. 868–870, hier: S. 870.
25 Vgl. Hans E. Holthusen, „Fünf junge Lyriker II". In: Merkur 8 (1954), Heft 74, S. 378–390, hier: S. 385.
26 Barbara Wiedemann, Paul Celan – Die Goll-Affäre. Dokumente zu einer „Infamie". Frankfurt a. M. 2000, S. 522 – Sigel: GA.
27 Siehe Barbara Wiedemann, „Welcher Daten eingedenk? Celans *Todesfuge* und der *Izvestija*-Bericht über das Lemberger Ghetto". In: Wirkendes Wort 61 (2011), S. 437–452.
28 Vgl. Paul Celan, Gesammelte Werke in fünf Bänden. Hg. von Beda Allemann und Stefan Reichert. Band 3: Gedichte III, Prosa, Reden. Hg. von dens. Frankfurt a. M. 1983, S. 197 – Sigel: GW.
29 3.9.1958; PC/SSB, S. 277.

Deine Entrüstung nur tiefer – nämlich als eine über einen Angriff auf die unverletzliche Quelle, ja, auf Deine eigentliche Weise der Existenz."[30]

Mit einem Begriff wie „Kombinatorik", der in Bezug auf Celans Dichtung reale „Anschauung" fehle, lehnt sich Blöcker an das 1954 von Hohoff und Holthusen Gesagte an: Ersterer ,erkennt' in Celans Wortschatz nur aus der österreichischen Tradition der Jahre vor dem Ersten Weltkrieg stammende „Metaphernkerne", die dann „auf neue Art verwandt und gewendet" würden.[31] Und Holthusen sieht Celans mehr oder weniger chaotische Metaphernwelt als „aus rein vokabulären Relationen und Konfigurationen" entwickelt, aus „Vokabeln eines konservativen und zutiefst ,romantischen' (auf alle Modernismen streng verzichtenden) Wortschatzes".[32] Das sind auch Umschreibungen für mangelnde Kreativität – sie gehört zu den typischen Merkmalen des ,Juden', die in der Plagiats-Affäre entsprechend eingesetzt werden.[33]

Beide Rezensenten werden noch deutlicher. Hohoff, dessen Text bereits die Spuren von Claire Golls Verleumdungen zeigt,[34] verbindet am Ende seines Celan-Teils die zweifellos bestehende Schwierigkeit dieses Werks mit indirekten Hinweisen auf die jüdische Identität seines Autors, der im gleichen Atemzug als berechnender (Wiedergutmachungs-)Betrüger eingestuft wird:

> Wenn die Sprache eine innere Wahrheit spiegelt, verdient der Dichter Celan Mitleid. Aber es ist ein Korn Berechnung auf Wirkung darin, das mißtrauisch macht. Aus dem Dickicht der Unlogik schießt plötzlich ein Blitz, der heller als gewöhnliches Licht ist. Die Philologie zersplittert an solchen Gedichten wie an jenen Stellen der Mischna, wo die Wissenschaft resigniert.[35]

Holthusen wiederum spricht von Celan als einem „Fremdling und Außenseiter der dichterischen Rede".[36]

Blöcker hat also Antisemitismen, etwa den Hinweis auf die „Herkunft" des Dichters, als *Grund* für die angeblich nicht an den Zwang zur Verständlichkeit gebundene Sprache und seine vermeintlich unkreative Intellektuellendichtung keineswegs erfinden müssen. Mit ihnen zielt er – und das ist aufmerksam

---

30 20.10.1959; PC/SSB, S. 148–149.
31 Vgl. Curt Hohoff (Hg.), Flötentöne hinterm Nichts. In: Geist und Ursprung. Zur modernen Literatur. München o.J. [1954], S. 234–235.
32 Vgl. Holthusen 1954, S. 385 u. 389.
33 Etwa in Claire Golls eigenem Beitrag: „Unbekanntes über Paul Celan". In: Baubudenpoet 5 (1960), S. 115–116, wieder in GA, S. 251–253; im Folgenden Zitate nach dieser Quelle.
34 Erschienen zunächst in den *Neuen deutschen Heften* 1 (1954, S. 69–73), für die Buchfassung nach Kontakten mit Claire Goll im Celan-Teil erheblich bearbeitet.
35 Hohoff 1954, S. 242.
36 Vgl. Holthusen 1954, S. 385.

wahrzunehmen – nicht auf das Werk, sondern er bedient ‚Juden'-Konstruktionen, die auch schon vor 1945 virulent waren.

Die Kombination von beiden Aspekten – die Leugnung der Wirklichkeit hinter Gedichten wie der *Todesfuge* und der *Engführung* sowie die Ausgrenzung von deren Autor wegen seiner Herkunft – macht Blöckers *Sprachgitter*-Kritik zu etwas kategorial anderem als seine Rezension zu *Das dreißigste Jahr*. Als antisemitisch verstanden, ist Blöckers Besprechung kein Fall von Literaturkritik mehr – Celan schätzt sie zu Recht so ein.[37] Es geht nicht – wie in Blöckers Text zu Bachmann – darum, ob die Gedichte als gut oder schlecht einzustufen sind.
Celan echauffiert sich daher keineswegs aus verletzter Eitelkeit, wie ihm Max Frisch dies nahe legt,[38] sondern weil ihn Blöcker als ‚Juden' abqualifiziert und gleichzeitig seine Gedichte, die engstens mit der Jüdischen Katastrophe, also mit der Lebensgeschichte des Traumatisierten zusammenhängen, als ‚Geklimper' abtut.

Den Status dieses Angriffs nimmt Celan damals empfindlich wahr. Heute lässt sich seine Interpretation vor allem deshalb bestätigen, weil wir den unmittelbaren politischen Kontext überschauen: Die ausdrücklich antisemitistisch ausgerichtete *Deutsche Reichspartei* durfte in dieser Zeit agitieren; in der Weihnachtsnacht, die Blöckers Kritik folgte, schreiten deren Mitglieder auch zur Tat und beschmieren die Kölner Synagoge mit ‚Juden raus'-Parolen.[39]

Den außerhalb einer literarischen Bewertung liegenden Charakter von Blöckers *Sprachgitter*-Kritik versteht Bachmann noch 1959 zumindest im Ansatz. Das zeigt diejenige ihrer Frankfurter Poetik-Vorlesungen von 1960, die der Gattung Gedicht gewidmet ist. Dort nämlich nimmt sie gegen Blöcker Stellung, indem sie gerade die beiden von ihm als „Fingerübungen" abgetanen Gedichte dem Celan-Teil gleichsam als Rahmen mitgibt, am Anfang die *Todesfuge*, am Schluss die *Engführung*. Mit sonst nicht zu beobachtendem Pathos beginnt sie:

> Mit einer Grabschrift, der *Todesfuge*, ist er zuerst unter uns getreten, und mit sehr leuchtenden dunklen Worten, die eine Reise bis ans Ende der Nacht machten. Und dieses Ich, in diesen Dichtungen, verzichtet auch auf einen gewaltsamen Entwurf, auf die erpreßte Autorität und gewinnt eine Autorität, indem es für sich nichts erbittet als: „Mache mich bitter, zähle mich zu den Mandeln, zähl mich dazu ... was bitter war und dich wachhielt...".[40]

---

37 Vgl. Celans Brief an Schroers vom 30.10.1959; PC/SSB, S. 153.
38 Vgl. Frisch an Celan, 6.11.1959, und Celan an Bachmann, 12.11.1959; IB/PC, S. 171 u. 127.
39 Vgl. hierzu PC/SSB, S. 547–548.
40 Ingeborg Bachmann, Werke. Hg. von Christine Koschel, Inge von Weidenbaum [u.a.]. 4 Bde. Band 4: Essays, Reden, Vermischte Schriften, Anhang. Hg. von dens. München [u.a.] 1978, S. 215.

Anschließend spricht sie über das von Blöcker kritisierte *Sprachgitter*. Seiner Formulierung, „Celans Metaphernfülle ist durchweg weder der Wirklichkeit abgewonnen, noch dient sie ihr", seiner in der Nachfolge von Holthusen formulierten Aussage, „[e]ntscheidend ist nicht die Anschauung, sondern die Kombinatorik", widerspricht sie – ohne ihn beim Namen zu nennen – scharf mit jedem Wort ihrer Begründung, warum sie gerade diese Gedichte für den Schluss ihrer Vorlesung ausgesucht hat. Dies ist ihre, Bachmanns, Antwort auf Blöckers Artikel:[41]

> Aber ich habe hierher seinen letzten Gedichtband mitgenommen, *Sprachgitter*, weil er ein neues Gelände begeht. Die Metaphern sind völlig verschwunden, die Worte haben jede Verkleidung, Verhüllung abgelegt, kein Wort fliegt mehr einem anderen zu, berauscht ein anderes. Nach einer schmerzlichen Wendung, einer äußerst harten Überprüfung der Bezüge von Wort und Welt, kommt es zu neuen Definitionen.[42]

Der Fall der Übersetzungen ist etwas anders gelagert. Celans Zorn über die Rezeption seiner Übertragungen entzündet sich vor allem an den Kritiken zu Paul Valérys *Die junge Parze* (Frühjahr 1960) – einer Erstübersetzung – sowie an denen zu seiner Auswahl *Gedichte* von Sergej Jessenin (März 1961). Beide Übertragungen und ihre Rezeption fallen in die Hauptphase dessen, was man Goll-Affäre nennt, das heißt, sie stehen in Zusammenhang mit den Verleumdungen Celans durch Claire Goll und ihre Helfershelfer, die besagten, Celan habe sich aus Gedichten von Yvan Goll bedient und sei ‚auf seinem Rücken' berühmt geworden. Eine erste, recht negative Rezension der Valéry-Übertragung – die von Karl August Horst in der *Welt*[43] – erschien gleichzeitig mit Claire Golls Leserbrief in der kleinen Literaturzeitschrift *Baubudenpoet*. Dort spielen die Übertragungen Celans von drei französischsprachigen Gedichtbänden Yvan Golls, die von dessen Witwe, um eigene Übersetzungsplagiate zu schützen, als „flüchtig und ungekonnt" bezeichnet werden,[44] eine erhebliche Rolle. Ausgeschmückt wird der Angriff mit bekannten antisemitischen Klischees: Nicht nur der unkreative Plagiator erscheint dort, sondern auch die „gespielte Bescheidenheit" und „künstliche Zärtlichkeit" eines in Wahrheit Ehrgeizigen, Eitlen und Geldgierigen, der den Tod seiner Eltern – es fällt das Wort „Legende" – erfunden hat.

Die Veröffentlichung der Rezensionen zu Jessenin fällt zusammen mit der Publikation der von Celan sehr kritisch beurteilten Untersuchung der Plagiats-

---

41 Siehe Barbara Wiedemann, „,bis hierher und nicht weiter'. Ingeborg Bachmann als Lyrikerin im Zeichen Paul Celans". In: Treibhaus 6 (2010b), S. 178–207.
42 Bachmann 1978, Band 4, S. 215–216.
43 Karl A. Horst, „In Ketten tanzen". In: Die Welt, 8.4.1960.
44 Vgl. Goll 1960, S. 252; dort auch das Folgende – Der Text erschien im März oder Anfang April.

vorwürfe durch Reinhard Döhl im *Jahrbuch* der Deutschen Akademie für Sprache und Dichtung.[45]

Im Zusammenhang mit seinen Jessenin-Übertragungen erläutert Celan dem Übersetzer Karl Dedecius schon Anfang 1960 ausführlich, worum es ihm beim Übersetzen geht:

> Ja, das Übersetzen von Gedichten... Wörtlichkeit im übertragenen Gedicht: Wörtlichkeit <u>des</u> Gedichts. Brücken von Sprache zu Sprache, aber – Brücken über Abgründe. Noch beim allerwirklichsten Nachsprechen des Vorgegebenen – Ihnen, lieber Herr Dedecius, will es als ein ‚Aufgehen' im Sprachmedium des anderen erscheinen –: es bleibt, faktisch, immer ein <u>Nach</u>sprechen, ein <u>zweites</u> Sprechen, noch im (scheinbar) restlosen ‚Aufgehen' bleibt der ‚Aufgehende' mit/in seinem Anderssein.[46]

Dessen ungeachtet spricht Dedecius ein Jahr später in Bezug auf Jessenin-Übersetzungen von Celanisieren: Celan verkenne den „volkstümlichen, ganz und gar unintellektuellen" Dichter.[47] Das ist selbst dann ein Vertrauensbruch, wenn man mitbedenkt, dass Karl Dedecius schon deshalb Celans Übersetzung abwerten muss, weil dadurch seine eigene, für das gleiche Jahr geplante Jessenin-Auswahl in besserem Licht erscheint.[48]

Bachmanns im Sommer 1961 erschienene Ungaretti-Auswahl wird recht bald in – für eine Übertragung ungewöhnlich – vielen überregionalen Zeitungen besprochen. An jenem 29. September, an dem sie den Brief wohl zu schreiben beginnt, liegen bereits Kritiken aus *Christ und Welt*, aus der *Frankfurter Allgemeinen* und aus der *Süddeutschen Zeitung* sowie aus *Konkret* vor, als sie ihn abschließt, eine weitere aus der *Zeit*.[49] Diese Rezensionen geben sich allesamt wohlwollend;

---

45 Reinhard Döhl, „Geschichte und Kritik eines Angriffs. Zu den Behauptungen gegen Paul Celan". In: Deutsche Akademie für Sprache und Dichtung, Jahrbuch 1960. Darmstadt 1961, S. 101–132 – Der Band wurde Ende April 1961 an die Mitglieder der Akademie ausgeliefert.
46 Der Brief vom 31.1.1960 ist publiziert in: Z problemów przekładu i stosunków międzyjęzykowych. Pod redakcją Marii Piotrowskiej i Tadeusza Szczerbowskiego III. Krakau 2006, S. 152 u. S. 154–155 (Faksimile).
47 Vgl. Karl Dedecius, „Slawische Lyrik. Übersetzt – übertragen – nachgedichtet". In: Osteuropa 11 (März 1961), S. 165–178, hier: S. 174.
48 Als man von ihm eine Rezension von Celans Auswahl erwartet, publiziert er eigene Gedanken zum Übersetzen von russischen Gedichten: „Qual und Genuß des Übersetzens". In: Die Zeit, 19.5.1961.
49 K-nn, „Die eigene schöne Biographie. Gedichte von Giuseppe Ungaretti". In: Christ und Welt, 28.7.1961; Horst Bienek, „Archipoeta der Moderne". In: Frankfurter Allgemeine, 19.8.1961; Günther Busch, „Ungarettis lyrische Kurzschrift". In: Süddeutsche Zeitung, 26.8.1961; Hans-Jürgen Heise, „Giuseppe Ungaretti – Gedichte". In: Konkret 5 (ca. 25.9.1961), S. 12 u. Werner Ross, „Heiterkeit der Schiffbrüche". In: Die Zeit, 20.10.1961.

der eine oder andere Kritiker freilich lässt sich zu kleinen Besserwissereien hinreißen. So bemängelt Günther Busch in der *Süddeutschen Zeitung* die Übersetzung von „ma non mi lascia / neanche un segno di volo" in „aber es gönnte mir / auch nicht den leisesten Anflug des Fliegens" als Manierismus: Dieser „verstockt sofort den Text Ungarettis, macht das Bild schwammig anstatt scharf". Das ist gewiss kein schmeichelhaftes Urteil; hier scheint nicht verstanden, welche Funktion die besondere Wortwahl für das Gedicht als Ganzes hat.

Derartiges möchte Bachmann in ihrem Briefentwurf wohl ansprechen, wenn sie bemängelt, dass selbst Kritiker, die besser Italienisch könnten als sie, „jedenfalls Leute" seien, „die keine Ahnung haben, wie ein Gedicht im Deutschen aussehen sollte" (154–155). Kritik an ihren Sprachkenntnissen trifft sie aus dem Grund nicht, weil sie ihre Aufgabe als Übersetzerin vor allem darin sieht, aus übertragenen Einzelwörtern Gedichte zu machen. Wenn Kritiker Einzelworte herausgreifen, wollen sie, das weiß Bachmann auch, vor allem zeigen: ‚auch ich kann Italienisch, ich könnte das besser'.

Im konkreten Fall geht allerdings dem negativ bewerteten Einzelbeispiel eine überaus positive Wertschätzung der gesamten Übersetzerleistung voraus: „Die Übersetzung Ingeborg Bachmanns gibt dem Original, was des Originals ist, bewegt sich nicht bloß an den Rändern von Ungarettis Strophen entlang, sondern vermittelt ihren Brotgeschmack."

Zumindest aufgrund der schriftlichen Zeugnisse sind Bachmanns Klagen über die „professionellen Uebersetzer" nicht nachvollziehbar (154). Unter den Autoren der bis dahin vorliegenden Rezensionen, die mit vollem Namen zeichnen – Horst Bienek, Günther Busch, Werner Ross und Hans-Jürgen Heise –, ist kein gewerbsmäßig Übersetzender. Unklar ist nur der Status von „K-nn" in *Christ und Welt*; Besserwissereien gibt es dort aber gerade nicht. Möglicherweise hat der eine oder andere Übersetzerkollege die Übersetzerin mündlich auf ‚Fehler' oder einen ‚falschen Ton' hingewiesen.

Bachmann übersieht bei ihrem Vergleich mit den Celan betreffenden Rezensionen, dass es ihm nicht darum geht, übersetzend wieder ein *Gedicht* herzustellen. Celans Anspruch wird ersichtlich, wenn man die Gedicht-Definition zugrunde legt, die er in seiner Büchnerrede formuliert hat. Das Gedicht schreibt sich, so seine Überzeugung, von seinen Daten her; das gilt auch – wie aus dem Brief an Dedecius hervorgeht – für die Übersetzung, auch sie schreibt sich von den Schicksalsdaten des Übersetzers her. Celan strebt als Übersetzer nicht an, sich im übersetzten Text zu verstecken, spurlos in ihm aufzugehen. Wichtig ist ihm, dass für den Leser sichtbar und hörbar wird, wer hier unter welchem „Neigungswinkel" hier und heute übersetzt.

Die Kriterien für richtig oder falsch liegen also auf einer völlig anderen Ebene als die der Kritiker, aber auch mit denen Bachmanns haben sie nichts zu tun.

Richtig scheint für Celan eine Valéry-Übersetzung, wenn aus ihr, bei aller Genauigkeit, ja Wörtlichkeit (auch dieses Wort fällt im Brief an Dedecius), die Zeitspanne zwischen der Entstehung des Gedichts und seiner Übersetzung, mit dem in dieser Zeit Geschehenen, hörbar wird. Seine ‚deutsche' *Jeune Parque* von 1960 kann in seinen Augen nicht so tun, als wäre die Jüdische Katastrophe nicht gewesen. Wenn Horst dem Valéry-Übersetzer Celan vorhält, aus „dem Legato des Originals" sei „in der Übersetzung ein nervöses Staccato geworden", so wirft er ihm, verpackt in den Vorwurf des Unvermögens, im Grunde vor, den grundlegenden Bruch in der Menschheitsgeschichte nicht verschweigen zu wollen.

Im Werk des 1925 durch Selbstmord gestorbenen Russen Jessenin arbeitet Celan Brüchiges heraus, das nur er, unter dem eigenen „Neigungswinkel", in dieser Weise dort erkennen kann; ihm ist es nicht mehr möglich, Jessenin als den volkstümlichen Dichter zu lesen, als den Dedecius ihn liest. Auch in Bezug auf die eigenen Gedichte hat sich Celan bereits 1957 in einem Text für die Librairie Flinker gegen „jene[n] ‚Wohlklang'" ausgesprochen, „der noch mit und neben dem Furchtbarsten mehr oder minder unbekümmert einhertönte".[50] Der Vorgang des Übertragens ist für ihn in diesem Sinn nichts kategorial anderes als jener des Dichtens.

Bachmann spricht mit dem indirekt formulierten Stolz, eben zu wissen, „wie ein Gedicht im Deutschen aussehen sollte" (155), Formalien an, aber keine aus dem „Neigungswinkel seines Daseins" entwickelte Gedichtdefinition. Celans Kritik an den Rezensenten der Übersetzungen deckt sich zumindest partiell mit der an Blöcker.

Bachmanns drittes Beispiel, der Vergleich von ihrer Präsenz mit der Celans in der 1954 gegründeten österreichischen Kulturzeitschrift *Forvm*, ist durch nichts als ihre zornige Verfassung zu erklären. Weder gibt es nämlich einen aktuellen Anlass für Bachmanns Ausfälle – Bachmann ist im Jahrgang 1961 nicht erwähnt –, noch ist die Beschreibung der österreichischen Zeitschrift *Forvm* als „ein Blatt, das gegen mich hetzt, seit es besteht" (154) nachzuvollziehen. Nüchtern betrachtet, ist *Forvm* eine Zeitschrift, in der Autoren wie Bachmann und Celan unbeachtet bleiben, weil sie dem sehr konservativen Geschmack seiner Redakteure nicht entsprechen. Nach einer bloßen Nennung von Bachmanns Namen im Zusammenhang mit einem Literaturpreis innerhalb eines Überblickartikels, nach einer zweifellos polemischen Antwort des Lesers Milo Dor darauf, der auch auf die genannten Preisträger eingeht,[51] und der Erwähnung der *Gestundeten Zeit* in der

---

50 Vgl. GW, Band 3, S. 167.
51 Oskar M. Fontana, „Die österreichische Literatur 1953". In: Forvm 1 (Januar 1954), Nr. 1, S. 20–22, hier: S. 21 u. Milo Dor, „Revolte der Mittelmäßigkeit". In: Forvm 1 (Februar 1954), Nr. 2, S. 18. Auf Dors Rundumschlag wird von Fontana und Otto Basil wiederum teils polemisch

Rubrik „Büchereinlauf"[52] (jeweils 1954) gibt es eine einzige Kurzrezension zu ihrem Werk, zu *Anrufung des Großen Bären*. Die in einer Sammelrezension von Friedrich Torberg enthaltene Bemerkung lässt sich als ‚Hetzen' gewiss nicht lesen:

> Auch Ingeborg Bachmann scheint zu einem eigenen Tonfall unterwegs zu sein. Der Weg hat sie zum Reim geführt, dem sie – wie junge Dichter ach so oft – bisher abhold gewesen ist. Jetzt lernt sie mit den Bitterkeiten des Daseins auch die der Sprache kennen und formen, und hiemit ist ihr Talent keine Ausrede mehr, sondern eine Verpflichtung.[53]

Nur ein weiteres Mal erscheint Bachmanns Name vor Ende September 1961 – im Jahr 1958 aber nicht in einem von der Redaktion zu verantwortenden Text, sondern in dem als Offener Brief an sie adressierten Leserbrief von Hans Weigel zu einem Artikel von Friedrich Torberg über Protestaktionen von deutschen Intellektuellen gegen die geplante Atombewaffnung der deutschen Bundeswehr.[54] Weigel verwehrt sich in scharfem Ton dagegen, dass Bachmann sich als Österreicherin in die bundesdeutsche Politik einmischt. Das ist in Stil und Gestus eine persönliche Abrechnung mit einer ehemaligen Geliebten. Wenn man auch festhalten kann, dass die Zeitschrift Derartiges nicht abdrucken müsste – Ausdruck einer typischen Haltung der Redaktion Bachmann gegenüber ist der Text nicht.

Celans Präsenz in der Zeitschrift ist einigermaßen aktuell: Im Januarheft 1961 ist eine Verteidigung des Dichters durch die Herausgeber und weitere österreichische Autoren – Hans Weigel ist nicht darunter – in Sachen Goll-Affäre abgedruckt, die ganz nebenbei zu dem (im Übrigen unberechtigten) Seitenhieb auf die deutschen Kollegen genutzt wird, dass diese Celan bisher im Stich gelassen hätten.[55] Für Celan ist der Artikel ein Lichtblick in einer dramatischen Situation. Davor aber fand er seitens der Zeitschrift, ähnlich wie Bachmann, keine Beachtung. Einzige Ausnahmen sind die Nennung seines Namens durch Herbert Eisenreich, der ihn gegen bundesdeutsche Namen ausspielt, und ein indirekter

---

geantwortet, nur Hans Weigel nimmt ihn in Schutz – Bachmann spielt in dieser Diskussion im Übrigen keine Rolle mehr: „Drei Antworten an Dor". In: Forvm 1 (Februar 1954), Nr. 2, S. 19.
52 Forvm 1 (Juni 1954), Nr. 6, S. 32.
53 Friedrich Torberg, „Importiert österreichische Literatur! Ein kleiner und beschämter Ratgeber für den Weihnachts-Büchertisch". In: Forvm 3 (Dezember 1956), Nr. 36, S. 450–451, hier: S. 451.
54 Friedrich Torberg, „,Fast das ganze geistige Deutschland...'. Zu den Protestaktionen der bundesdeutschen Intellektuellen". In: Forvm 5 (Mai 1958), Nr. 53, S. 166–167 u. Hans Weigel, „Offener Brief in Sachen Unterschrift". In: Forvm 5 (Juni 1958), Nr. 54, S. 218.
55 Franz T. Csokor und Friedrich Torberg, „In Sachen Paul Celan". In: Forvm 8 (Januar 1961), Nr. 85, S. 23 – Siehe hierzu auch Barbara Wiedemann, „,...weil der Anlaß benutzt wurde'. Ilse Aichinger an Paul Celan – ein Brief und ein Entwurf (Edition und Kommentar)". In: Berliner Hefte zur Geschichte des literarischen Lebens 9 (2010c), S. 69–78.

Hinweis auf die *Todesfuge* durch Alexander Lernet-Holenia (jeweils 1954).[56] Die Vergleichbarkeit der Fälle von 1958 (Bachmann) und 1961 (Celan) liegt am ehesten im gegenseitigen Ausspielen von Deutschen und Österreichern. Sinnvoll im Argumentationszusammenhang mit Celan ist Bachmanns Beispiel nicht.

4 Vergleiche, Differenzen

Bei Überlegungen zur Vergleichbarkeit müssen wir uns vor allem mit der im *Forvm*-Zusammenhang formulierten These Bachmanns auseinandersetzen: „[...] meinst Du, dass ein Satz gegen Dich mehr bedeutet als dreissig Sätze gegen mich?" (154). Die Antwort muss nach der Analyse der Beispiele zweifellos heißen: Die Sätze von Blöcker gegen Celan oder die von Torberg für ihn bedeuten nicht *mehr*, sie bedeuten *anderes*. Und diese andere Bedeutung bleibt entscheidend.

Ingeborg Bachmann ist Ende September 1961 entweder außer Stande oder nicht länger gewillt, die Differenz als eine grundsätzliche zu verstehen, die die Opfer der Jüdischen Katastrophe von denen trennt, die dies nicht sind, ob sie nun auf der Seite der Täter stehen (wie die Österreicherin Bachmann) oder nicht (wie Max Frisch als Schweizer). In Celans 1948 in Wien geschriebenem, Bachmann gewidmetem Gedicht *In Ägypten* ist diese Differenz eindringlich formuliert. Als die beiden „nach unserem Wiedersehen in Wuppertal" (154) – wie Bachmann die Zeit ihrer letzten Liebesaffäre umschreibt – im Spätjahr 1957 wieder intensiver miteinander ins Gespräch kommen, spitzt Celan das noch einmal zu: „Denk an ‚In Ägypten'", schreibt er ihr am 31. Oktober 1957: „Sooft ichs lese, seh ich Dich in dieses Gedicht treten: Du bist der Lebensgrund, auch deshalb, weil Du die Rechtfertigung meines Sprechens bist und bleibst." (64) Die erste Begegnung mit Bachmann, das darf nicht vergessen werden, fällt in die Zeit der ersten Kontakte Celans mit deutschsprachigen Lesern, die Krieg und Diktatur bewusst und als mehr oder weniger Beteiligte auf der Seite der Täter erlebt haben. Für Celan bleibt diese Differenz selbst für den Kontakt mit jüngeren Generationen bis zuletzt bestimmend: Noch 1969[57] ist der Hinweis auf das Gedicht gegenüber den Deutschen

---

[56] Herbert Eisenreich, „Worin besteht der Unterschied? Ein Vergleich zwischen der jungen Literatur Österreichs und Deutschlands". In: Forvm 1 (Juli/August 1954), Nr. 7/8, S. 34–36, hier: S. 35 u. Alexander Lernet-Holenia, „Eine Anmerkung zur modernen Lyrik". In: Forvm 1 (Juli/August 1954), Nr. 7/8, S. 32 („die ‚Konzentrationslagerfuge' eines jungen Rumänen").
[57] Paul Celan – Gisela Dischner, Wie aus weiter Ferne zu Dir. Briefwechsel. Mit einem Brief von Gisèle Celan-Lestrange. In Verbindung mit Gisela Dischner hg. und kommentiert von Barbara Wiedemann. Berlin 2012, S. 118.

Gisela Dischner durchaus als Aufforderung zu verstehen, sich die Differenz immer wieder vor Augen zu führen.

Als Bachmann ihren Brief am 29. September 1961 zu schreiben beginnt, scheint sie aber, nach einer derart langen gemeinsamen Geschichte, nicht mehr zu akzeptieren, dass es keine Frage des Könnens und Wollens ist, sich als Opfer zu fühlen, wenn man Opfer *ist*. Opfer der Jüdischen Katastrophe, Traumatisierter und das heißt hier: Jude zu sein – nachfolgend sei aus einem Brief Celans an Hanne und Hermann Lenz vom 26. Dezember 1961 zitiert –, „das ist subjektiv und existentiell, in dieser Zeit, in der man das Jüdische nur allzugern, nur allzuleicht zum – so oder so manipulierbaren – Objekt zu pervertieren weiß, schwer und ... jüdisch genug: *menschlich* genug".[58] Celan also kann wirklich nicht wie Bachmann – im Übrigen jeweils mit merkwürdigen Anspielungen auf ein Rilke-Zitat Gottfried Benns[59] – sagen: „Das Erbärmliche, das von aussen kommt [...] ist zwar vergiftend, aber es ist zu überstehen, es muss zu überstehen sein" (153); oder: „Ich kann alles überstehen durch Gleichmütigkeit" (154) und begründen, „weil ich mich stärker fühle" (154), „weil ich glaube, dass ich stärker bin als diese Fetzen" (155).

Indirekt aber, und das ist das Eigenartige an Bachmanns Argumentation hier, erkennt sie die Differenz durchaus an, und zwar gerade dann, wenn sie in der geschilderten Weise auf die Vergleichbarkeit ihrer Situation pocht. Indem sie nämlich in der Rückschau auf ihrer beider Freundschaft und Liebe fordert, Celan müsse auf bestimmte Weise reagieren, wenn sie sich wünscht, dass er dieses oder jenes nie gesagt oder getan hat, dann sagt sie im Grunde nicht, dass die Differenz nicht mehr existiert. Sie will vielmehr nicht akzeptieren, auf welcher der beiden Seiten er steht: dass er Überlebender der Jüdischen Katastrophe, dass er Jude ist.

5 Der wehrlose ‚Jude'

Wenn Bachmann postuliert, Celan sanktioniere die Angriffe gerade dadurch, dass er sich als Opfer fühlt, wird das besonders deutlich: „Aber das ist dann Deine Geschichte und das wird nicht meine Geschichte sein, wenn Du Dich überwältigen lässt davon." (155) Der Begriff „Geschichte" ist hier auf merkwürdige Weise als in die Zukunft gerichtet verwendet: Man erwartet eher Ausdrücke wie ‚das ist dann Deine Sache'. Das freilich sagt sie nicht. Sie verbindet vielmehr die besondere,

---

[58] Paul Celan – Hanne und Hermann Lenz, Briefwechsel. Hg. von Barbara Wiedemann in Verbindung mit Hanne Lenz. Frankfurt a. M. 2001, S. 150.
[59] Vgl. zu Benns Zitat aus dem Schlussvers von Rilkes *Requiem* für Wolf Graf von Kalckreuth, „wer spricht von Siegen –, Überstehn ist alles!", und Celans Reaktionen auf Derartiges im Frühjahr 1961 den Brief an Schroers vom 26.2.1961; PC/SSB, S. 206 u. 574.

persönliche „Geschichte", Celans Opfer-Sein, mit ihrer Stärke. Opfer-Sein als Vorwurf zu formulieren, heißt aber, dem Opfer selbst die Schuld dafür zu geben, dass es Opfer ist. Das ist mit allen Konsequenzen zu bedenken.

Vorwürfe dieser Art gehören, wie ein Artikel der Zeitschrift *Der Spiegel* vom 12. April 1961 zur Festnahme von Adolf Eichmann zeigt, zum erweiterten Kontext des Briefs. Auf der Hälfte des zehn Seiten langen Artikels wird nicht über die Täter gesprochen, sondern die Kollaboration der Judenräte geschildert, die die „reibungslose Abwicklung" oder „die praktisch reibungslose Vernichtung der großen, reichen und wohlorganisierten Judengemeinden" überhaupt erst ermöglicht hätten.[60] Nicht Eichmann ist – das ist aus einer derartigen Berichterstattung zu schließen – also der Schuldige, sondern die Juden selbst sind es. Hätten sie sich nicht wie ‚Opferlämmer' deportieren lassen, hätten sie nicht selbst die Deportationen organisiert, sondern sich gewehrt – die Aufstände in den Ghettos und den Vernichtungslagern werden im Artikel wohlweislich übergangen –, dann hätte es die Jüdische Katastrophe nicht gegeben.

In dieser Zeitschrift wurde das Klischee vom ‚wehrlosen' und daher selbst schuldigen Juden nicht erfunden; es gehört zu den Antisemitismen linker Prägung aus Ost und West, die seit den 1950er Jahren auch in der Erzählliteratur wirksam sind.[61] Entscheidend ist die Deutlichkeit, mit der das Wochenmagazin Derartiges für eine große Leserschaft aufbereitet, die im Übrigen kaum protestiert.[62] Die Argumentationsabläufe entlasten die deutschen Täter, denn: Die Juden *wollten* ja Opfer sein. In diesen zeitlichen wie argumentativen Kontext gehört Bachmanns Brief.

Auch Bachmann übergeht vollständig, dass sich der Jude, an den sie schreibt, durchaus gewehrt hat, auf seine Weise und mit seinen Möglichkeiten. War ihr doch bekannt, dass Celan in und mit seinen Gedichten wie Übertragungen Widerstand

---

60 Vgl. „Der Prozeß". In: Der Spiegel, 12.4.1961, Heft 16, S. 20–32, hier: S. 26–27 – Hannah Arendt war also keineswegs die Erste, die derartige Vorwürfe formulierte, wie anlässlich des Arendt-Films von Margaretha von Trotta (2012) immer wieder behauptet wurde.
61 Siehe dazu Barbara Wiedemann, „trugen viele der Leichen seidene Damenunterwäsche". Antisemitische Altlasten der Lektüre im Deutschunterricht. In: Rassismus in Europa nach 1989. Hg. von Gesine Drews-Sylla und Renata Makarska. Bielefeld 2014 (in Druck).
62 Auszunehmen sind die beiden Leserbriefschreiber Gerlinde Kühne („Ihr entzückender Artikel macht es uns Bundesbürgern endgültig klar: Nicht die Nazis – die Juden selbst waren die Teufel") und H. ten Kortenaar („Die nachdrückliche Betonung des Beitrags nichtdeutscher und sogar jüdischer Mithelfer zur ‚Endlösung' scheint mir eine neue und originelle Entwicklung des ‚Es ist nicht wahr' und ‚Wir haben es nicht gewußt', das wir schon seit so vielen Jahren hören"), beide in: Der Spiegel, 3.5.1961, Heft 19, S. 5.

geleistet hat und immer wieder leistete. Jüdischer Widerstand ist wesentlich für Celans Verständnis des eigenen Jüdischseins.[63]

Das Klischee des ‚wehrlosen Juden' spielt nun eine erstaunliche Rolle für Bachmanns Blick auf ihre eigene Rolle in der zurückliegenden Freundschaft und Liebe. An zwei entscheidenden Stellen kommt sie darauf zu sprechen, am Schluss des ersten Brief-Drittels und im Schlussbereich, kurz bevor sie den Brief abbricht. Das Thema ist also, genauso wie die Abwehr von Celans Opfer-Status, über den ganzen Zeitraum, in dem der Brief entsteht, in Bachmanns Denken präsent, von Ende September bis zum 24. Oktober.

Erstaunlich ist der Rückbezug des Themas auf die eigene Rolle deshalb, weil Bachmann nun ihrerseits Celan vorwirft, *sie* wehrlos gemacht zu haben. In dieser Hinsicht ist er in ihren Augen nämlich überhaupt nicht der, der sich nicht wehren kann, im Gegenteil:

> Von den vielen Ungerechtigkeiten und Beleidigungen, denen ich bisher ausgesetzt sind mir am schlimmsten immer die Du mir zugefügt hast – auch weil ich sie nicht mit Verachtung oder Gleichgültigkeit beantworten kann, weil ich mich nicht schützen kann dagegen, weil mein Gefühl für Dich immer zu stark bleibt und mich wehrlos macht. (153)

An dieser Briefstelle fällt auf, dass – im Zitat ist die von den Herausgebern vorgenommene Ergänzung des unvollständigen Satzes rückgängig gemacht[64] – Bachmann in ihrer Erregung keine vollständigen Sätze mehr schreibt: „denen ich […] ausgesetzt". Was aber erregt sie so? Denken wir den Vorwurf Bachmanns, durch Celan wehrlos gemacht worden zu sein, in seinen Konsequenzen weiter und beziehen den Kontext des per se ‚wehrlosen' Juden ein: Beschuldigt sie ihn hier nicht indirekt, sie durch ungerechtes und beleidigendes Verhalten zur ‚Jüdin' gemacht zu haben?

Die Stelle am Schluss ist nicht weniger merkwürdig, wenn auch aus anderen Gründen. Bachmann wirft Celan vor, etwas Hassenswertes getan, ihr angetan zu haben. Zu den „Ungerechtigkeiten und Beleidigungen", die sie deshalb „wehrlos" machen, weil sie von ihm kommen, gehört nun, dass sie ihn nicht dafür hassen kann. Was aber ist die hassenswerte Tat? Es geht um eine Mordbeschuldigung in

---

63 Siehe Barbara Wiedemann, Jakobs Stehen. Jüdischer Widerstand in den Gedichten Paul Celans. Warmbronn 2007.
64 So im Dokument, im Lesetext der Edition ist nach „ausgesetzt" „war" ergänzt. Emendationen gerade in diesem Brief werden der Sache nicht gerecht. In den Briefwechseln mit den Rheinischen Freunden (PC/SSB) und Gisela Dischner (2012) habe ich für die nicht abgesandten Briefe bewusst eine andere Entscheidung getroffen: Sie erscheinen im Brieftext mit allen Korrekturen und ohne Emendationen.

einem Gedicht, die sie auf sich bezieht, auf sich als ihn Liebende: „Hat Dich je ein Mensch, den Du liebst, des Mordes beschuldigt, ein Unschuldiger?" (156)

Es kann sich hierbei nur um das Gedicht *Wolfsbohne*[65] handeln, geschrieben im Kontext der Blöcker-Kritik 1959. Es ist zunächst für den Gedichtband *Die Niemandsrose* vorgesehen, dann für eine separate Publikation und wird schließlich überhaupt nicht veröffentlicht. An drei Stellen ist in *Wolfsbohne* das Wortfeld „töten" bzw. „Mörder" präsent. In den Versen 21–25 steht der Mordakt im Zentrum:

> Gestern
> kam einer von ihnen und
> tötete dich
> zum andern Mal in
> meinem Gedicht.

Aus den Briefen im Umkreis der Blöcker-Kritik, auch aus denen Celans an Bachmann, wissen wir, dass es bei „meinem Gedicht" um die *Todesfuge* als „Grabschrift" geht, die durch eine Einstufung als ‚Fingerübung' seiner Meinung nach geschändet wird. Bachmann kann sich hier kaum als der ‚Angeklagte' sehen, der im Gedicht „einer" heißt. Von potentiellen Mördern sprechen die Verse 32–38, zur „Mutter" des Gedichts:

> In Aussig, sagtest du immer, in
> Aussig an
> der Elbe,
> auf
> der Flucht.
> Mutter, es wohnten dort
> Mörder.

Die nordböhmische Stadt Aussig – zur Zeit der Auseinandersetzung mit Bachmann als Ústí nad Labem Teil der ČSSR – lag während des Ersten Weltkriegs, als Celans eigene Mutter Friederike Schrager dort Zuflucht suchte, in der K.-u.-k.-Monarchie; die Bevölkerung blieb auch nach 1918 überwiegend deutschsprachig und jubelte den am 9. Oktober 1938 einmarschierenden deutschen Truppen teilweise begeistert zu. Reinhard Heydrich, der stellvertretende Reichsprotektor für das Protektorat Böhmen und Mähren, zu dem Aussig tatsächlich aber nicht gehörte, war im Auftrag von Göring einer der maßgeblichen Organisatoren für die ‚Endlösung der Judenfrage'. Sieht sich Bachmann hier als Österreicherin pauschal

---

65 Paul Celan, Die Gedichte. Kommentierte Gesamtausgabe in einem Band. Hg. von Barbara Wiedemann. Frankfurt a. M. 2003, S. 455–457; die Zitate im Folgenden: S. 456–457.

angeklagt? Liest sie die Strophe als Celans Versuch einer allgemeinen Schuldzuweisung an die gesamte deutschsprachige Bevölkerung dort, die früheren Österreicher? Celans Formulierung ist nicht eindeutig abzulesen, ob er alle Menschen dort zu Mördern erklärt; dass er Bachmann einbezieht, ist ausgeschlossen. Anders verhält es sich mit den Versen 58–62:

> Mutter, sie schweigen.
> Mutter, sie dulden es, daß
> die Niedertracht mich verleumdet.
> Mutter, keiner
> fällt den Mördern ins Wort.

Die hier mit „sie" Bezeichneten sind die, denen Celan im Zusammenhang mit der Blöcker-Kritik Briefe geschrieben hat, es sind Menschen, die selbst Gedichte schreiben und die den Kampf gegen Antisemitismus – von dem Celan zu Recht meinte, er gehe alle an, nicht nur die Juden[66] – nicht spontan zu ihrer Sache machen. Hier, und nur hier, könnte und müsste sich Bachmann wiederfinden, aber nicht als Mörderin, sondern als jemand, der sich der Verteidigung gegen die Mörder verweigert. Das aber tut sie offensichtlich nicht.

Woher Bachmann das Gedicht kannte, ist nicht mit Sicherheit zu bestimmen; in ihrem eigenen Nachlass hat es sich bislang nicht gefunden. Sie könnte es durch die gemeinsamen Wiener Freunde Klaus und Nani Demus erhalten haben;[67] deren Briefe im Nachlass Bachmanns sind vorläufig nicht zugänglich, dort könnte sich eine Abschrift des Gedichts befinden. Möglich ist aber auch, dass Celan ihr das Gedicht am Telefon vorgelesen hat.[68] In diesem Fall müsste man davon ausgehen, dass ihr der Text beim Verfassen des Briefs nicht vorlag – das könnte ihre eigenwillige Deutung erklären. Für die Beurteilung des Briefs vom Herbst 1961 ist aber entscheidend, dass Bachmann den Mordvorwurf in der Schreibsituation von 1961 erinnernd auf sich bezieht, ja, dass sie Celan auch zutraut, sie als Mörderin bezeichnet zu haben.

Direkt tut sie das aber gar nicht. Bachmanns Formulierung ist ausweichend und in der unpräzisen Formulierung insofern eigenartig, als sie Celan gerade nicht vorwirft, sie selbst, Ingeborg, des Mordes angeklagt zu haben. Vielmehr wird der

---

66 Vgl. Celans Brief an Böll vom 8.4.1959; PC/SSB, S. 359.
67 Dass Klaus Demus das Gedicht kannte, lässt Celans Brief vom 2.2.1961 vermuten: Paul Celan – Klaus und Nani Demus, Briefwechsel. Mit einer Auswahl aus dem Briefwechsel zwischen Gisèle Celan-Lestrange und Klaus und Nani Demus. Hg. von Joachim Seng. Frankfurt a. M. 2009, S. 371 – Sigel: PC/KND.
68 Nach dem 18.11.1959 hat ein klärendes Gespräch im Zusammenhang mit Blöcker stattgefunden (vgl. das Telegramm); IB/PC, S. 129.

des Mordes ,Angeklagte' als „ein Mensch, den Du liebst" beschrieben – jemand anderen als sich selbst kann sie hier im Brief aber nicht meinen. Lesen wir genau: Der Vorwurf an Celan ist in die Vermutung oder vielleicht auch Feststellung integriert, er liebe sie immer noch. Das ist eng verknüpft mit dem Bekenntnis ihrer eigenen Unfähigkeit, mit ,normalen' Gefühlen wie Hass zu reagieren – bzw. eben dadurch ihm gegenüber wehrlos zu sein. In merkwürdiger Weise wird hier der Vorwurf, sie durch die Mord-,Anklage' zur immer noch Liebenden zu machen, mit demjenigen verbunden, sie als Liebende zur ,Jüdin' zu machen.

Bachmann verliert sich zunehmend in Identifikationen. Die Übertragung der Wehrlosigkeit und damit des ,Juden'-Bildes von ihm auf sich selbst kumuliert am Ende des Absatzes zur Mordbeschuldigung im Satz: „-ch erwarte, dass Du, d̶u̶nämi Dur mir h lfst, Di selbst ehilfst, Du ir."[69] Auch in Celans Ehe mischt sie sich durch unstimmige „Ich"/„Du"- und „mich"/„ihr"-Gegensätze ein: „Du genügst ihr in Deinem Unglück, aber Dir würde sie nie in einem Unglück genügen. *Ich* verlange, dass ein Mann genug hat an der Bestätigung durch *mich*, aber *Du* billigst *ihr* das nicht zu, welche Ungerechtigkeit." (156) [meine Hervorhebung, B.W.]

6 Gründe für den Abbruch des Briefes

Ist der Brief je als veritabler Brief begonnen worden? Schon die sich häufenden Schreibfehler – die nur zu einem kleineren Teil technischen Problemen mit der Maschine geschuldet sind – und der sich zunehmend verwirrende Argumentationsstil machen den Entwurf zu einem Dokument, das nicht mehr abgesandt werden *kann*. Die Zeichen der Erregung und den Zorn könnte Bachmann selbst einem Adressaten nicht zumuten, den sie weniger empfindlich und psychisch labil weiß als Celan. Das verwendete Papier – in der Regel legen die Korrespondenten Wert auf angemessenes Briefpapier und entschuldigen sich, wenn die äußeren Umstände ein einfaches, hässliches Papier aufzwingen[70] – spricht jedoch dafür, dass der Versuch tatsächlich zunächst für den direkten Versand geplant ist.

Hätte sie also nicht den Text noch einmal abschreiben und dabei korrigieren können? Wohl nicht in dieser Form, denn eher als ein Brief an Celan ist er ein Monolog. Immerhin aber entledigt sie sich des Dokuments nicht nur nicht, sondern plant, es Celan bei einem Gespräch vorzulegen und mündlich zu ergänzen. Zu dem im Ersatzbrief nicht allzu konkret – es gibt Terminprobleme wegen Frisch –

---

69 Hier in der nicht emendierten Form; PC/IB, Abb. 17b.
70 Verwendet ist Schreibmaschinenpapier mit Wasserzeichen – Siehe zu Entschuldigungen bei einfacheren Papieren und deren Kontexten: Wiedemann 2010a, vgl. bes. S. 198–201.

anvisierten Treffen kommt es nicht mehr. Celan hat den Brief nie zur Kenntnis genommen.

Der Ersatzbrief vom 24. Oktober 1961 ist keine gekürzte Reinschrift des langen Briefes, sondern eine Begründung ihres Verzichts darauf: „Ich kann ihn jetzt nicht abschicken, da er zu vieles möchte." (156–157) Was also will sie mit dem Brief erreichen? Auch das deutet sie an: Sie will, dass „etwas klarer wird, das allein Dich und mich betrifft" (157). Will sie sich endlich aus dieser quälenden Beziehung lösen und gerade damit das Reden von der Kollektivschuld beenden? Dann heißt das aber, dass dieser Brief keineswegs nur sie beide angeht. Denn Ablösung bedeutet hier, dass sie Celans Opferstatus nicht mehr als unveränderliche Tatsache akzeptiert und zeigt, dass sie sich selbst als das eigentliche Opfer, und zwar als das Opfer eines ‚Juden', fühlt.

Der Brief ist eine Bankrott-Erklärung für die Freundschaft zwischen den beiden, die 1948 von ganz verschiedenen Seiten aufeinander zugekommen sind. Lange ist Bachmann fähig und willens, die Differenz zwischen ihnen als etwas wahrzunehmen, das als unumstößliche Realität nicht manipulierbar und das heißt auch: nicht zu beseitigen ist – als eine Realität, die daher auch vom Opfer nicht gezielt als ‚Mitleidsbonus' eingesetzt werden kann. Mit dem Brief aber stellt sie sich auf eine Stufe mit einer Claire Goll, die 1960 im Zusammenhang mit Celans Schicksal von der „Legende" sprach, die er „so tragisch zu schildern wußte", um aus der Jüdischen Katastrophe unrechtmäßig ‚Kapital' zu schlagen.[71] Vor Zorn, vor Enttäuschung ist sie nicht in der Lage, ein Gedicht als das zu lesen, was es ist – den Status wahrzunehmen, der dem von Celan aus guten Gründen nicht der Öffentlichkeit übergebenen Text zukommt –, und somit den Rückzug des Autors von der ursprünglichen Veröffentlichungsabsicht anzuerkennen.

Möglicherweise ist der Brief vom Herbst 1961 einem Augenblick geschuldet, in dem ihr Denken und Fühlen – vielleicht unter dem Einfluss ihres damaligen Partners Max Frisch – eine neue Orientierung sucht, die sie schließlich doch verwirft. Der Hintergrund von Celans unerwartetem letztem Brief in dieser Korrespondenz – Bachmanns mutiges Eintreten gegen den durch seine Nazi-Vergangenheit erheblich belasteten Übersetzer Hans Baumann – wie auch ihr später Roman *Malina* zeigen, dass sie unter anderen Umständen wieder in der Lage ist, die Differenz als Realität zu akzeptieren und dennoch den persönlichen Abstand zu wahren, den sie zu Celan braucht.

---

[71] Vgl. Goll 1960, S. 252.

7 Die Rezeption des Briefes

Es bleibt zu fragen, warum die Kommentatoren und Kritiker des Briefwechsels 2008 so begeistert über die ‚Abrechnung' mit Celan waren. Zitate aus dem Brief erscheinen in einer ganzen Reihe von Rezensionen als Titel oder hervorgehobene Zwischentitel: vom Text Ulla Hahns[72] abgesehen auch bei Andrea Stoll und Peter Hamm,[73] die sich für „Wer bin ich für Dich?" respektive „Wer bin ich für Dich wer nach so vielen Jahren?" [(153)] entscheiden, sowie bei Ulrich Rüdenauer,[74] der die Überschrift „Ich bin oft sehr bitter" wählt. Letzterer Aspekt der Verbitterung erscheint ausführlicher auch bei Hamm: „Bachmann: ‚Ich bin oft sehr bitter, wenn ich an Dich denke, und manchmal verzeihe ich mir nicht, dass ich Dich nicht hasse.'" [(156)] In Böttigers Text[75] ist als Zitat auflockernd eingefügt: „Ich glaube wirklich, dass das größere Unglück in Dir selbst ist." [(153)] Dass die Titel und auflockernden Zitate häufig von der Redaktion gewählt werden, ist dabei nicht relevant – auch die Redaktionen gehören zum gesellschaftlichen Kontext, wollen sie doch Leserbedürfnisse bedienen.

In fast allen Rezensionen wird deutlich, dass die Autoren meinen, Ingeborg Bachmann gegen Celan verteidigen zu müssen – die Bachmann-Imago vom ‚zarten, beschützenswerten Mädchen' ist immer noch erstaunlich wirksam –, und eben froh sind, dass sie in diesem Brief zur Selbstverteidigung übergeht.

Wenn die Kritikerin Ina Hartwig, die den hier analysierten Brief, obwohl er nicht abgesandt wurde, als ‚mutig' bezeichnet, wie viele andere den Satz „du willst das Opfer sein" zitiert und interpretiert: „Hier artikuliert sich nicht mehr die junge Frau, die sich von Celans schmerzerfüllter Sprache verzaubern lässt – hier spricht eine lebenserfahrene Dichterin, die ihm die Grenzen weist: Ihre Grenzen",[76] so ist eine Nähe mit deutlich antisemitischen Texten, wie dem von Claire Goll aus dem Jahr 1960, wahrzunehmen. „Süßer und süßer lächelnd" sei Celan zu den Golls gekommen; aber „Celans künstliche Zärtlichkeit" habe sie, Claire Goll, schließlich doch durchschaut.[77] Elke Schmitters Ausführungen im *Spiegel* gehen noch erheblich weiter: „Er war traumatisiert, stigmatisiert und verwaist, doch gibt es nicht wenige, die sich an den jungen Celan als Verführer erinnern, ‚der mit der Grazie

---

[72] Vgl. Hahn 2008 – Verkürzt erschien der Text unter dem Titel „Lieber Paul, liebe Ingeborg" auch in: Emma 32 (November/Dezember 2008), S. 62–63.
[73] Vgl. Stoll 2008 u. Hamm 2008.
[74] Vgl. Ulrich Rüdenauer, „Ich bin oft sehr bitter". In: Südwestpresse, 14.10.2008.
[75] Vgl. Helmut Böttiger, „Es ist Zeit, dass man weiß!". In: Süddeutsche Zeitung, 18.8.2008.
[76] Ina Hartwig, „Bachmann & Celan – Schuld und Zauber". In: Frankfurter Rundschau, 18.8.2008.
[77] Goll 1960, S. 252.

eines Ballerinos' tanzte und das Überleben genoss."⁷⁸ Wer diese „nicht wenige[n]" Sich-Erinnernden sind, wird nicht gesagt, durch die Anführungszeichen Authentizität aber suggeriert. Auch solche ‚Erinnerungen' sind entlastend im Sinne von: ‚So schlimm wirds schon nicht gewesen sein...'

Man ist versucht, Derartiges auf Ansichten zu übertragen, die in der deutschen Öffentlichkeit kursieren. Unter „Grenzen" versteht Hartwig ja keineswegs die beschriebene Differenz, die mit allen Folgen anzuerkennen wäre. Vielmehr scheint ihre Einschätzung der Bachmann vom Herbst 1961 als „lebenserfahren[]" vor allem für ein Wissen zu stehen, wie diese ‚Juden' nun mal sind: Den autoritär mit seinem Schicksal ‚hausieren' gehenden Überlebenden gilt es, erzieherisch in seine „Grenzen" zu weisen. Dem ‚genießenden Überlebenden' ist klar zu machen, dass man ihn durchschaut.

Auch im Fall dieser professionellen Leser des Briefwechsels ist die unverhohlene Freude über Bachmanns Brief eine Bankrott-Erklärung. Hier zeigt sich, dass in der deutschen Öffentlichkeit zunehmend weniger Verständnis für das tiefe Trauma von Überlebenden aufgebracht wird, dass viele zu einer Wahrnehmung dessen, was dem Juden Celan auch 1961 immer noch geschah, kaum willens und in der Lage sind. Aus den Kritiken des Jahres 2008 spricht deutlich die Weigerung, für die hier vorgestellten Probleme – von Blöckers Kritiken bis zu den Rezensionen der Übertragungen – wenigstens die Grundlagen im Kommentarteil zu berücksichtigen. Und es zeigt sich die Erleichterung, endlich umgekehrt auf das ‚Leiden' der Nichtjuden am Juden schauen zu dürfen.

Diese Beobachtungen entsprechen der (kultur-)politischen Landschaft. Martin Walser hat 1998 in seiner Frankfurter Rede den Anfang gemacht:

> Kein ernstzunehmender Mensch leugnet Auschwitz; kein noch zurechnungsfähiger Mensch deutet an der Grauenhaftigkeit von Auschwitz herum; wenn mir aber jeden Tag in den Medien diese Vergangenheit vorgehalten wird, merke ich, daß sich in mir etwas gegen diese Dauerpräsentation unserer Schande wehrt. [...] Wenn ich merke, daß sich in mir etwas dagegen wehrt, versuche ich, die Vorhaltung unserer Schande auf Motive hin abzuhören, und bin fast froh, wenn ich glaube entdecken zu können, daß öfter nicht mehr das Gedenken, das Nichtvergessendürfen das Motiv ist, sondern die Instrumentalisierung unserer Schande zu gegenwärtigen Zwecken.⁷⁹

Die Schuld am Vergessen wird hier denen gegeben, die nicht vergessen. Wenig später spricht Walser von der „Monumentalisierung der Schande" durch den

---

78 Elke Schmitter, „Du bist Wüste und Meer". In: Der Spiegel, 4. 8. 2008, Heft 32, S. 124–127, hier: S. 125.
79 Martin Walser, Erfahrungen beim Verfassen einer Sonntagsrede. In: Friedenspreis des Deutschen Buchhandels 1998. Frankfurt a. M. 1998, S. 7–28, hier: S. 18.

„fußballfeldgroßen Alptraum" des Berliner Mahnmahls.[80] Hört man genau hin, bedeutet das auch, dass der Alptraum erst durch das Gedenken so groß wird und die Wirklichkeit gar nicht so unheilvoll war. Der überwältigende Leserbrief-Erfolg Walsers nicht nur in den Reihen der extremen Rechten zeigt, wie Walser damals verstanden wurde: ‚Lasst uns doch endlich damit in Ruhe!'

Nach den beängstigenden antisemitischen Ausschreitungen im Jahr 2000 – denen des Jahres 1960 durchaus vergleichbar – beginnt das Sprechen über die Deutschen als Opfer. Jörg Friedrich rechnet in einem Buch, dem er das Bekenntnis nachschickt, man habe zu den Opfern des Bombenkriegs keine wissenschaftlich belastbaren Zahlen, im Erzählstil nicht nur die Euthanasietoten und die Bombentoten in Bodelschwingh gegeneinander auf;[81] er nennt vielmehr auch ein Bombergeschwader „Einsatzgruppe" oder die Luftschutzkeller „Krematorien" und spricht mehrfach von „Vernichtung" und davon, dass die „Brandopfer im Keller vergast" worden seien. Durch diese Wortwahl wird die Jüdische Katastrophe gegen die alliierten Bombenangriffe relativierend ausgespielt. Auch fehlt der Vorwurf an die Alliierten nicht, die Gleisanlagen von Auschwitz nicht bombardiert zu haben und so indirekt für den Tod der weiterhin dort angelieferten Menschen mitverantwortlich zu sein. Das sieht zwar *Der Spiegel* durchaus kritisch, seine Serien, ab März 2002 unter dem Titel „Die Deutschen als Opfer" eine Serie über die Vertreibungen[82] und ab Januar 2003 eine über die alliierten Luftangriffe,[83] zeigen aber auch die Publikumswirksamkeit derartiger Themen.

Günter Grass publiziert im Februar 2002 seine Novelle *Im Krebsgang* über die Versenkung des Flüchtlingsschiffs Wilhelm Gustloff, von der im März bereits 300.000 Exemplare verkauft sind.[84] Auch sein Lebensbericht *Beim Häuten der Zwiebel* von 2006 ist im Wesentlichen eine Geschichte der deutschen Soldaten als Opfer. Nicht der Freund der Pariser Jahre, Celan, wird dort Überlebender genannt, sondern der minderjährig in die letzten Kriegshandlungen geschickte Rekrut Grass. Das ist von Grass geschickt inszeniert – auch in diesem Buch im unmittelbaren Kontext der Gustlow –, um die einzige wirklich neue Information in seinen Augen richtig darstellen und deuten zu können: seine SS-Mitgliedschaft. Vor allem mit dem Ziel geschieht das, die notwendigen Fragen, warum er sich nicht

---

80 Vgl. Walser 1998, S. 20.
81 Vgl. Jörg Friedrich, Der Brand. Deutschland im Bombenkrieg 1940–1945. München 2002, S. 210; im Folgenden: S. 311; u. a. S. 25, 33, 84, 112, 124, 195; S. 194; S. 378; S. 130.
82 Beginn in Heft 13 (2002) mit dem Artikel von Hans-Joachim Noack: „Die Deutschen als Opfer". In: Der Spiegel, 25.3.2002, Heft 13, S. 36–39.
83 Beginn in Heft 2 (2003) mit dem Artikel von Jochen Bölsche: „So muss die Hölle aussehen". In: Der Spiegel, 6.1.2003, Heft 2, S. 38–50.
84 Vgl. Noack 2002, S. 37.

in der Lage sah, die Opfer – auch Celan – und die Öffentlichkeit rechtzeitig darüber in Kenntnis zu setzen, verstummen zu machen.[85] Bezogen auf Celan ist es – so stellt es Grass dar – dessen eigene Schuld, dass er während der Zeit seiner Freundschaft mit ihm nicht davon erfährt, redet dieser Jude doch nur von sich und seinen Leiden.

Die in den Rezensionen artikulierte Freude über Bachmanns Brief passt auch chronologisch in diesen Kontext. Gerade deshalb ist die Einsicht entscheidend, dass die im Brief angedeuteten Probleme wie auch Bachmanns Aufschrei alles andere als privater Natur sind, sondern grundsätzliche Bedeutung haben. Nicolas Weill warnt in *Le Monde* Ulla Hahn und ihre Kolleg(inn)en daher zu Recht davor, den Briefwechsel nur als fortschreitende Emanzipation einer bisher unterdrückten Frau zu lesen: „C'est oublier un peu vite qu'entre eux s'impose aussi la dimension du témoignage. Celle-ci ne rend pas que la poésie difficile, sinon ‚barbare', après Auschwitz. L'amour ou la vie aussi."[86]

Literaturverzeichnis

Bachmann, Ingeborg: Werke. Hg. von Christine Koschel, Inge von Weidenbaum und Clemens Münster. 4 Bde. München [u.a.] 1978.
Barnert, Arno: „Eine ‚herzgraue' Freundschaft. Der Briefwechsel zwischen Paul Celan und Günter Grass". In: TextKritische Beiträge 9 (2004), S. 65–127.
Basil, Otto, Oskar M. Fontana und Hans Weigel: „Drei Antworten an Dor". In: Forvm 1 (Februar 1954), Nr. 2, S. 19.
Bienek, Horst: „Archipoeta der Moderne". In: Frankfurter Allgemeine, 19. 8. 1961.
Blöcker, Günter: „Lyrischer Schichtwechsel". In: Süddeutsche Zeitung, 13. 11. 1954.
Blöcker, Günter: „Gedichte als graphische Gebilde". In: Der Tagesspiegel, 11. 10. 1959.
Blöcker, Günter: „Nur die Bilder bleiben". In: Merkur (1961), S. 882–886.
Bölsche, Jochen: „So muss die Hölle aussehen". In: Der Spiegel, 6. 1. 2003, Heft 2, S. 38–50.
Böttiger, Helmut: „Es ist Zeit, dass man weiß!". In: Süddeutsche Zeitung, 18. 8. 2008.
Busch, Günther: „Ungarettis lyrische Kurzschrift". In: Süddeutsche Zeitung, 26. 8. 1961.
Celan, Paul: Gesammelte Werke in fünf Bänden. Hg. von Beda Allemann und Stefan Reichert. Frankfurt a. M. 1983.
Celan, Paul: Die Gedichte. Kommentierte Gesamtausgabe in einem Band. Hg. von Barbara Wiedemann. Frankfurt a. M. 2003.
Celan, Paul: [Brief an Karl Dedecius, 31. 1. 1960]. Z problemów przekładu i stosunków międzyjęzykowych. Pod redakcją Marii Piotrowskiej i Tadeusza Szczerbowskiego III, Krakau 2006, S. 152 u. S. 154–155.

---

85 Siehe Barbara Wiedemann, „‚uns Überlebenden'. Günter Grass häutet seine Zwiebel". In: Treibhaus 9 (2013) (in Druck).
86 Nicolas Weill, „Deux poètes, après Auschwitz". In: Le Monde, 19. 9. 2008.

Celan, Paul: Briefwechsel mit den rheinischen Freunden Heinrich Böll, Paul Schallück und Rolf Schroers. Mit einzelnen Briefen von Gisèle Celan-Lestrange, Ilse Schallück und Ilse Schroers. Hg. und kommentiert von Barbara Wiedemann. Berlin 2011.
Celan, Paul – Ingeborg Bachmann: „Herzzeit". Briefwechsel. Mit den Briefwechseln zwischen Paul Celan und Max Frisch sowie zwischen Ingeborg Bachmann und Gisèle Celan-Lestrange. Hg. und kommentiert von Bertrand Badiou, Hans Höller, Andrea Stoll und Barbara Wiedemann. Frankfurt a. M. 2008.
Celan, Paul – Gisèle Celan-Lestrange: Correspondance. Avec un choix de lettres de Paul Celan à son fils Eric. Éditée et commentée par Bertrand Badiou avec le concours d'Eric Celan. 2 Bde., Band 2. Paris 2001.
Celan, Paul – Klaus und Nani Demus: Briefwechsel. Mit einer Auswahl aus dem Briefwechsel zwischen Gisèle Celan-Lestrange und Klaus und Nani Demus. Hg. von Joachim Seng. Frankfurt a. M. 2009.
Celan, Paul – Gisela Dischner: Wie aus weiter Ferne zu Dir. Briefwechsel. Mit einem Brief von Gisèle Celan-Lestrange. In Verbindung mit Gisela Dischner hg. und kommentiert von Barbara Wiedemann. Berlin 2012.
Celan, Paul – Hanne und Hermann Lenz: Briefwechsel. Hg. von Barbara Wiedemann in Verbindung mit Hanne Lenz. Frankfurt a. M. 2001.
Csokor, Franz T. und Friedrich Torberg: „In Sachen Paul Celan". In: Forvm 8 (Januar 1961), Nr. 85, S. 23.
Dedecius, Karl: „Slawische Lyrik. Übersetzt – übertragen – nachgedichtet". In: Osteuropa 11 (März 1961), S. 165–178.
Dedecius, Karl: „Qual und Genuß des Übersetzens". In: Die Zeit, 19.5.1961.
Donath, Andreas: „Der Balken im eigenen Auge". In: Frankfurter Hefte 9 (1954), S. 868–870.
Dor, Milo: „Revolte der Mittelmäßigkeit". In: Forvm 1 (Februar 1954), Nr. 2, S. 18.
Döhl, Reinhard: „Geschichte und Kritik eines Angriffs. Zu den Behauptungen gegen Paul Celan". In: Deutsche Akademie für Sprache und Dichtung, Jahrbuch 1960. Darmstadt 1961, S. 101–132.
Eisenreich, Herbert: „Worin besteht der Unterschied? Ein Vergleich zwischen der jungen Literatur Österreichs und Deutschlands". In: Forvm 1 (Juli/August 1954), Nr. 7/8, S. 34–36.
Fontana, Oskar M.: „Die österreichische Literatur 1953". In: Forvm 1 (Januar 1954), Nr. 1, S. 20–22.
Friedrich, Jörg: Der Brand. Deutschland im Bombenkrieg 1940–1945. München 2002.
Goll, Claire: „Unbekanntes über Paul Celan". In: Baubudenpoet 5 (1960), S. 115–116.
Hahn, Ulla: „Du willst das Opfer sein, aber es liegt an dir, es nicht zu sein". In: Frankfurter Allgemeine, 30.8.2008.
Hahn, Ulla: „Lieber Paul, liebe Ingeborg". In: Emma 32 (November/Dezember 2008), S. 62–63.
Hamm, Peter: „Wer bin ich für Dich?". In: Die Zeit, 21.8.2008.
Hartwig, Ina: „Bachmann & Celan – Schuld und Zauber". In: Frankfurter Rundschau, 18.8.2008.
Heise, Hans-Jürgen: „Giuseppe Ungaretti – Gedichte". In: Konkret 5 (ca. 25.9.1961), S. 12.
Hohoff, Curt (Hg.): Flötentöne hinterm Nichts. In: Geist und Ursprung. Zur modernen Literatur. München o.J. [1954], S. 234–235.
Hohoff, Curt: In: Neue deutsche Hefte 1 (1954), S. 69–73.
Holthusen, Hans E.: „Fünf junge Lyriker II". In: Merkur 8 (1954), Heft 74, S. 378–390.
Horst, Karl A.: „In Ketten tanzen". In: Die Welt, 8.4.1960.
Hotz, Constanze: Die Bachmann. Das Image der Dichterin – Ingeborg Bachmann im journalistischen Diskurs. Konstanz 1990.

Knipphals, Dirk: „Die sich Entliebenden". In: TAZ, 16. 8. 2008.
Kortenaar, H. ten: [Leserbrief]. In: Der Spiegel, 3. 5. 1961, Heft 19, S. 5.
Kühne, Gerlinde: [Leserbrief]. In: Der Spiegel, 3. 5. 1961, Heft 19, S. 5.
K-nn: „Die eigene schöne Biographie. Gedichte von Giuseppe Ungaretti". In: Christ und Welt, 28. 7. 1961.
Lernet-Holenia, Alexander: „Eine Anmerkung zur modernen Lyrik". In: Forvm 1 (Juli/August 1954), Nr. 7/8, S. 32.
Noack, Hans-Joachim: „Die Deutschen als Opfer". In: Der Spiegel, 25. 3. 2002, Heft 13, S. 36–39.
Piontek, Heinz: [Rez. von *Mohn und Gedächtnis*]. In: Welt und Wort 8 (1953), S. 200–201.
Ross, Werner: „Heiterkeit der Schiffbrüche". In: Die Zeit, 20. 10. 1961.
Rüdenauer, Ulrich: „Ich bin oft sehr bitter". In: Südwestpresse, 14. 10. 2008.
Schmitter, Elke: „Du bist Wüste und Meer". In: Der Spiegel, 4. 8. 2008, Heft 32, S. 124–127.
Serke, Jürgen: „Dein Herz schlägt allerorten". In: Die Welt, 16. 8. 2008.
Stoll, Andrea: „Wer bin ich für Dich, wer nach so vielen Jahren?". In: Frankfurter Allgemeine, 9. 8. 2008.
Torberg, Friedrich: „Importiert österreichische Literatur! Ein kleiner und beschämter Ratgeber für den Weihnachts-Büchertisch". In: Forvm 3 (Dezember 1956), Nr. 36, S. 450–451.
Torberg, Friedrich: „‚Fast das ganze geistige Deutschland...'. Zu den Protestaktionen der bundesdeutschen Intellektuellen". In: Forvm 5 (Mai 1958), Nr. 53, S. 166–167.
Walser, Martin: Erfahrungen beim Verfassen einer Sonntagsrede. In: Friedenspreis des Deutschen Buchhandels 1998. Frankfurt a. M. 1998, S. 7–28.
Weigel, Hans: „Offener Brief in Sachen Unterschrift". In: Forvm 5 (Juni 1958), Nr. 54, S. 218.
Weill, Nicolas: „Deux poètes, après Auschwitz". In: Le Monde, 19. 9. 2008.
Wiedemann, Barbara: Paul Celan – Die Goll-Affäre. Dokumente zu einer „Infamie". Frankfurt a. M. 2000.
Wiedemann, Barbara: Jakobs Stehen. Jüdischer Widerstand in den Gedichten Paul Celans. Warmbronn 2007.
Wiedemann, Barbara: „auch ich schreibe jetzt mit Durchschlag...". Reflektierte Materialität im Briefwechsel zwischen Ingeborg Bachmann und Paul Celan. In: Der Brief – Ereignis & Objekt. Frankfurter Tagung. Hg. von Waltraud Wiethölter und Anne Bohnenkamp. Frankfurt a. M. 2010a, S. 196–215.
Wiedemann, Barbara: „‚bis hierher und nicht weiter'. Ingeborg Bachmann als Lyrikerin im Zeichen Paul Celans". In: Treibhaus 6 (2010b), S. 178–207.
Wiedemann, Barbara: „‚...weil der Anlaß benutzt wurde'. Ilse Aichinger an Paul Celan – ein Brief und ein Entwurf (Edition und Kommentar)". In: Berliner Hefte zur Geschichte des literarischen Lebens 9 (2010c), S. 69–78.
Wiedemann, Barbara: „Welcher Daten eingedenk? Celans *Todesfuge* und der *Izvestija*-Bericht über das Lemberger Ghetto". In: Wirkendes Wort 61 (2011), S. 437–452.
Wiedemann, Barbara: „trugen viele der Leichen seidene Damenunterwäsche". Antisemitische Altlasten der Lektüre im Deutschunterricht. In: Rassismus in Europa nach 1989. Hg. von Gesine Drews-Sylla und Renata Makarska. Bielefeld 2014 (in Druck).
Wiedemann, Barbara: „‚uns Überlebenden'. Günter Grass häutet seine Zwiebel". In: Treibhaus 9 (2013) (in Druck).
„Büchereinlauf". Forvm 1 (Juni 1954), Nr. 6, S. 32.
[N. unb.]: „Der Prozeß". In: Der Spiegel, 12. 4. 1961, Heft 16, S. 20–32.

Marc-Oliver Schuster
„Bestätigung" und „Rechtfertigung"

Celans Briefe mit Bachmann und anderen als Kommentare zum *Gespräch im Gebirg*

1 Blöckers Rezension von *Sprachgitter*

Mit den Worten „die Bestätigung, die sie jüngst erhielt" – die sich auf Celans bekanntestes Stück Kurzprosa beziehen – wendet sich dieser am 19. Oktober 1959 an seinen rheinischen Freund Paul Schallück.[1] Darüber, was hier bestätigt wurde, gibt der erwähnte Prosa-Text, das *Gespräch im Gebirg*,[2] Auskunft, von dem Celan seinem Brief an Schallück ein Typoskript beilegte, das der Adressat seinerseits an Rolf Schroers weiterleitete.[3] Darüber hinaus bekam ihn Schallück schon kurz nach der Fertigstellung von Celan vorgelesen, wie dieser in seinem Brief aus Paris einleitend erwähnt: „Sie erinnern sich doch an die kleine Prosa, die ich Ihnen vorlas, als Sie Anfang September hier waren?"[4]

Diese aufschlussreiche Stelle zum Bestätigungscharakter von Blöckers Rezension verdankt sich der Herausgabe des Briefwechsels, den Celan mit den rheinischen Freunden führte. Die Rezension selbst wurde drei Jahre zuvor, 2008, in der von Badiou, Höller, Stoll und Wiedemann edierten Korrespondenz in der Form abgedruckt,[5] in der Celan diese, nachdem er sie von seiner in Berlin lebenden Bekannten Edith Aron erhalten hatte, als Typoskript-Durchschlag seinem Brief vom 17. Oktober 1959 an Bachmann beilegte (IB/PC 319).

Eine „Bestätigung" also stellte sich durch „eine Besprechung [s]eines letzten Gedichtbandes" ein, die, wie Celan in seinem Brief fortfährt, „nicht von Goebbels, sondern von Günter Blöcker" stammt:

---

[1] Paul Celan, Briefwechsel mit den rheinischen Freunden. Heinrich Böll, Paul Schallück und Rolf Schroers. Hg. von Barbara Wiedemann. Frankfurt a. M. 2011, S. 285.
[2] Siehe zum Forschungsstand den Überblick in: Markus May und Peter Goßens [u.a.] (Hg.), Celan-Handbuch: Leben – Werk – Wirkung. Stuttgart [u.a.] 2012, S. 144–150.
[3] Zur Abfassungszeit des Briefes ist diese Prosa, die im August 1959 entstand und 1960 in der *Neuen Rundschau* erschien, noch ungedruckt.
[4] Celan 2011, S. 285.
[5] Ingeborg Bachmann und Paul Celan, „Herzzeit". Der Briefwechsel. Hg. von Bertrand Badiou, Hans Höller [u.a.]. Frankfurt a. M. 2009, S. 124–125 (Beilage) – Sigel: IB/PC.

> Jetzt ist es auch schon so weit, daß man von der Todesfuge sagen kann, sie sei ein „graphisches Gebilde", in dem „der Klang nicht bis zu dem Punkt entwickelt sei, wo er sinngebende Funktionen übernehmen kann"...^x) (Aber auch Herr Böll nennt mich ja einen „Silbenzähler"...)
> Sehen Sie, Paul Schallück, man kann – heute – ganz gut ein Freund entarteter Literatur (Kafka, Brod...) sein und zugleich, mehr oder minder bewußt, seinen Goebbels herübergerettet haben...
> [...]
> x) was übrigens auch kaum mehr auffällt...⁶

Auch ohne fundiertes Detailwissen zu dieser Passage erkennt man, dass es sich nach Meinung Celans hier um den Ausdruck einer antisemitischen Gesinnung handelt, die er selbst, wie zu sehen sein wird, schon einige Monate zuvor im *Gespräch im Gebirg* zur Sprache brachte. Die umstrittene Besprechung erscheint im Berliner *Tagesspiegel* am 11. Oktober 1959, acht Tage bevor Celan den eingangs zitierten Brief an Schallück abschickt, in dem er neben dem Typoskript auch Blöckers Werkkritik als Beilage mitsendet.

Mit anderen Worten der Bestätigung, in Form von „‚stimmt'" und „ist richtig", schreibt Celan ebenfalls noch in jenem Oktober, und zwar am 19., an den Redakteur der *Neuen Rundschau*, Rudolf Hirsch:

> Hier kommt die kleine Prosa, die ich nach meiner Rückkehr aus der Schweiz schrieb, Anfang August. Der Aufsatz von Blöcker – er könnte auch von Goebbels sein – zeigt, daß sie „stimmt". Auch das Judendeutsch, in dessen Licht auch der Titel steht, ist *richtig*.⁷

Wie sehr Celan seinen Prosatext „im Zusammenhang mit dem Kampf gegen den Antisemitismus sieht", gehe laut Sieber „auch daraus hervor, dass er Rudolf Hirsch im Telegramm vom 31. Dezember 1959 bittet, das Gedicht *Wolfsbohne*, das er ihm am 23. Oktober mit direktem Bezug auf Blöcker geschickt hatte, nicht zu veröffentlichen, da es zu persönlich sei, jedoch ‚WENN MOEGLICH STATT DESSEN GESPRAECH IM GEBIRG'".⁸

In den wenigen nichtbrieflichen Eigenkommentaren Celans zum *Gespräch im Gebirg* finden sich dagegen keine aufschlussreichen Hinweise auf ein künstlerisch

---

6 Celan 2011, S. 285.
7 Paul Celan und Rudolf Hirsch, Briefwechsel. Hg. von Joachim Seng. Frankfurt a. M. 2004, S. 86.
8 Vgl. Mirjam Sieber, Paul Celans *Gespräch im Gebirg*. Erinnerung an eine „versäumte Begegnung". Tübingen 2007, S. 152 u. Celan und Hirsch 2004, S. 96 – Wiedemann vermerkt Hirschs „Widerstände[]" gegenüber dem *Gespräch im Gebirg*, die „bis hin zur Verweigerung, sich den Titel zu merken", führen; Celan 2011, S. 556.

intendiertes Antisemitismus-Thema. Die bekannteste Aussage hierzu liegt mit der im Oktober 1960 gehaltenen Büchner-Preisrede *Der Meridian* vor:

> Und vor einem Jahr, in Erinnerung an eine versäumte Begegnung im Engadin, brachte ich eine kleine Geschichte zu Papier, in der ich einen Menschen ‚wie Lenz' durchs Gebirg gehen ließ.
> Ich hatte mich [...] von einem ‚20. Jänner', von meinem ‚20. Jänner', hergeschrieben.
> Ich bin ... mir selbst begegnet.[9]

Die Forschung hat bereits wertvolle Ergebnisse zur Lyrik nach Auschwitz, zur Identitätsproblematik,[10] zur Fremdheit oder zum Anderen[11] sowie zur Nicht-Begegnung mit Adorno[12] erbracht. Der nachfolgende Versuch, dem *Gespräch im Gebirg* unter anderem Celans Briefwechsel mit Bachmann zur Seite zu stellen, ist zugleich ein Plädoyer, häufiger auf Briefeditionen und Materialsammlungen als Forschungsgrundlage für Werkinterpretationen zurückzugreifen – immer aber in dem Bewusstsein der Gefahr einer biographistischen Verengung.

Gemäß textimmanenter Interpretation handelt es sich beim *Gespräch im Gebirg* letztlich um eine aufklärerisch-diskursive Verteidigungs- und Rechtfertigungsschrift Celans zu seinem dichterischen Schaffen in deutscher Sprache. Die im ersten Teil des Textes gestaltete Erzählsituation entspricht einer antisemitischen Sprechhaltung, die sich in verharmlosender, vieldeutiger Rhetorik artikuliert und auf einer Diskrepanz zwischen vorgeblich und tatsächlich Gesprochenem beruht. Aufgrund der komplexen narrativen Struktur und des hohen Grades an Intertextualität liegt mit dem *Gespräch im Gebirg* einer der faszinierendsten Kurzprosatexte der deutschsprachigen Literatur nach 1945 vor. Wenn Celan in der Büchner-Rede von einer „kleine[n] Geschichte" spricht, so ist diese Zuschreibung nur im Sinn von ‚kurz' plausibel; das Wort „Geschichte" hingegen bezeichnet treffend die darin verkörperte Kombination von *story* und *history*, wobei der letztere Begriff sich auf die deutsche Zeitgeschichte am Ende der 1950er Jahre bezieht.[13]

---

9 Paul Celan, Gesammelte Werke in fünf Bänden. Hg. von Beda Allemann und Stefan Reichert. Band 3: Gedichte III, Prosa, Reden. Hg. von dens. Frankfurt a. M. 1986, S. 201.
10 Siehe u. a. Marcel Krings, Selbstentwürfe: Zur Poetik des Ich bei Valéry, Rilke, Celan und Beckett. Tübingen 2005, S. 190–197.
11 Siehe u. a. Patrice Djoufack, Entortung, hybride Sprache und Identitätsbildung. Zur Erfindung von Sprache und Identität bei Franz Kafka, Elias Canetti und Paul Celan. Göttingen 2010, S. 384–399.
12 Siehe Jean Bollack, Paul Celan. Poetik der Fremdheit. Wien 2000, S. 208–211 u. ausführlich Sieber 2007, S. 141–144 u. S. 169–245.
13 Aus meiner Sicht bekräftigt Celans Briefkommentar meine eigene, vor rund zwei Jahrzehnten begonnene Interpretation: Lyrik als Personalisierungsstrategie zur Überwindung sozialer Iso-

Worin zeigen sich nun signifikante Parallelen zwischen Blöckers Rezension und diesem Stück Celan'scher Kurzprosa? Blöcker schreibt in besagter Besprechung, dass „sich" die Lyrik Celans „ihr verbales Filigran wie Spinnfäden gewissermassen aus den Sprachdrüsen selbst" „entwickelt" (IB/PC 124). Das Motiv des Spinnfadens findet sich bereits in Celans Prosatext und dient dort zur anschaulichen Erläuterung der Frage, warum die beiden jüdischen Figuren nicht imstande sind – hinter ihren Augen hängt ein beweglicher Schleier –, treu und objektbezogen wahrzunehmen:

> [...] kaum tritt ein Bild ein, so bleibts hängen im Geweb, und schon ist ein Faden zur Stelle, der sich da spinnt, sich herumspinnt ums Bild, ein Schleierfaden; spinnt sich ums Bild herum und zeugt ein Kind mit ihm, halb Bild und halb Schleier.[14]

Diese märchenhafte Verfremdung des realistischen Referenzpunktes steht deshalb im Gegensatz zu Blöckers Vorstellung von einer wünschenswerten Lyrik, weil diesem die konkrete Realität als ein Bezugsbereich gilt, dem man verpflichtet sei.[15] Laut Blöckers Rezension aber stehe Celans Lyrik „nur selten einem Objekt gegenüber[]", sie biete keine „reiner empfundene Wirklichkeit", sei unanschaulich, habe „Mangel an" „Sinnlichkeit", arbeite mit von der Wirklichkeit abgetrennten Metaphern und zeige eine „allzu selbstbesessene[] Kombinatorik" (IB/PC 124–125).

Die gegen den *Sprachgitter*-Band gerichteten Vorwürfe lassen sich unter drei allgemeinere Merkmale zusammenfassen: a) spielerisch-artistischer Formalismus, b) egozentrische Subjektivität und c) Verlust an konkreter Wirklichkeit. Blöcker definiert diese Merkmale als für Celans Schaffen charakteristisch. Von entscheidender Bedeutung nun ist die Frage, ob diese Mängelzuschreibungen aus einer antisemitischen Gesinnung resultieren. Einerseits kennt man Charakteristika wie Formalismus, Egozentrik und Wirklichkeitsverlust als antisemitische

---

lation. Versuch einer poetologischen Interpretation von Paul Celans *Gespräch im Gebirg*. Dipl.-Arb. Univ. Salzburg 1994 u. „Dismantling Anti-Semitic Authorship in Paul Celan's *Gespräch im Gebirg*". In: MAL 35 (2002), S. 23–42.

14 Celan 1986, Band 3, S. 170.

15 Vgl. zu Celans Anspruch einer Verbindung von historischer Subjektivität mit sachgerechter Objektivität den Brief an Bachmann vom 7.7.1951: „[...] mein Aug fällt zu, wenn es aufgefordert wird, nichts als ein Auge, nicht aber mein Auge zu sein. Wäre dies anders, ich schriebe keine Gedichte."; IB/PC, S. 25–26. Grundsätzlich ist zu fragen, inwieweit die Ausprägung einer existentiellen Poetologie bei Celan, die sich gegen Ende der 1950er Jahre verstärkte, in Reaktion auf die vorgebrachten Vorwürfe der spielerisch-formalen Weltlosigkeit und Beliebigkeit erfolgte – Siehe hierzu Agis Sideras, Paul Celan und Gottfried Benn: Zwei Poetologien nach 1945. Würzburg 2005.

Stereotype, andererseits kann man über experimentelle Schriftsteller in zeitgenössischen Rezensionen, die DDR-Kritiker schrieben, Ähnliches lesen. Eine antisemitische Sprechintention lässt sich auf der alleinigen Grundlage der von Blöcker gewählten Formulierungen nicht mit Bestimmtheit identifizieren. Erst begleitende kontextuelle Informationen versprechen in dieser Frage eine Klärung. In einem Brief an Celan etwa vom 29. Oktober 1959 betont Blöcker, er könne es nicht hinnehmen, sich „als ‚Antisemiten' interpretieren zu lassen", und weist dabei auch die ihm „unterstellte[] Klischeevorstellung vom ‚jüdischen Intellekt'" zurück.[16] Unglaubwürdig ist hier seine angebliche Ahnungslosigkeit zur Herkunft Celans, seine Erklärung in diesem Schreiben, dass ihm „die Tatsache" der „jüdischen Abstammung überhaupt erst bewusst geworden ist", „als" er „von Ihrer Reaktion erfuhr".[17]

Zum einen die schmerzlichen Erfahrungen, die mit der Goll-Affäre verbunden waren, und zum anderen die nachfolgende Bestätigung der im *Gespräch im Gebirg* beschriebenen Sachlage, durch Blöckers Rezension, erklären, warum Celan „über den Blöcker-Artikel in Wallung" geraten konnte, wie er es zwei Jahre später in einem nicht abgesandten Brief an Max Frisch formuliert: „[...] auch das [die Rezension] gehörte bereits nachweisbar in diesen Kontext [Goll-Affäre] [...]." (IB/PC 174) Auf ähnliche Weise wie Celan las auch Schallück die Rezension, wenn er meint, dass sie,

> und darauf kommt es ja an, wirklich und wahrhaftig mit der Tinte des Goebbels geschrieben wurde, unbewußt vielleicht, meinetwegen; aber das ist keine Entschuldigung. [...] damit hat er [Blöcker] sich aber vor allem als ein personifiziertes Symptom unserer gegenwärtigen Situation in Deutschland entlarvt. [...] Je länger ich jedoch darüber nachdenke, um so weniger mag ich glauben, daß bei Herrn Blöcker von einem unbewußten Vorgang zu sprechen sei. Nein![18]

Worauf es Schallück „an"-„kommt", wie er selbst schreibt, ist die Kontinuität antisemitischer Haltung und Rhetorik, die er im zeitgenössischen Deutschland wahrnimmt.[19]

Mit der literarisch formulierten Kritik liegt bei Celan zwar dieselbe Ausgangslage vor, diese erfährt aber eine zweifache Verschiebung: erstens auf die Diskrepanz zwischen scheinbar politisch-korrekter Rhetorik und damit verbundener antisemitischer Sprechhaltung, die bewusst, unbewusst oder schlichtweg in Gedankenlosigkeit eingenommen wird, sowie zweitens auf eine verharmlosende

---

16 Vgl. Celan 2011, S. 396–397.
17 Vgl. Celan 2011, S. 396.
18 Brief vom 15.11.1959; Celan 2011, S. 287 – Vgl. auch Celan 2011, S. 539.
19 Celan 2011, S. 287.

Grundhaltung gegenüber dieser Diskrepanz. Vermutlich war dieser zweite Punkt mit ein Grund, warum Celan die von Schallück vorgeschlagene weitere Vorgangsweise nicht als gangbar ansah. Laut Wiedemann notierte Celan in sein Tagebuch zu einem Telefongespräch mit Schallück vom 25. Oktober 1959:

> Sinnloserweise bei Schallück angerufen [...] Blöcker: man müßte zuerst sehen, was er sonst noch geschrieben habe. Versuchen, mit ihm öffentlich ins Gespräch zu kommen... Ich hätte, statt an die Zeitung [den *Tagesspiegel*], an B. schreiben sollen. „Lieber Paul Schallück, mit Nazis unterhalte ich mich nicht."[20]

Während auch hier die Beziehung zwischen antisemitischer Sprechweise und verharmlosender Diktion in den Blick genommen wird, die sich als Phänomen des Ressentiments nicht offen zu erkennen gibt, hat Celan im *Gespräch im Gebirg* dieses politisch-moralische Problemfeld noch um eine ästhetische Dimension erweitert. Seinem eher klassisch-linearen Kommunikationsmodell zufolge[21] soll sich die Sprechintention, idealiter humanistisch, mit dem Sprachausdruck decken, womit dann das historisch-schicksalhafte Einmalige zum Ausdruck käme. So plädiert er in seiner „Antwort auf eine Umfrage der Librairie Flinker" von 1958 für Präzision in der Relation zwischen Sprechintention und Gesprochenem, wobei diese die „unabdingbare[] Vielstelligkeit des Ausdrucks"[22] keinesfalls einschränkt. In einer weiteren Stellungnahme zu einer Umfrage von 1961 nennt er Dichtung „das schicksalhaft Einmalige der Sprache" gegenüber „Doppelzüngigkeit" und dem „Zweimalige[n]".[23] Und in einem Brief an Hans Bender vom 18. Mai 1960 charakterisiert er, in Opposition zu unverbindlichem „Herumexperimentieren",[24] Gedichte als „Schicksal mitführende Geschenke".[25]

Wenn Blöcker nun schreibt, dass Celans größere Freiheit gegenüber der deutschen Sprache „an seiner Herkunft" liege und ihn deshalb der „Kommunikationscharakter der Sprache" weniger hemme, so kann man allein aus der Formulierung keine gesicherten Rückschlüsse in Sachen Judenfeindlichkeit ziehen; auf Bachmanns diesbezügliche Reaktion wird noch einzugehen sein. Celan hingegen, von seinem ihm eigenen, biographisch fundierten Standpunkt aus, konnte Blöckers Rezension nur mit Misstrauen begegnen, wie seinem Leserbrief an den *Tagesspiegel* vom 23. Oktober 1959 eindrücklich zu entnehmen ist (IB/

---

20 Celan 2011, S. 618.
21 Vgl. u. a. die Formulierungen Gedicht als „Händedruck", „Schicksal mitführende Geschenke" und „Flaschenpost"; Celan, Band 3, 1986, S. 177, 178 u. 186.
22 Vgl. Celan 1986, Band 3, S. 167.
23 Vgl. Celan 1986, Band 3, S. 175.
24 Vgl. Celan 1986, Band 3, S. 177.
25 Vgl. Celan 1986, Band 3, S. 178.

PC 166–167). Einen Durchschlag davon schickte er an Frisch, der im Antwortschreiben die scharfe Stellungnahme als „Meisterstück sprachlichen Scharfsinns" bezeichnete (IB/PC 171). Diese Formulierung bezieht sich aber auf seine selbstironische, meist wortwörtliche Verwendung von Phrasen aus Blöckers Rezension; es ist dies ein Punkt, auf den Celan selbst die Redaktion des *Tagesspiegels* hinweist:

> Dieser Brief hat also, werden Sie nun, einen Schlusspunkt setzend, sagen, mit der Besprechung nichts zu tun. Auch hier muss ich Ihnen zustimmen: Tatsächlich. Nichts. Nicht das geringste. Ich agiere im Leeren.
> [...]
> P.S. Alles in diesem Brief durch Unterstreichungen Hervorgehobene stammt aus der Feder Ihres Mitarbeiters Blöcker. (IB/PC 167)

Die hierin durch Celans Unterstreichungen teilweise zitierte Passage aus Blöckers Rezension lautet in der transkribierten Vorlage wie folgt:

> Der Kommunikationscharakter der Sprache hemmt und belastet ihn [Celan] weniger als andere. Freilich wird er gerade dadurch oftmals dazu verführt, im Leeren zu agieren. (IB/PC 124–125)

Während sich die ironisch-aggressive Strategie der Verteidigung in Celans Leserbrief sofort zu erkennen gibt, ist die Sprechintention der Rhetorik, die sich im *Gespräch im Gebirg* im judendeutschen Duktus vollzieht, nicht in demselben Ausmaß zugänglich. Ist einem die zeitliche Abfolge im Zusammenspiel zwischen jenem Prosatext und der späteren Rezension nicht bekannt, könnte man die Besprechung aufgrund der offensichtlichen Parallelen leicht für dessen Vorlage halten.

Der nachfolgend angestellte Deutungsversuch impliziert – ungeachtet der oftmals beschworenen Gefahr des Reduktionismus –, dass im *Gespräch im Gebirg* eine Aussage mit Wahrheitswert formuliert wurde, die es interpretativ herauszuarbeiten gilt.

2 Interpretation

Das *Gespräch im Gebirg* ist in erster Linie eine programmatische Abrechnung mit den in der Goll-Affäre vorgebrachten Vorwürfen, denen Celan in Form einer prototypisch gestalteten judenfeindlichen Haltung, die das Merkmal von genuiner

Unkreativität inkludiert,[26] begegnet.[27] Als diskursiver Text hat es eine zweiteilige Grundstruktur aus negativer These und positiver Gegenthese. Die Anfangsthese besteht darin, dass ein auktorialer Erzähler im ersten Teil, anhand der auftretenden Figuren, typisch jüdische Mängeleigenschaften vorbringt. Der Erzähler präsentiert sich als Sprachrohr einer betont deutschen Gemeinschaft, die jegliche kollektive Verantwortung für die Existenz eines jüdischen Mängelcharakters abwehrt.[28]

Im Gegenteil weist der Erzähler auf Gottes Verantwortung für das Jüdische, unter ironischem Bedauern, durch ein mehrdeutiges „lassen" hin: „[...] da Gott ihn [den Juden ‚Groß'] hat einen Juden sein lassen [...]."[29] Bei diesem Vorgehen rechnet der Erzähler mit dem Wissen bzw. Einverständnis des Lesers, wie sich etwa am Gebrauch der Formulierung ‚du weißts' zeigt.[30] Firges, der zwar ebenfalls von „Einverständnis" spricht, widmet sich hingegen dem Verhältnis zwischen dem Erzähler und der Figur namens „Klein", als Teil des Juden-Paares: „man" „könnte" „sagen", „dass die beiden sich in einem maliziösen, augenzwinkernden Einverständnis befinden".[31]

Im zweiten und dritten Teil des Textes wird der negativierende Erzähler zum Objekt einer erzählerisch-konzeptionell formulierten Kritik, die sich später, in außerfiktionaler Form, auch am Rezensenten Blöcker, nämlich in Celans *Tagesspiegel*-Brief entladen sollte.

Im zweiten Teil wird in Dialogform die entfaltete antijüdische Grundthese kritisch überprüft, mit dem Ergebnis, dass sich die Vorwürfe der jüdischen Defizite

---

26 Vgl. zu Claire Goll und ihrer Vorstellung einer unkreativen jüdischen Epigonalität: Barbara Wiedemann, Paul Celan – Die Goll-Affäre. Dokumente zu einer „Infamie". Frankfurt a. M. 2000a, S. 831.
27 Dass die Goll-Affäre eine zentrale Rolle in der Textkonstruktion spielte, war angesichts meiner damaligen Unkenntnis der Einzelheiten dieser Affäre lediglich zu vermuten. Für die Artikelfassung konnte ich die neueren Briefwechsel-Ausgaben gar nicht und Wiedemanns verdienstvolle Dokumentation bloß unzureichend berücksichtigen: Barbara Wiedemann, Das Jahr 1960. In: Paul Celan. Biographie und Interpretation. Hg. von Andrei Corbea-Hoișie. Konstanz [u. a.] 2000b, S. 44–59 u. siehe Wiedemann 2000a.
28 Siehe zu den Ähnlichkeiten dieses Erzählers mit dem von Horkheimer und Adorno beschriebenen Typus des Antisemiten: Barbara Heber-Schärer, Paul Celan. *Gespräch im Gebirg*: Eine Untersuchung zum Problem von Wahrnehmung und Identität in diesem Text Celans. Stuttgart 1994, S. 17–43.
29 Celan 1986, Band 3, S. 169.
30 Für die anfänglich harmlos wirkende und später antisemitische Vereinnahmung des Rezipienten durch den Erzähler findet sich in Lessings Drama *Die Juden* von 1749 ein literarhistorisches Vorbild.
31 Vgl. Jean Firges, Büchner, Lenz, Celan. Der Gang durchs Gebirg. Gespräch im Gebirg. Annweiler am Trifels 2010, S. 36.

entkräften und im Gegenzug der Erzähler selbst auf Mängel hin beschrieben wird. Eine spezielle Variante der Widerlegung stellt die insinuierte artikulatorische Ungeschicklichkeit dar: Geht man davon aus, dass die Figuren-Interaktion nicht bloß als eine stumme erfolgt,[32] sondern als gesprochene, so demonstrieren die beiden Figuren, dass sie tatsächlich Vokale runden können – entgegen der Behauptung des Erzählers, die besagt, dass ihre „Zunge blöd gegen die Zähne stößt und die Lippe sich nicht ründet".[33] Die behauptete artikulatorische „Blödheit", durch einen Erzähler, der gerade an dieser Stelle selbst Umlaute anhäuft („blöd", „stößt", „ründet"), gibt sich insofern als linguistisch fundiertes Stereotyp zu erkennen, als die vorderen gerundeten Vokale ‚ö' und ‚ü' im schriftlichen Jiddisch zwischen dem 15. und frühen 17. Jahrhundert wegfielen, wohingegen die ö/ü-Reihe im Schriftdeutschen überlebte.[34] Vor diesem sprachhistorischen Hintergrund dient das angebliche Artikulationsunvermögen dazu, die Figuren als Außenseiter in der deutschen Sprach- und Kulturgemeinschaft zu klassifizieren.

Der dritte Teil führt die begonnene Re-aktion monologisch fort, in Gestalt eines positiven Gegenentwurfs, der auf dem konkreten Beispiel von Celans poetisch-lyrischem Sprechen beruht.

In den Teilen zwei und drei wird somit eine Gegenthese formuliert, derzufolge die vom Erzähler vollzogene Darstellung eines jüdischen Mängelwesens nicht zutreffend ist. Während im zweiten Teil die Autorenintention besagt, dass man dessen These analytisch-diskursiv zu kritisieren habe, liegt mit dem dritten Teil die performative Ergänzung vor, dass man dies auch in poetisch-lyrischer Sprache tun könne – womit Lyrik nach Auschwitz möglich wird.

Die Betonung der diskursiven Grundstruktur fördert eine Art von horizontalem Lesen, mit dem die Relation von These und Gegenthese in den Blick gerät. Die meisten Gedicht-Interpretationen zu Celan vollziehen dagegen eine vertikale Lesebewegung, eine Art Aufeinanderstapeln von Bedeutungen, angereichert durch Parallelstellen, biographische Informationen, intertextuelle Bezüge bis hin zu etymologischen Sinnaspekten.

---

32 Vgl. Georg-Michael Schulz, „Individuation und Austauschbarkeit. Zu Paul Celans *Gespräch im Gebirg*". In: DVjs 53 (1979), S. 463–477, hier: S. 472.
33 Vgl. Celan 1986, Band 3, S. 170.
34 Vgl. Erika Timm, Der „Knick" in der Entwicklung des Frühneuhochdeutschen aus jiddistischer Sicht. In: Auseinandersetzungen um jiddische Sprache und Literatur. Jüdische Komponenten in der deutschen Literatur – die Assimilationskontroverse. Band 5. Hg. von Walter Röll und Hans-Peter Bayerdörfer. Tübingen 1986, S. 20–27, hier: S. 26 (Kontroversen, alte und neue. Akten des VII. Internationalen Germanisten-Kongresses Göttingen 1985. Hg. von Albrecht Schöne. 11 Bde.).

Eine horizontale Lektüre des *Gespräch im Gebirg* fördert zudem zwei Besonderheiten zutage: Zum Ersten wissen die jüdischen Figuren, die in keinen unmittelbaren Kontakt mit dem Erzähler treten, dass sie vom ihm mehrdeutig-negativ eingeführt wurden. Sie kennen seine Haltung und seine aus ihrer Sicht ‚inhumane' Sprache. Dass diese über ein derartiges Wissen verfügen, wird durch mehrere Stellen in ihrem Dialog nahegelegt, die direkt auf den Erzähler und seine Rede, also den ersten Teil, verweisen: „Der Grün-und-Weiße dort, der mit dem Türkenbund, der mit der Rapunzel"[35] oder „das ist die Sprache, die hier gilt".[36] Zur zweiten Eigenheit ist zu sagen, dass die Erzähler-Rede formal-sprachlich den angeblichen „Gehalt" der Figuren (unproduktive Wiederholungen, Unruhe durch syntaktische Spitzenstellung des Verbs etc.) imitiert; es stellt sich daher die Frage, warum die Figuren diesen befremdlichen Sprachstil, der die vom Erzähler vorgebrachten Mängel formal bestärkt, im ersten Teil übernehmen. Darauf ist zu antworten, dass es im Gesprächsverlauf der Figuren zu kleinen, aber signifikanten Änderungen gegenüber der Erzählerrede kommt, zum Beispiel durch Frontstellung der Personalpronomina, wodurch sich das anfangs negativ verwendete Judendeutsche mit ins Positive kehrt. Vor allem der dritte Teil liest sich als exemplarischer Gegenentwurf eines individuellen poetisch-lyrischen Sprechens, das sich als realistisch-engagiert versteht.

Laut Sieber wird das Jiddische „von Celan, wie das *Krummnasige*, dem Antisemitismus entgegengestellt".[37] Seinen Kommentar zur „Krummnasigkeit" – als „jenes Partikuläre, Persönliche und – lebenslänglich! – Individuelle, das auch aller Poesie eingeschrieben bleibt"[38] – verbindet Celan in einem Brief an Wurm vom 8. Juni 1963 tatsächlich mit einer Feststellung zu zeitgenössischen Varianten des Juden-Hasses: „[...] ‚neu' bzw. aktuell ist nur, daß die ‚Philo-Varianten' – sit venia verbo – grassieren."[39] Der erste Teil des *Gespräch im Gebirg* wird als solch eine Philo-Variante von Antisemitismus, simuliert durch Celan, verstanden.

Im Gegensatz zu Blöckers Rezension werden die drei umrissenen allgemeineren Mängel, bestehend aus Wirklichkeitsverlust, Egozentrik und Formalismus, im ersten Teil variantenreich mit Juden-Klischees wie Naturferne, Getriebenheit à la Ahasver und betrügerischem Verhalten assoziiert. Allerdings lässt sich die negative Bewertung des Figuren-Paares deshalb nicht mit Bestimmtheit dem Erzähler anlasten, da die ideologische Tendenz und damit seine Eigenverantwor-

---

35 Vgl. Celan 1986, Band 3, S. 171.
36 Vgl. Celan 1986, Band 3, S. 170.
37 Vgl. Sieber 2007, S. 151–152 u. S. 155–162.
38 Vgl. Paul Celan und Franz Wurm, Briefwechsel. Hg. von Barbara Wiedemann. Frankfurt a. M. 2003, S. 13.
39 Celan und Wurm 2003, S. 13.

tung, ob einer so assoziations- wie anspielungsreichen Rede, nicht zweifelsfrei festzustellen ist. Das interpretatorische Problem der Identifizierung einer nicht direkt auf der Oberfläche ausgebreiteten Redeintention ist ein Kennzeichen von klassischer rhetorischer Ironie, für deren angemessene Bewertung verlässliche Indizien als Grundbedingung zu akzeptieren sind.

Im ersten Teil konstruierte Celan mit der Erzählerrede eine eindeutig antisemitische Sprechhaltung, die sich mit bzw. hinter einer schwer zu identifizierenden Rede maskiert. Aus Celans Sicht handelt es sich dabei um die Ironisierung einer in mehrfacher Hinsicht antisemitischen Rede; und indem sich der Autor selber in der Figur des Juden Klein darstellt und somit vom Erzähler typisieren lässt, tritt zusätzlich ein selbstironischer Zug hinzu. Konnte Celan in seinem ebenfalls ironischen Leserbrief noch auf vorliegendes Textmaterial aus Blöckers Rezension zurückgreifen, gab es im anderen, zeitlich vorangegangenen Fall keine Hauptvorlage, sondern eine vielfältige antisemitische Tradition, die in ihrem textuellen Einwirken zu einer – wie man mit Celan sagen könnte – „Vielstelligkeit des Ausdrucks"[40] führt und die konzeptuell-präzise Oppositionsstruktur verhüllt.

Dieser Interpretationsgang vermag die Frage nach der Art der „Bestätigung", die das *Gespräch im Gebirg* durch Blöckers Rezension erfährt, plausibel zu beantworten. Eine Bestätigung im engeren Sinn stellt sich aber allein beim ersten Teil des Prosatextes ein, den Celan anhand eines antisemitischen Modells von Autorschaft einerseits und Rede versus Gespräch andererseits konstruierte. Dieses Modell sah er dann zwei Monate später in Blöckers Rezension am Werk: Hinter einer mehrdeutigen, harmlosen und unverfänglichen Rede verbirgt sich eine antisemitische Gesinnung, die gegen Ende der 1950er Jahre mit einer breiten gesellschaftlichen Akzeptanz rechnen konnte. Hiermit aber ist keineswegs die These des ersten Teils selbst bestätigt, sondern die Aussage, die Celan damit trifft: dass Ende der 1950er in Deutschland verstärkt eine philosemitisch-mehrdeutige Rhetorik präsent war und toleriert wurde. Der weiterhin problematische Punkt, der das Verständnis von „Bestätigung" betrifft, liegt in der Bewertung des auktorialen Erzählers und in der Frage, ob sich ihm eine antisemitische Sprechintention eindeutig zuschreiben lässt.

3 Ausgewählte Brief-Bezüge

Im Juli 1959, einen Monat vor Fertigstellung des *Gespräch im Gebirg*, schreibt Celan an Bachmann innerhalb weniger Tage drei Briefe aus Sils-Baselgia im Engadin,

---

[40] Vgl. Celan 1986, Band 3, S. 167.

einem Teil der Schweiz, in dem im selben Monat ein Treffen mit Adorno scheiterte. In diesen Briefen wird dieses Schreibprojekt zwar nicht erwähnt, doch verweisen einige Passagen auf dessen Motive, Bilder und Sinnzusammenhänge.

Im Brief vom 11. Juli 1959 spielt Celan auf eine Briefstelle Nietzsches an: „Ich sitze hier oben – Nietzsche mags mir verzeihen! (Erinnerst Du Dich, daß er alle Antisemiten erschießen lassen wollte? Jetzt kommen sie wohl im Mercedes heraufgefahren...)" (IB/PC 114). Den hier unvollständig zitierten Satz „Ich lasse eben alle Antisemiten erschiessen" schrieb Nietzsche in einem Brief an seinen Freund Franz Overbeck, im Januar des Jahres 1889. Da der mit „Dionysos" gezeichnete Brief schon als Dokument von Nietzsches Wahnsinn gilt, ist dieses Zitat – neben Büchners Lenz – auch als Anspielung auf die Konnotation der jüdischen Figuren im *Gespräch im Gebirg* mit ‚Verrücktheit' zu lesen.[41] Diese Nietzsche-Erwähnung wird Celan noch in einem Tagebuch-Eintrag vom 21. Dezember 1961 vermerken: „Und ich erinnere mich an den [...] geschriebenen Brief an Ingeborg, wo ich die Stelle über alle Antisemiten, die man erschießen sollte, zitiert habe[.]" (IB/PC 313) Im Jahr 1962 schickt Celan an Reinhard Federmann überdies einen Sonderdruck des *Gespräch im Gebirg* mit folgender Widmung: „In Erinnerung an Sils Maria und Friedrich Nietzsche, der – wie Du weißt – alle Antisemiten erschießen lassen wollte [...]."[42] Der abschließende Grußteil des Briefs vom 11. Juli 1959 an Bachmann nennt dann überdies die Pflanzenart Rapunzel:

> Laß es Dir gut gehn, Ingeborg –
> Ich unterschlag Dir den Enzian und bin infolgedessen mit Gold-Pippau und vielen Rapunzeln.
> Dein Paul[43]

Im *Gespräch im Gebirg* gehört die Rapunzel, neben Türkenbund und Prachtnelke, zu den in der Gebirgsszenerie eindrucksvoll blühenden Blumen,[44] die jedoch, so

---

41 Vgl. Friedrich Nietzsche, Sämtliche Briefe. Kritische Studienausgabe in 8 Bänden. Hg. von Giorgio Colli und Mazzino Montinari. Band 8: 8. Januar 1887–Januar 1889. Hg. von dens. München [u.a.] 1986, S. 575 – Celans Nietzsche-Ausgabe enthält Lesespuren, die bereits aus dem August 1952 herrühren; IB/PC, S. 266.
42 Widmung Celans in Sonderdruck für Federmann, zitiert nach Reinhard Federmann, „In memoriam Paul Celan". In: Die Pestsäule 1 (1972), S. 17–21, hier: S. 19 – Siehe zu Celans Auseinandersetzung mit Nietzsche: Elke Günzel, „Die versäumte Begegnung im Engadin. Paul Celans Auseinandersetzung mit Friedrich Nietzsche". In: Nietzscheforschung, Jahrbuch 1995, S. 175–192.
43 Vereinfachte Darstellung des edierten Textes.
44 Ins Mystische reichende Deutungen der insgesamt fünf Pflanzenarten, die im GiG vorkommen, bietet: Krings 2005, S. 182–190.

der Erzähler, von den beiden Figuren nicht als solche wahrgenommen werden können:

> Denn der Jud und die Natur, das ist zweierlei, immer noch, auch heute, auch hier. Da stehn sie also, die Geschwisterkinder, links blüht der Türkenbund, blüht wild, blüht wie nirgends, und rechts, da steht die Rapunzel, und Dianthus superbus, die Prachtnelke, steht nicht weit davon. Aber sie, die Geschwisterkinder, sie haben, Gott sei's geklagt, keine Augen.[45]

Mit dieser Beschreibung, die laut Wiedemann das „Klischee vom naturfernen Juden" evoziert,[46] erweitert sich das Defizit in der äußeren Wahrnehmung zu einem grundsätzlichen Mangel an Wirklichkeits- und Zeitsinn.[47] Durch eine derartige Wahrnehmungsschwäche, die auch, wie vom Erzähler kritisch vermerkt, als Gegenwartsvernachlässigung durch Vergangenheitsfixierung lesbar ist („der Juli ist kein Juli"), wird nicht zuletzt der ästhetische Sinn der Figuren in Mitleidenschaft gezogen.

Aufgrund der vom Erzähler aufgeworfenen These des jüdischen Mängelwesens muss deren Repräsentanten sowohl das Kunstschöne als auch das Naturschöne fremd sein; Letzteres ist dagegen dem Blick der Mercedes-Fahrer, die die Höhen von Sils aufsuchen, zugänglich, von denen Celan im Brief vom 11. Juli 1959 ironisch-angriffig spricht.

Den gerade zitierten Brief an Bachmann schickt ihr Celan neun Tage später, als Beilage im Brief vom 20. Juli, der eine Passage enthält, in der er klärende Gespräche im Zusammenhang mit seinen Zweifeln am Schreiben willkommen heißt: „Mir gehts [...] nicht gut, ich bin [...] wieder ganz zerfallen mit mir und mit allem, was soll das Schreiben – und was soll der, der sich ins Schreiben hineingelebt hat? Und außerdem..." (IB/PC 112) Während Bachmann einmal mehr nicht zur Verfügung steht – „Paul, wir werden einmal reden. Es ist zu schwer jetzt, hab Geduld mit mir" (IB/PC 111, Brief vom 9. Juli 1959) –, bietet ihm das Treffen mit ihrem damaligen Lebensgefährten Max Frisch, das am 19. Juli in Sils-Baseglia, inmitten weiterer Zürcher Bekannter erfolgt, zumindest einen Ansatzpunkt: „[...] das Gespräch war kurz, nur einen Augenblick lang wohl so, wie er und ich es uns erhofft hatten." (IB/PC 112)

---

45 Celan 1986, Band 3, S. 169–170.
46 Vgl. Celan 2011, S. 617.
47 Dies unter zwei Voraussetzungen: erstens, dass sich die Stelle „Armer Türkenbund, arme Rapunzel!" nicht auf die beiden jüdischen Figuren, sondern buchstäblich auf die Blumen bezieht, und zweitens, dass die im selben Absatz einige Zeilen danach angeführte Fortsetzung – „und ihr, ihr armen, ihr steht nicht und blüht nicht, ihr seid nicht vorhanden, und der Juli ist kein Juli" – das Bedauern des Erzählers über seine Vernachlässigung von Rapunzel und Türkenbund ausdrückt; Celan 1986, Band 3, S. 170.

Der dritte und letzte Brief an Bachmann, den er während seines Engadin-Aufenthalts im Sommer 1959 verfasst, berichtet von einem zweiten Treffen mit Frisch: „Vorigen Mittwoch war Max Frisch noch einmal in Sils gewesen [...], es war, glaub ich, ein gutes Gespräch." (IB/PC 114) Celan empfiehlt der Freundin, sie solle einmal „auch nach Alp Grüm, wo's einem aufs deutlichste gezeigt wird, daß diese Erde nicht unbedingt für die Menschen geschaffen wurde" (IB/PC 114). Man vergleiche damit die Beschreibung der Gebirgsszenerie im behandelten Prosatext – deren weißer Teil, jener des Gebirgswassers,

> kommt von den Gletschern, man könnte, aber solls nicht, sagen, das ist die Sprache, die hier gilt [...], eine Sprache, nicht für dich und nicht für mich – denn, frag ich, für wen ist sie denn gedacht, die Erde, nicht für dich, sag ich, ist sie gedacht, und nicht für mich –, eine Sprache, je nun, ohne Ich und ohne Du [...].[48]

Die Analogie der ‚Unmenschlichkeit', die sich zwischen Gebirgsnatur und Sprache auftut, schließt den Erzähler des ersten Teils mit ein: „der mit den Gletschern, der, der sich gefaltet hat, dreimal, und nicht für die Menschen".[49] Dieser ist, so hat es den Anschein, der von den Figuren mit ‚hörst du' benannte Repräsentant jener Sprache, die in dieser unwirtlichen Szenerie gilt. Somit ist das Sprachprodukt des Erzählers, also der erste Teil des *Gespräch im Gebirg*, in eben diesem Sinn ‚unmenschlich'.

Mit diesem defizitären Sprechen, dem ein inhumanes Welt- und Menschenverständnis zugrunde liegt („ohne Ich und ohne Du"), ergibt sich – neben den zwei an Bachmann gesandten Briefen – auch eine Schnittstelle zu solchen Schreiben, die nicht mehr in die engere Entstehungszeit des Prosatextes fallen. Anzuführen ist etwa ein Brief vom 5. November 1957, in dem er Bachmann das lapidare Bekenntnis zukommen ließ: „und außerdem liebe ich Buber" (IB/PC 67). Martin Bubers dialogische Philosophie ist deshalb mitzudenken, weil Celan sowohl im *Gespräch im Gebirg* als auch in seinen Briefen dem von ihm formulierten Gegensatz zwischen (bloßem) ‚Reden' und (wertvollem) ‚Sprechen' bzw. ‚Gespräch' mehrfach Ausdruck verleiht. Und in einer brieflichen Äußerung vom 31. Oktober 1957 zu seinem Gedicht *In Ägypten* teilt er Bachmann mit: „Sooft ichs lese, seh ich Dich in dieses Gedicht treten: Du bist der Lebensgrund, auch deshalb, weil Du die Rechtfertigung meines Sprechens bist und bleibst." (IB/PC 64) Die Versicherung am Ende dieses Briefes, dass er „jetzt wieder sprechen (und schreiben) kann" (IB/PC 65), zeigt auf eine positiv besetzte Verwendung des Wortfeldes ‚sprechen', die über den alltäglichen Wortsinn hinausgeht.

---

[48] Celan 1986, Band 3, S. 170–171.
[49] Vgl. Celan 1986, Band 3, S. 171.

Es gibt weitere Formulierungen und Motive, die interpretative Engführungen zwischen dem *Gespräch im Gebirg* und dem Briefwechsel mit Bachmann erlauben, so etwa Celans Idee von Präzision bzw. Eindeutigkeit, die vor allem auf das Verhältnis zwischen Intention und Ausdruck anwendbar ist, als Gegenkonzept zu *Herz* und *Wort*. Celan zufolge war Bachmann bei ihrer ersten Begegnung noch „beides für mich: das Sinnliche und das Geistige": „Das kann nie auseinandertreten, Ingeborg." (IB/PC 64) Das offenkundig problematische Verhältnis zwischen Gesprochenem und eigentlich Gemeintem ist noch verkompliziert durch die Spannung, die zwischen dem jüdischen Autor Celan und der nicht-jüdischen Leserin Bachmann besteht.

4 Die Rezeption

Angesichts der sozialkritischen Bedeutung des *Gespräch im Gebirg* liegt die Annahme nahe, dass Celan vor allem im Fall seiner philologisch gebildeten nichtjüdischen Freunde an einer angemessenen Rezeption des Textes interessiert war. Laut Wiedemann war das *Gespräch im Gebirg* für Celans „,rheinische[]' Freundschaften auch besonders wichtig":[50]

> Einen Text aber – und auch das ist sprechend, sprechend für Celans Verhältnis zu diesen deutschen Freunden insgesamt –, einen Text verschickt Celan an jeden der drei [Schroers, Schallück, Böll], an Schallück sogar dreifach, einmal als Typoskript und zweimal als Sonderdruck.[51]

Das Autorenkonzept macht aus dem Text eine Art von Verständnistest, bei dem es darauf ankommt, seine misstrauische Sensibilität gegenüber suspekt-antisemitischer Rede anzuerkennen und nicht als Missverständnis, Überempfindlichkeit oder Einbildung abzutun. Neben diesem persönlichen Verhältnis liegt noch ein weiterer Grund für Celans Sorge um eine angemessene Rezeption durch Schroers, Schallück und Böll vor. Celan offeriert mit diesem befremdenden Text letztlich ein Stück realistischer Aufklärungsprosa an „typische[] Vertreter der realistischen, politisch engagierten Erzählprosa".[52]

Den Akt des Verstehens, dessen Gelingen das Erkennen der maskierenden Erzählerrede voraussetzt, könnte folgende Forderung Celans zu vollziehen helfen:

---

[50] Vgl. Celan 2011, S. 444.
[51] Celan 2011, S. 460.
[52] Vgl. Celan 2011, S. 444.

„Lesen Sie! Immerzu nur lesen, das Verständnis kommt von selbst."[53] Wegen des Fehlens zuverlässiger Ironiesignale, und einer somit nur indirekt erschließbaren Sprechintention, stellt sich das Verständnis aber keineswegs von selbst ein – dieses bedarf akzeptabler Anzeichen, seien es (neben der unmittelbaren Textumgebung) intertextuelle Bezüge oder kontextuelle Informationen wie Briefstellen.

Unter der Annahme, dass mit dieser Kurzprosa eine aufklärerische Konzeption sowie eine testähnliche Rezeptionssituation vorliegt, lässt sich festhalten, dass – soweit bekannt – niemand aus dessen Freundes- und Bekanntenkreis der gestellten Aufgabe einer verständnisvollen Lektüre entsprechen konnte – dies, obwohl sich Sieber zufolge gerade bei Celan beobachten lasse, „wie er durch die Briefe die Rezeption von *Gespräch im Gebirg* [...] zu steuern versucht".[54] Dass etwa Schallück auf seinen Brief vom 19. Oktober 1959 „wie viele andere [...] zunächst nicht reagierte", notierte Celan am 23. Oktober desselben Jahres in sein Tagebuch[55] – konkrete Lektürekommentare fehlen aber in der Korrespondenz zwischen den beiden. Den Kontakt zu Günter Grass brach Celan Anfang 1960 ab, „nachdem Grass sich anscheinend abfällig über das ‚Gespräch im Gebirg' geäußert hatte".[56] An Schroers schreibt Celan am 20. Mai 1960: „Erinnerst Du Dich an mein, noch immer nicht ‚angekommenes', ‚Gespräch im Gebirg'?"[57] Ob dieses bei Schroers ‚angekommen' ist, also verständnisvoll rezipiert wurde, bleibt ungeklärt. Schroers berichtet Celan nach Erhalt dieser Prosa: „Mein Gott, Du schreibst das so schlicht und so umwerfend. Das ist alles Rätsel und Lösung, Türkenbund und Rapunzel. Stock und Stein. Und ich muß trotzdem blind sein, denn ich sehe den scheußlichen Blöcker nicht, keinen Sykophanten..."[58] Da sich Schroers in demselben Brief an früherer Stelle über Blöckers Rezension und dessen Antwortbrief an Celan kritisch äußert (wobei Schroers angibt, dass er ohne Celans Hinweis keinen antisemitischen Grundton empfunden hätte), bleibt offen, ob er „den scheußlichen Blöcker" in seiner Rolle als Rezensent und/oder als Erzähler, der diesen präfiguriert, nicht zu sehen vermag.

---

53 Aus einem Brief Celans an Hans Habe, zitiert nach Ulrich Konietzny, „Lesen Sie! Immerzu nur lesen, das Verständnis kommt von selbst". Die Bedeutung von Intention und Rezeption beim Verständnis der Lyrik Paul Celans. Diss. Amsterdam. Utrecht 1987, S. 178.
54 Vgl. Sieber 2007, S. 146.
55 Vgl. Celan 2011, S. 617.
56 Vgl. Brigitta Eisenreich, Celans Kreidestern. Ein Bericht. Mit Briefen und anderen unveröffentlichten Dokumenten. Unter Mitwirkung von Bertrand Badiou. Frankfurt a. M. 2010, S. 184.
57 Celan 2011, S. 189.
58 Celan 2011, S. 155 – Im Original schrieb Schroers „Türkenblut" statt „Türkenbund".

Aber auch Celans jüdische Gesprächspartner zeigen Rezeptionsdefizite. Adorno, immerhin rasch auf die Übersendung des *Gespräch im Gebirg* reagierend, erkennt es als „höchst merkwürdiges und hintergründiges Prosastück" und zeigt sich „außerordentlich beeindruckt",[59] drückt aber ansonsten „eher eine gewisse, wortreich überspielte, Verlegenheit" aus und „geht überhaupt nicht auf die im Stück zentrale und in Celans Begleitbrief noch besonders hervorgehobene Thematik des Judentums ein".[60] Peter Szondi wiederum fiel es, wie er brieflich Rudolf Hirsch mitteilt, „schwer, etwas darüber zu sagen, was übers Persönlichste (mein Judentum und die Erinnerung an die Spaziergänge mit Celan in Sils, die langen Minuten des Schweigens vor der fremden Natur) hinausginge".[61]

Ist der Text bei Bachmann ‚angekommen'? An Bachmann und Schroers schickt Celan zuerst die *Sprachgitter*-Rezension. In Anbetracht der für Celan enttäuschenden Reaktion von Schroers[62] beklagt er sich diesem gegenüber am 30. Oktober 1959 nicht zufällig über fehlendes Verständnis von „Schriftstellern und Dichtern, die ich für Menschen hielt" und die „mit ihrem Worttrödel auf Tagungen fahren, ohne auch nur ein Wort an denjenigen zu verlieren, der sich seinen Glauben an Worte noch nicht ganz ausgeredet hat", wobei er mit letzteren Worten auf Bachmann und ihre Teilnahme an der Tagung der Gruppe 47 auf Schloss Elmau abzielt.[63] Während für Schroers die Rezension von Blöcker „nicht unbedingt böswillig sein muss",[64] schwankt Bachmanns Lesehaltung. Auf Celans briefliche Aufforderung vom Oktober 1959, die beigelegte Rezension zu lesen – „bitte lies sie und sag mir, was Du denkst" (IB/PC 123) –, antwortet sie unschlüssig und ausweichend:

---

59 Vgl. Joachim Seng, „‚Die wahre Flaschenpost'. Zur Beziehung zwischen Theodor W. Adorno und Paul Celan". In: Frankfurter Adorno-Blätter VIII. Hg. von Rolf Tiedemann. München 2003, S. 156, zitiert nach Sieber 2007, S. 162.
60 Vgl. Sieber 2007, S. 163.
61 Vgl. Peter Szondi, Briefe. Hg. von Christoph König und Thomas Sparr. Frankfurt a. M. 1993, S. 97–98, zitiert nach Sieber 2007, S. 165.
62 Vgl. Celans Brief an Schroers vom 25.10.1959; Celan 2011, S. 149–150.
63 Vgl. Celan 2011, S. 153 – In dem am 21.10.1959 entstandenen Gedicht *Wolfsbohne* antwortete Celan auf Blöckers Rezension und äußerte darin wohl auch seinen Unmut, auf seine Briefe keine Antworten erhalten zu haben („Mutter, ich habe / Briefe geschrieben. / Mutter, es kam keine Antwort"); Paul Celan, Gesammelte Werke in sieben Bänden. Hg. von Beda Allemann und Stefan Reichert. Band 7: Die Gedichte aus dem Nachlaß. Hg. von dens. Frankfurt a. M. 2000, S. 46. Laut Wiedemann hatte Celan zur Zeit dieser Niederschrift nur Bachmann und Schallück bereits angeschrieben. Letzterer antwortete zwar mit Verzögerung, „ihn hob Celan dann aber als einen der wenigen Verständnisvollen hervor"; Celan 2011, S. 539.
64 Vgl. Brief vom 20.10.1959; Celan 2011, S. 148.

[...] ob Antisemitismus der Grund ist? – nach Deinem Brief dachte ich es auch, sicher bin ich nicht, frage darum nach seiner Antwort [gemeint ist Blöcker]. – Laß mich noch einmal wo anders anfangen: Paul, ich fürchte oft, daß Du überhaupt nicht wahrnimmst, wie sehr Deine Gedichte bewundert werden [...]. (IB/PC 126)

Hierauf folgt die dringliche Bitte an Bachmann um einen vorläufigen Kontaktabbruch, zumal sein Brief vom 23. Oktober 1959 an ihren Lebensgefährten eine Antwort von Frisch nach sich zog (IB/PC 170–171), die Celan in einem Tagebuch-Eintrag als „Feigheit, Verlogenheit, Infamie" bezeichnet (IB/PC 320).

Celan sprach von Bachmann einmal als „Rechtfertigung [s]eines Sprechens" (IB/PC 64), und falls dieser hohe Stellenwert über den damaligen Moment hinaus für ihn weiterhin Gültigkeit hatte, so war es Bachmann nicht möglich, seiner Erwartung zu entsprechen. Nicht zuletzt die mit ihr geführte Korrespondenz trägt dazu bei, ein besseres Verständnis des *Gespräch im Gebirg* zu befördern, das idealerweise einmal diejenige Rezeptionsstufe erreichen wird, die Celan wohl mit ‚angekommen' bezeichnet hätte.

Literaturverzeichnis

Bachmann, Ingeborg und Paul Celan: Herzzeit. Der Briefwechsel. Hg. von Bertrand Badiou, Hans Höller, Andrea Stoll und Barbara Wiedemann. Frankfurt a. M. 2009.
Bollack, Jean: Paul Celan. Poetik der Fremdheit. Wien 2000, S. 208–211.
Celan, Paul: Gesammelte Werke in fünf Bänden. Hg. von Beda Allemann und Stefan Reichert. Frankfurt a. M. 1986.
Celan, Paul: Gesammelte Werke in sieben Bänden. Hg. von Beda Allemann und Stefan Reichert. Frankfurt a. M. 2000.
Celan, Paul: Briefwechsel mit den rheinischen Freunden. Heinrich Böll, Paul Schallück und Rolf Schroers. Hg. von Barbara Wiedemann. Frankfurt a. M. 2011.
Celan, Paul und Rudolf Hirsch: Briefwechsel. Hg. von Joachim Seng. Frankfurt a. M. 2004.
Celan, Paul und Franz Wurm: Briefwechsel. Hg. von Barbara Wiedemann. Frankfurt a. M. 2003.
Djoufack, Patrice: Entortung, hybride Sprache und Identitätsbildung. Zur Erfindung von Sprache und Identität bei Franz Kafka, Elias Canetti und Paul Celan. Göttingen 2010, S. 384–399.
Eisenreich, Brigitta: Celans Kreidestern. Ein Bericht. Mit Briefen und anderen unveröffentlichten Dokumenten. Unter Mitwirkung von Bertrand Badiou. Frankfurt a. M. 2010.
Federmann, Reinhard: „In memoriam Paul Celan". In: Die Pestsäule 1 (1972), S. 17–21.
Firges, Jean: Büchner, Lenz, Celan. Der Gang durchs Gebirg. Gespräch im Gebirg. Annweiler am Trifels 2010.
Günzel, Elke: „Die versäumte Begegnung im Engadin. Paul Celans Auseinandersetzung mit Friedrich Nietzsche". In: Nietzscheforschung, Jahrbuch 1995, S. 175–192.
Heber-Schärer, Barbara: Paul Celan. *Gespräch im Gebirg*: Eine Untersuchung zum Problem von Wahrnehmung und Identität in diesem Text Celans. Stuttgart 1994, S. 17–43.

Konietzny, Ulrich: „Lesen Sie! Immerzu nur lesen, das Verständnis kommt von selbst". Die Bedeutung von Intention und Rezeption beim Verständnis der Lyrik Paul Celans. Diss. Amsterdam. Utrecht 1987.

Krings, Marcel: Selbstentwürfe: Zur Poetik des Ich bei Valéry, Rilke, Celan und Beckett. Tübingen 2005, S. 190–197.

May, Markus, Peter Goßens und Jürgen Lehmann (Hg.): Celan-Handbuch: Leben – Werk – Wirkung. Stuttgart 2012, S. 144–150.

Nietzsche, Friedrich: Sämtliche Briefe. Kritische Studienausgabe in 8 Bänden. Hg. von Giorgio Colli und Mazzino Montinari. München [u.a.] 1986.

Schulz, Georg-Michael: „Individuation und Austauschbarkeit. Zu Paul Celans *Gespräch im Gebirg*". In: DVjs 53 (1979), S. 463–477.

Schuster, Marc-Oliver: Lyrik als Personalisierungsstrategie zur Überwindung sozialer Isolation. Versuch einer poetologischen Interpretation von Paul Celans *Gespräch im Gebirg*. Dipl.-Arb. Univ. Salzburg 1994.

Schuster, Marc-Oliver: Dismantling Anti-Semitic Authorship in Paul Celan's *Gespräch im Gebirg*". In: MAL 35 (2002), S. 23–42.

Sideras, Agis: Paul Celan und Gottfried Benn: Zwei Poetologien nach 1945. Würzburg 2005.

Sieber, Mirjam: Paul Celans *Gespräch im Gebirg*. Erinnerung an eine „versäumte Begegnung". Tübingen 2007.

Timm, Erika: Der „Knick" in der Entwicklung des Frühneuhochdeutschen aus jiddistischer Sicht. In: Auseinandersetzungen um jiddische Sprache und Literatur. Jüdische Komponenten in der deutschen Literatur – die Assimilationskontroverse. Band 5. Hg. von Walter Röll und Hans-Peter Bayerdörfer. Tübingen 1986, S. 20–27 (Kontroversen, alte und neue. Akten des VII. Internationalen Germanisten-Kongresses Göttingen 1985. Hg. von Albrecht Schöne. 11 Bde.).

Wiedemann, Barbara: Paul Celan – Die Goll-Affäre. Dokumente zu einer „Infamie". Frankfurt a. M. 2000a.

Wiedemann, Barbara: Das Jahr 1960. In: Paul Celan. Biographie und Interpretation. Hg. von Andrei Corbea-Hoişie. Konstanz [u.a.] 2000b, S. 44–59.

Teil 2: **Überlegungen zu poetologischen Kategorien**

Linda Maeding
Gespräch und Schweigen

Zum Ort der Dichtung im Briefwechsel

> *Wieviele sind es wohl, die mit dem Wort zu schweigen wissen, bei ihm bleiben, wenn es im Intervall steht, in seinen ‚Höfen', in seiner – schlüsselfernen – Offenheit [...].*
> Celan an Werner Weber (26. März 1960)

1 Das rettende Gespräch

In einem Essay über Wittgenstein zitiert die promovierte Philosophin Ingeborg Bachmann das berühmte Ende des *Tractatus*, demzufolge „man" „darüber" „schweigen" müsse, „[w]ovon man nicht sprechen kann".[1] Bezogen sei dies auf eine Wirklichkeit, von der wir uns kein Bild machen könnten und dürften – außer, so erklärt sie suggestiv, Wittgenstein „folgerte auch", „daß wir mit unserer Sprache verspielt haben, weil sie kein Wort enthält, auf das es ankommt".[2]

‚Ein Wort, auf das es ankommt' – Bachmann und Celan waren, als Dichter wie als Briefpartner, auf der Suche nach diesem symbolischen Wort, das für eine wahr sprechende Sprache steht. Obwohl diese Suchbewegung zwischen zwei Polen oszilliert: dem Sprechen und dem Schweigen, handelt es sich nicht notwendig um ein Gegensatzpaar. Denn als Topos moderner Lyrik wird das Schweigen auch mit den Gedichten, die den Briefwechsel begleiten, aufgerufen – als besondere Form des dichterischen Sprechens.[3] Diese Sonderform des ‚Sprechens' impliziert ein Sich-dem-Anderen-Zuwenden, den Versuch einer Begegnung, mit dem Ergebnis, dass dem Wort eine emphatische Bedeutung zukommt.[4] Beide Dichter entwerfen

---

1 Vgl. Ingeborg Bachmann, Werke. Hg. von Christine Koschel, Inge von Weidenbaum [u.a.]. 4 Bde. Band 4: Essays, Reden, Vermischte Schriften. Hg. von dens. München [u.a.] 1983, S. 23.
2 Vgl. Bachmann 1983, Band 4, S. 23.
3 Celan bevorzugte den Begriff des Dichterischen gegenüber dem der Lyrik; Ingeborg Bachmann und Paul Celan, „Herzzeit". Der Briefwechsel. Mit den Briefwechseln zwischen Paul Celan und Max Frisch sowie zwischen Ingeborg Bachmann und Gisèle Celan-Lestrange. Hg. von Bertrand Badiou, Hans Höller [u.a.]. Frankfurt a. M. 2008, S. 319 – Sigel: H.
4 Vgl. zur Unterscheidung von ‚reden' und ‚sprechen' bei Celan: *Gespräch im Gebirg*. In: Gedichte III, Prosa, Reden. Band 3. Hg. von Beda Allemann und Stefan Reichert. Frankfurt a. M. 1983, S. 169–173, hier: S. 171 (Gesammelte Werke in fünf Bänden. Hg. von dens.). Vgl. auch Marek Ostrowski, Die Poetik des Schweigens in der Lyrik Paul Celans. In: „...wortlos der Sprache

in ihren poetologischen Äußerungen das Gedicht bekanntermaßen als Ort und Ausdruck eines Gesprächs – so der u-topische Fluchtpunkt der Überlegungen, die Celan im *Meridian* darlegt und Bachmann in *Das Gedicht an den Leser* definiert bzw. sogleich auch zu vollziehen sucht. Somit verbindet sich die Hinwendung an ein Gegenüber mit der Reflexion über das ‚wahre' Wort.

Dass der dichterische Aspekt einen wesentlichen Teil des Briefwechsels einnimmt, ist offenkundig. Bezeichnenderweise setzt die Korrespondenz mit dem programmatischen Gedicht *In Ägypten* ein. Ohne der Gefahr zu erliegen, die Dichtung allein einer biographischen oder gar biographistischen Interpretation zu unterziehen, lässt sich festhalten, dass Schlüsselmomente des Briefwechsels aufseiten Celans lyrisch thematisiert werden. Dies gilt für den Beginn der Liebesbeziehung im Wien des Jahres 1948 sowie für ihre Wiederaufnahme, knappe zehn Jahre später. Dort, wo die außerliterarische Begegnung am intensivsten verläuft, spricht das Gedicht.

Worin besteht, zunächst formal besehen, der ‚dichterische Dialog' zwischen beiden? Im Fall Celans umfasst dieser acht Gedichte, die er zwischen 1948 und 1959 unter dem Eindruck seiner Begegnungen mit Bachmann verfasst, sowie Gedichte, die er ihr nachträglich zueignet (aus dem Band *Mohn und Gedächtnis*). Bei Bachmann dagegen wird ein derartiger Dialog vor allem dadurch sichtbar, dass sie Zitate aus Celans Gedichten in ihre Briefe einflicht, um diese jenseits des ursprünglichen (Gedicht-)Kontexts mit neuer Bedeutung zu füllen (H 39); auch lässt sie den Briefpartner an ihrer Lektüre der Gedichte teilhaben (H 11). Außerhalb des Briefwechsels führt Bachmann den Dialog – wie umfassend untersucht wurde – produktiv weiter, indem sie Zitate und Motive Celans in Lyrik und Prosa, vor allem aber in *Malina*, intertextuell verarbeitet und sich auch auf poetologischer Ebene mit dem Werk des Freundes auseinandersetzt.[5]

In dem ‚dichterischen Gespräch', das sich innerhalb des Briefwechsels vollzieht, kommt Bachmann in erster Linie die Rolle der klugen Leserin zu, die die ihr vorgelegten Gedichte rezipiert und kommentiert. Sie ist der Überzeugung, eine besonders ‚gute' Leserin von Celans Gedichten zu sein: „Ich kann sie besser lesen als die andern, weil ich Dir darin begegne […]." (H 10) Damit erfasst sie einen zentralen Aspekt in der Poetologie Celans, nämlich die zugrunde liegende Absicht, Begegnung zu ermöglichen. Als Bachmann im Dezember 1951 auf den Vorwurf Celans reagiert, sie habe keine Beziehung zu seinen Gedichten, äußert sie sich so: „Ich bitte Dich sehr, diesen Gedanken aufzugeben […]. Ich lebe und atme

---

mächtig". Schweigen und Sprechen in der Literatur und sprachlicher Kommunikation. Hg. von Hartmut Eggert und Janusz Golec. Stuttgart [u.a.] 1999, S. 178–179.
5 Vgl. folgende Aufschlüsselung von Celan-Zitaten in Bachmanns Werk: Sigrid Weigel, Ingeborg Bachmann. Hinterlassenschaften unter Wahrung des Briefgeheimnisses. Wien 1999, S. 420–424.

manchmal nur durch sie." (H 39) Damit nimmt sie das Diktum aus seiner Bremer Literaturpreisrede (1958) vorweg, das besagt, dass das Gedicht wie eine Flaschenpost darauf wartet, gelesen bzw. gehört zu werden,[6] und gesteht der Lyrik gar die existenzielle Bedeutung einer „Atemwende" zu.[7] Celan dagegen kommentiert, selbst nach der Wiederaufnahme der Liebesbeziehung im Oktober 1957, ihre literarische Produktion kaum.

Betrachtet man allein den Briefwechsel, stellt sich die Frage, ob es angesichts des erwähnten Ungleichgewichts angebracht ist, ein ‚dichterisches Gespräch' anzusetzen – dies wird im Folgenden zu klären sein.

Die nach dem Wuppertaler Wiedersehen von 1957 verfassten Gedichte, in denen sich der Briefwechsel maßgeblich profiliert, werden von der Überzeugung getragen, dass der Vollzug eines solchen ‚dichterischen' Dialogs unausweichlich sei. Es sind Gedichte, deren Wirklichkeit erst in der Interaktion mit ihren Adressaten entsteht – Gedichte, die nach dem Ereignis der Begegnung selbst zum Ereignis werden, die nicht fixieren, sondern eine noch offene Entwicklung reflektieren.

Ein Brief an Max Frisch vom 29. Mai 1960 verdeutlicht die zentrale Bedeutung, die dem Motiv des ‚Unausgesprochenen' zukommt. Celan, der sich für ein klärendes Gespräch bedankt, schreibt kritisch: „Vieles, ich weiß, wollte nicht ins Wort, ließ sich nicht greifen." (H 172) Das sei aber vielleicht ein „Gewinn":

> [...] das so scharfe Hervortreten der Konturen, das wir dem Psychologischen [...] verdanken, hat, glaube ich, seine Kehrseite –: die Entfernungen, die Räume, das In-der-Zeit-Stehen der Dinge, das alles wird dabei aufgehoben. (In unserm Gespräch blieb es unaufgehoben.) (H 172)

Die zitierte Briefstelle über das „In-der-Zeit-Stehen der Dinge"[8] korrespondiert mit Celans viel zitierter Aussage, er schreibe aus dem „besonderen Neigungswinkel seiner Existenz",[9] und generell mit dem Selbstbild eines Dichters, der „mit seinem Dasein zur Sprache geht".[10] Auf diesem Weg vom „Dasein" zum Gedicht darf das Unausgesprochene (und vielleicht Unaussprechbare) nicht einem Hindernis gleich behandelt werden, sondern es muss bei Autor wie Leser Aufnahme finden. Bachmann greift diese Überzeugung in ihrer zweiten Frankfurter Vorlesung auf,

---

6 Vgl. Celan 1983, Band 3, S. 186.
7 Vgl. Celan 1983, Band 3, S. 195.
8 Celan hierzu: „[Das Gedicht] ist Gestalt gewordene Sprache eines Einzelnen, es hat Gegenständlichkeit, Gegenständigkeit, Gegenwärtigkeit, Präsenz. Es steht in die Zeit hinein."; Paul Celan, Die Dichtung Ossip Mandelstamms. In: Ossip Mandelstam. Im Luftgrab. Ein Lesebuch. Hg. von Ralph Dutli. Zürich 1988, S. 69–81, S. 71.
9 Vgl. Celan 1983, Band 3, S. 168 – Vgl. auch Celan 1983, Band 3, S. 197.
10 Vgl. Celan 1983, Band 3, S. 186.

indem sie, aus Celans *Sprachgitter*-Band zitierend, erklärt, dass das Schreiben, das unter dem ‚Neigungswinkel der Existenz' steht, dem Dichter „eine[] äußerst harte[] Überprüfung der Bezüge von Wort und Welt" ermöglicht und zu neuen Definitionen der Wirklichkeitsbezüge von Sprache führt.[11]

Für andere poetologische Ansätze der Moderne ist ein Merkmal ‚gelungener' Dichtung gerade die Aufhebung von Wirklichkeitsbezügen – dies gilt allerdings nicht für eine Dichtung nach der Shoah, nicht für Celan. Bei diesem wird das dichterische Gespräch als u-topische Form „angereichert"' durch Wirklichkeit;[12] es erinnert an Wirklichkeit und eignet sich diese selbst an. Celan steht hier in den Antipoden eines Gottfried Benn, der ebenfalls vom ‚absoluten Gedicht' spricht. Aber während es für den jüdischen Dichter „mit jedem wirklichen Gedicht [...] diesen unerhörten Anspruch" gibt,[13] ohne dass dieser sich in ihm verwirklichen könnte, existiert für Benn das absolute Gedicht als monologisches, als „das Gedicht ohne Glauben, das Gedicht ohne Hoffnung, das Gedicht an niemanden gerichtet, ein Gedicht aus Worten" – „gerichtet an das Nichts".[14]

Die gewichtige Bedeutung, die das Gespräch bzw. Sprechen bei Celan erhält, kann durch die *Meridian*-Rede und die Bremer Rede belegt werden[15] – anhand des Briefwechsels ist sie auch bei Bachmann auszumachen. In ihrem Brief vom Juli 1951 an Celan gelangt die Hoffnung zum Ausdruck, „dass wir damit in ein Gespräch gekommen sind" (H 28). Und sieben Jahre später, in einem Brief vom Oktober 1958, bittet sie ihr Gegenüber: „[...] sag mir ein Wort!" (H 95) Demgemäß besagt ein späteres Bekenntnis, das Celan nach einer von Missverständnissen geprägten Zeit ablegt: „Ich glaube an Gespräche [...]." (H 152)

Das Gespräch – insbesondere das ‚dichterische Gespräch' (man denke an Celans ‚Flaschenpost') – ist aber nicht auf das in der Regel zeitnahe Hin und Her von Briefen angewiesen, um sich selbst aufrechtzuerhalten. In der Tat offenbart

---

11 Vgl. Bachmann 1983, Band 4, S. 216.
12 Vgl. Celan 1983, Band 3, S. 186.
13 Vgl. Celan 1983, Band 3, S. 199.
14 Vgl. Gottfried Benn, Soll die Dichtung das Leben bessern? In: Essays, Reden, Vorträge. Band 1. Hg. von Dieter Wellershoff. Wiesbaden 1977, S. 583–593, hier: S. 592 (Gesammelte Werke in vier Bänden. Hg. von dems.).
15 Die das Dialogische betreffenden Stellen aus dem *Meridian* zählen zu den meist analysierten, sodass hier nicht näher auf sie eingegangen werden muss: „Aber das Gedicht spricht ja! Es bleibt seiner Daten eingedenk, aber – es spricht."; Celan 1983, Band 3, S. 196. Die zitierte Aussage über das sprechende Gedicht wird durch Celan noch ausdifferenziert: Das Gedicht sei trotz seiner Adressierung an einen Anderen einsam, zugleich aber unterwegs, im „Geheimnis der Begegnung"; Celan 1983, Band 3, S. 198. Beachtenswert ist auch Bachmanns Rede „Die Wahrheit ist dem Menschen zumutbar": „Der Schriftsteller – und das ist auch in seiner Natur – ist mit seinem ganzen Wesen auf ein Du gerichtet [...]."; Bachmann 1983, Band 4, S. 275–276.

Bachmanns Werk, an zahlreichen Stellen, die poetologische Praxis eines sich in der Zeit ausdehnenden und Pausen überbrückenden Sprechens. Somit zählen auch intertextuelle Verweise im eigenen Schreiben dazu, die jenseits der Chronologie des Briefwechsels anzutreffen sind. Nicht verwunderlich ist es, dass Bachmann in der zweiten Frankfurter Vorlesung auf die kurz zuvor gehaltene Bremer Rede verweist und damit die dialogische Bewegung der Sprache unterstreicht, die Celan in ihr dargelegt hatte.[16]

2 Schweigen versus Sprechen

Im August 1949 spricht Celan in einem Brief an Bachmann von einem „furchtbare[n] Schweigen", in das er gefallen ist, und von einem damit verbundenen, ihm auferlegten Dunkel (H 13). So wird ersichtlich, dass es sein Verhältnis zur Geschichte, namentlich zur Geschichte der Shoah ist, das in die Rede von der starken „Neigung zum Verstummen" des Gedichts mündet.[17] Nicht nur bei Celan, auch bei Bachmann handelt es sich um eine stets fragile, gefährdete Wahrheit – um eine Wahrheit nach dem Bruch, wie Adorno in seiner *Ästhetischen Theorie* reflektierte. Wenn Bachmann im Gedicht *Was wahr ist* (1956) erklärt, dass dasjenige, „was wahr ist", „den Stein von deinem Grab" „rückt",[18] setzt sie – gegen ihre Zweifel – einen Wahrheitsbegriff ins Bild, der auf dem Erfahrungsraum der Zeitgeschichte beruht. In der Rede „Die Wahrheit ist dem Menschen zumutbar", in der Bachmann den Wahrheitsbegriff in die Obhut des Schriftstellers legt, wird sie präziser: „So kann es auch nicht die Aufgabe des Schriftstellers sein, den Schmerz zu leugnen, seine Spuren zu verwischen, über ihn hinwegzutäuschen. Er muß ihn, im Gegenteil, wahrhaben und noch einmal, damit wir sehen können, wahrmachen."[19] Zwei Schritte sind dem Dichter aufgetragen: die Anerkennung des Schmerzes (das Wahrhaben) und dessen ästhetische Verwirklichung im Gedicht (das Wahrmachen), die ihn uns auch jenseits des Ausgesprochenen erfassen lässt.

Die tiefgründige Funktion des Schweigens macht die Korrespondenz zu einem Spiegel der Poetologie Celans und auch – wenngleich weniger offensichtlich – jener von Bachmann. Laut Liska gewinnt der Briefwechsel dort an Bedeutung, „wo er selbst die Frage nach ihrer Exemplarität als ‚Dichter nach Auschwitz' anspricht": „An diesen Stellen verschmilzt die persönliche Beziehung zwischen

---

16 Vgl. Monika Albrecht und Dirk Göttsche (Hg.), Bachmann-Handbuch. Leben – Werk – Wirkung. Stuttgart [u.a.] 2002, S. 215.
17 Vgl. Celan 1983, Band 3, S. 197.
18 Vgl. Bachmann 1983, Band 1, S. 118.
19 Bachmann 1983, Band 4, S. 275.

Bachmann und Celan nicht nur mit dem historischen Moment, an dem sie stattfand, sondern auch mit der Matrix ihrer Dichtung."[20]

Jenseits der zeitgeschichtlichen Dimension des Schweigens gibt es weitere Spielformen, die in den Fällen einen Verzicht auf Dichtung implizieren, in denen die Suche nach dem rechten Wort erfolglos bleibt: In diesem Sinn kündigt Celan in einem Brief vom September 1959 an, er müsse wohl „durch ein längeres Stummsein" (H 122). Bei Bachmann dagegen lässt sich keine künstlerisch-produktiv gewichtete Stellungnahme ausmachen, sondern eine philosophisch bestimmte – nämlich in ihrer Würdigung von Wittgensteins *Tractatus*, den sie als den absurden „Versuch die Philosophie schweigend zu vollziehen" definiert: als Ausdruck des „Denkbare[n], das das Undenkbare von innen begrenzt und so auf das Unsagbare deutet".[21] Und indem die Dichterin, die in ihrer ersten Frankfurter Vorlesung den Chandos-Brief zitiert, Gedichte als „nicht genießbar, aber erkenntnishaltig" bezeichnet, „als müßten sie in einer Zeit äußerster Sprachnot aus äußerster Kontaktlosigkeit etwas leisten, um die Not abzutragen",[22] bezieht sie sich wiederholt auf den Sinnkomplex des Schweigens – in folgender Passage zudem ganz explizit:

> Die Literatur hinter uns, was ist denn das: von Herzwänden geschnittene Worte und tragisches Schweigen, und Brachfelder von zerredeten Worten und Tümpel von stinkendem, feigem Schweigen, immer ist alles beteiligt gewesen, Sprache und Schweigen, und von zweierlei Art. Und immer winkt und verlockt beides, unser Anteil am Irrtum, der ist ja gesichert, aber unser Anteil an einer neuen Wahrheit, wo beginnt der?[23]

Während hierin – bei Bachmann – das Schweigen tendenziell negativ konnotiert ist, nimmt es im Briefwechsel – und insbesondere in den darin integrierten Gedichten Celans – eine ebnende, Begegnungen ermöglichende Funktion ein. Das ist ein Schweigen, das auch das Dichten letztlich erst ermöglicht, weil es den Autor vorübergehend von der Notwendigkeit entbindet, das „*Geheimnis der Begegnung*" zu artikulieren,[24] weil es diesem Geheimnis im Stillen den Raum lässt, sich zu ereignen.[25] Deshalb darf der Vorgang des Schweigens auch nicht auf eine se-

---

20 Vivian Liska, Zweierlei Fremde. Der Briefwechsel zwischen Ingeborg Bachmann und Paul Celan. In: Fremde Gemeinschaft. Deutsch-jüdische Literatur der Moderne. Göttingen 2011, S. 223–230, hier: S. 223.
21 Vgl. Bachmann 1983, Band 4, S. 12–13.
22 Vgl. Bachmann 1983, Band 4, S. 215.
23 Bachmann 1983, Band 4, S. 209.
24 Vgl. Celan 1983, Band 3, S. 198.
25 Dass es nicht Aufgabe der Dichtung ist, der Begegnung Ausdruck zu verleihen, sondern sich diese im Gedicht von sich aus ereignet, wird erläutert in: Weigel 1999, S. 410.

mantisch bedeutsame Leerstelle reduziert werden, sondern dieser ist um die Signifikanz der „Atem-Pause", eines „Intervall[s] zwischen Stimmlosem und Stimmhaftem", zu erweitern.[26]

Im Schweigen Celans, das graphisch durch eine ökonomische Verwendung von Wörtern auf einer Seite mit großen leeren Flächen realisiert wird, oder durch einzelne Silben, Zitate und Zitatfragmente, durch eine gepunktete Linie oder auch nur durch einen Gedankenstrich, in jenem Schweigen also wandeln sich die verbleibenden Wörter zu Chiffren, zu „Erkennungszeichen einer nicht-erzählbaren oder ‚verschwiegenen Erinnerung'",[27] die der Darstellung dennoch eingeschrieben ist. Mit Bachmann aber vollzieht sich eine philosophische Akzentuierung, die das Schweigen dem Zugriff durch das philosophische Denken entzieht: Wöhrle spricht im Rückgriff auf ihre Wittgenstein-Rezeption von einer „Selbstbegrenzung des eigenen Sprechens [...], die sich insbesondere gegen jegliche Metaphysik richtet".[28] Es gebe für Bachmann Bereiche, die dem wissenschaftlich-philosophischen Sprechen nicht zugänglich seien. Zwar drängten auch die „Grunderlebnisse" menschlicher Existenz auf Ausdruck, doch diese seien „nicht rationalisierbar" und müssten gegen sprachliche „Vergegenständlichung" geschützt werden in der Dichtung.[29] Es handelt sich insgesamt also um kein ‚leeres' Schweigen, auch nicht um eine Metapher für Leere.

Das Schweigen im Gespräch der beiden ist Repräsentanz für etwas Anderes, Abwesendes. Gerade dort, wo im Gedicht geschwiegen wird, zieht das Gedicht – als geformte Sprache – Aufmerksamkeit auf sich. Das Abwesende, auf das es verweist, kann das vom Dichter imaginierte, aber nicht genannte Gegenüber des Gedichts sein, oder eine nicht greifbare, in keine narrative Struktur fassbare Erinnerung. Dort, wo das Schweigen auf die Schwierigkeit verweist, nach Auschwitz Gedichte zu schreiben, ist das Totengedächtnis als Möglichkeit inbegriffen. So kann durch das Schweigen auch eine poetologische Stellungnahme erfolgen. Als solche fungiert es, in wechselnder Gestalt, im Gedichtband *Sprachgitter*, in den die

---

[26] Vgl. Jürgen Lehmann (Hg.), Kommentar zu Paul Celans *Sprachgitter*. Heidelberg 2005, S. 44.
[27] Vgl. Sigrid Weigel, „Sie sagten sich Helles und Dunkles". Ingeborg Bachmanns literarischer Dialog mit Paul Celan. In: Ingeborg Bachmann (= Text + Kritik; Heft 6). Hg. von Heinz L. Arnold. 5. Aufl. München 1995, S. 124–135, hier: S. 124.
[28] Vgl. Peter Wöhrle, Sprechen, Staunen, Schweigen. Ingeborg Bachmann und Max Frisch im Vergleich. Diss. Düsseldorf 2010. Würzburg 2011, S. 298.
[29] Wöhrle 2011, S. 299 – Di Cesare hebt dagegen die Gemeinsamkeit der Sprache von Philosophie und Dichtung hervor, die im Übrigen bereits Gadamer in seinem gleichnamigen Aufsatz *Philosophie und Dichtung* beschreibt: Beide stünden abseits von der Alltagssprache; Donatella Di Cesare, Utopia of Understanding: Between Babel and Auschwitz. Albany, NY 2012, S. 126. Vgl. hierzu Ingeborg Bachmann, Die kritische Aufnahme der Existenzialphilosophie Martin Heideggers (Dissertation Wien 1949). Hg. von Robert Pichl. München [u.a.] 1985, S. 129.

Gedichte des Briefwechsels eingingen.[30] Bachmanns dichterisches Stummsein im Briefwechsel mit Celan lässt sich ebenfalls in diesem Sinn interpretieren.

Zu berücksichtigen gilt, dass Bachmann weder mit Gedichten auf Celans Briefe und Gedichte geantwortet, noch selbst so ein Gespräch initiiert hatte. Wenn man dennoch von einem ‚dichterischen Dialog' sprechen darf, dann in erster Linie deshalb – neben dem Umstand, dass Bachmann immerhin als *Leserin* auf Celans Gedichte antwortet –, weil ihr dichterisches Schweigen, das Verstummen ihrer Dichterstimme, ein Teil dieses Gesprächs ist. Denkbar ist, dass es sich hierbei um ein poetologisch begründetes Schweigen handelt, das zwar Zitate des geliebten Freundes aufzunehmen und abzuwandeln vermag, das angesichts des „Geheimnis[ses] der Begegnung" aber nicht imstande ist, selbst sprechend zu werden. Diesem Ansatz entspräche Weigels Deutung von *Malina* als „imaginäre[] Autobiographie", als „Erinnerungsschrift jenseits von Gedenkritualen und Denk-Malen".[31] Bekanntlich nimmt Bachmann in die Legende der Prinzessin von Kagran Zitate aus jenen Gedichten auf, die Celan ihr in *Mohn und Gedächtnis* (1952) handschriftlich widmete. Fremdzitate ließen sich hier als eine Spielart des Schweigens interpretieren, insofern sie das Stummsein der Autorin, die keine eigenen Wörter nutzt, noch herausstellten. Es handelte sich nicht um ein verlegenes Schweigen, sondern um eines poetologischer Art, bei dem die Zitate als Platzhalter einer anders nicht (mehr) artikulierbaren Erinnerung fungierten.

Der Grund dafür, dass bei Bachmann die Dichtung zu keinem Medium des Brief-Gesprächs wird, bleibt nur zu vermuten. Die Antwort auf Celans Poetologie, die sie in der Erzählung *Undine geht*, paradigmatisch aber in *Das Gedicht an den Leser* gibt, zeigt in jedem Fall eine auffällige Kehrtwende, hin zur nichtlyrischen Sprache, wenn auch unter Beibehaltung poetologischer Prinzipien, die sie weiterhin mit Celan teilt.[32] Weigel beschrieb die genannten Texte daher auch als

---

30 Lehmann zum „Bild des Sprachgitters": „Die sich [...] manifestierenden Relationen stimmlos-stimmhaft, nicht hörbar-hörbar, unsichtbar-sichtbar werden im Gedichtband sprachlich und strukturell in vielschichtiger Weise realisiert."; Lehmann 2005, S. 40.
31 Vgl. Weigel 1995, S. 126 – Vgl. auch Weigel 1999, v. a. S. 416.
32 Die Frage, wie sich die poetologischen Prinzipien Celans und Bachmanns zueinander verhalten, ist unterschiedlich diskutiert worden. Während in diesem Aufsatz hinsichtlich der Bedeutung von Gespräch und Schweigen von einer Übereinstimmung ausgegangen wird, spricht z. B. Liska von gegensätzlichen Poetiken: Bei Bachmann „wacht das Ich des Dichters über die allerletzte, gefährdete Möglichkeit des verkörperten, sprechenden Subjekts, der Wahrheit eine Stimme zu verleihen", „die Dichtung Celans" dagegen „vollzieht" „einen radikalen Abstieg in die Individuation, in das Partikulare und das Konkrete, in das, was er seine ‚allereigenste Enge' nennt"; Liska 2011, S. 224–225. Siehe als ähnliche Position auch: Holger Gehle, Poetologien nach Auschwitz. In: Ingeborg Bachmann – Paul Celan. Poetische Korrespondenzen. Hg. von Bernhard Böschenstein und Sigrid Weigel. Frankfurt a. M. 1998, S. 116–130.

Antwort Bachmanns auf die *Meridian*-Rede, als eine Art Dialog.[33] Das Schweigen ist Teil dieser Dialogizität: nicht wie einst als „Zeichen mystischer Weltabgewandtheit", sondern als „eine elementare Voraussetzung des Erkenntnisgewinns", für „ein Zuwenden zur Welt und zur Wahrheit".[34]

3 Celans Gedichtfolge: Oktober 1957–Januar 1958

Nach dem Wiedersehen auf der Literaturtagung in Wuppertal, im Oktober 1957, das eine mehrjährige Unterbrechung des Briefwechsels beendete, erlebt Celan einen dichterischen Schub. Innerhalb kurzer Zeit schickt er Bachmann sieben selbstverfasste Gedichte, die später in den dritten und vierten Abschnitt des 1959 veröffentlichten Bandes *Sprachgitter* aufgenommen werden. Am 17. Oktober sendet Celan ihr als Auftakt das Gedicht *Weiß und Leicht*, das den eigentlichen Brieftext bildet, mit der Aufforderung: „Lies, Ingeborg, lies: / Für Dich, Ingeborg, für Dich –" (H 58) Beigelegt sind Typoskripte von weiteren Gedichten.

Der Gebrauch des Imperativs, den wir am eindringlichsten aus der *Engführung* kennen, zeigt in Kombination mit jenem der Wiederholung, dass sich das Gedicht *Weiß und Leicht* an Bachmann selbst richtet, als seine ‚verbriefte' Adressatin; es muss, um sich im emphatischen Sinn ereignen zu können, von ihr erhört werden.

Bei *Weiß und Leicht* handelt es sich um einen mehrstrophigen Text, der eine Klippen- und Meeresszenerie evoziert. Neben dem Du und dem Ich gibt es auch ein Wir – entgegen der Suggestion, die auf der Anrede des Du als „Verlorne" beruht (H 58). Das lyrische Ich fordert dazu auf, das Weiße, das etwas Gewichtloses figuriert, wandern zu lassen – damit ist ein Charakteristikum menschlicher Beziehungen bezeichnet, die Vorgänge des Tausches, Austausches und Unterwegsseins implizieren.

Die Bedeutung einzelner Verse ist keine hermetisch von jeglichem Verständniszugang abgekoppelte, sondern diese wird durch darin enthaltene Schlüsselwörter, durch Chiffren, erkennbar: „Wir tragen den Schein, den Schmerz und den Namen." (H 58) Weil wir uns diese Reihe semantisch stark aufgeladener Begriffe nicht logisch erschließen können, drückt sich in ihrer fehlenden Explizität ein Schweigen aus, eines, das mit der vorletzten Zeile des Gedichts, „eishell und ungehört" (H 59), erneut aufgerufen wird.

---

[33] Vgl. Weigel 1999, S. 428–435.
[34] Vgl. Florian Strob, „Widerstand und Tradition. Das Schweigen der Dichterinnen und wie wir es lesen können". literaturkritik.de 8 (2011). http://www.literaturkritik.de/public/rezension.php?rez_id=15645&ausgabe=201106 (Abruf am 14.6.2013).

Bald darauf sendet Celan ein Gedicht mit surrealistischen Anklängen, *Rheinufer (Schuttkahn II)*, und zwei Tage später, am 20. Oktober, schließlich das programmatische Gedicht *Köln, Am Hof*. Einige Tage danach folgt *In Mundhöhe*, worin die semantischen Felder des Sprechens und der Liebe miteinander verknüpft sind, sowie am 2. November das Gedicht *Allerseelen*, das – anders als es der Titel vermuten lässt – kein Gemeinsames mehr aufweist, sondern bezeichnenderweise einen „zerschwiegene[n] Schwur" (H 67). Am 13. Dezember folgt das Gedicht *Ein Tag und noch einer*, in dem das Wir zurückkehrt, diesmal im Zeichen des Schmerzes: Mit dem Vers „ich weinte / in deine Hand" (H 78) schließt es. Wohl bereits Anfang Dezember desselben Jahres eignet Celan nachträglich 23 Gedichte, die *Mohn und Gedächtnis* zugehören, Bachmann zu, unter der Widmung „f. D." (H 73).

Am 7. Januar 1958 sendet Celan *Eine Hand*: „Der Tisch, aus Stundenholz, mit / dem Reisgericht und dem Wein. / Es wird / gegessen, geschwiegen, getrunken." (H 82) Mit einer passivischen Konstruktion, mit der ein Wir vorausgesetzt, aber nicht genannt wird – „gegessen, geschwiegen, getrunken" –, setzt Celan ein Zusammensein ins Bild, an dem das Schweigen nicht weniger partizipiert als das lebenssichernde Essen und Trinken. Es ist das letzte der eigenen Gedichte, die Celan an die Freundin sendet; es folgt im Februar 1958 nur noch seine Übersetzung eines Gedichts von Paul Éluard (H 87–88). Die eigene Stimme im dichterischen Gespräch ist nun verstummt.

An dieser Stelle soll *Köln, Am Hof* (H 59–60) einer genaueren Betrachtung unterzogen werden:

> Herzzeit, es stehn
> die Geträumten für
> die Mitternachtsziffer.
>   Einiges sprach in die Stille, einiges schwieg,
> einiges ging seiner Wege.
> Verbannt und Verloren
> waren daheim.
> . . . .
> Ihr Dome.
> Ihr Dome ungesehn,
> ihr Wasser unbelauscht,
> ihr Uhren tief in uns.
>
> Paris, Quai Bourbon, Sonntag, den 20. Oktober 1957,
>   halb drei Uhr nachmittags –

Das Gedicht *Köln, Am Hof* sowie die übrigen Texte, die später im *Sprachgitter*-Band erscheinen, haben wir uns als stark sprachreflexiv und poetologisch ausgerichtet vorzustellen. Das Köln-Gedicht entstand in selbiger Stadt nach einem Treffen mit

Bachmann, das sich an das Wiedersehen auf der Wuppertaler Literaturtagung anschloss. Untergebracht war Celan in einem Hotel in der Straße „Am Hof", in der Nähe von Dom und Rheinufer, in einem Gebiet, das im Mittelalter den Juden zugewiesen war.[35] Somit wird auch mit dem Städtenamen „der Ort eines poetischen oder poetologischen ‚Geschehens'" festgehalten, der im Laufe des Gedichts von der Zeitachse überlagert wird und sich mit Zeitschichten anreichert.[36] Wie in anderen Gedichten, die Städtenamen im Titel tragen (*Zürich* oder *Frankfurt, September*) und auf Besuche des Dichters zurückgehen, kommt ein spezifisches „Verfahren der Überblendung von Topographie und Sprache" zum Ausdruck, „das den Orten sowohl ihre subjektive Erfahrungsdimension zurückgibt, wie es ihnen auch kollektive Geschichtszeichen einprägt".[37] Im Zeichen des Straßennamens „Am Hof" vermengen sich biographische Daten mit historischer Recherche, mit deutscher und jüdischer Vergangenheit. Das „Ich", das ungenannt in dem Gedicht spricht, wird – an diesem Kreuzpunkt subjektiver und kollektiver Erinnerung (der „Herzzeit") – in einem zweifachen Sinn der Geschichte inne. Reale Begegnungen werden mit imaginären, für welche die Geträumten stehen, verwebt: In diesem Sinn praktiziert Celan die im *Meridian* eingeforderte „Toposforschung" „im Lichte der U-topie".[38]

Die „Herzzeit", die Zeit des wahren Worts, kommt in der Nacht, im Dunkel – für die Geträumten. Sie wird auf diese Weise als eine innere Zeit wahrnehmbar und korrespondiert so mit dem Schlussvers von den „Uhren, tief in uns".[39] Stille und Schweigen begleiten die unabhängig von der Kalenderzeit fortschreitende Subjekt-Zeit, zugleich aber auch eine Bewegung, die womöglich vom einen zum anderen führt („einiges ging seiner Wege"). Die Verbannung und das Exil werden in dieser Stunde, zwischen Schon-nicht-mehr und Immer-noch, paradoxerweise zum Zuhause.

---

35 Vgl. Bachmann und Celan 2008, S. 275.
36 Vgl. Leonard Olschner, Köln, Am Hof. Kommentar. In: Lehmann 2005, S. 287–294, hier: S. 289.
37 Vgl. Axel Schmitt, „Schrift-Wechsel und Andenksel. Neue Forschungsarbeiten kartieren die Begegnungen von Paul Celan und Ingeborg Bachmann". literaturkritik.de 7 (2003). http://www.literaturkritik.de/public/rezension.php?rez_id=6178&ausgabe=200307 (Abruf am 14.6.2013).
38 Vgl. Celan 1983, Band 3, S. 199.
39 Lehmann bezeichnet die in *Sprachgitter* präsente Herz-Motivik als „Wahrnehmung eines inneren, geistigen Bildes"; Lehmann 2005, S. 34. In der Bremer Rede, wenige Monate nach Entstehung des Gedichts vorgetragen, greift Celan das Uhrenmotiv wieder auf: „Es war, Sie sehen es, Ereignis, Bewegung, Unterwegssein [...]. Und wenn ich es nach seinem Sinn befrage, so glaube ich, mir sagen zu müssen, daß in dieser Frage auch die Frage nach dem Uhrzeigersinn mitspricht. / Denn das Gedicht ist nicht zeitlos."; Celan 1983, Band 3, S. 186.

An der Stelle im Band, an der sich das Gedicht *In die Ferne* befindet, wird in Verbindung mit dem Motiv des Schweigens auch jenes des Zuhauses weitergesponnen: „Stummheit, aufs neue, geräumig, ein Haus –: / komm, du sollst wohnen."⁴⁰ Obwohl das vorige „Verbannt und Verloren", das aus *Köln, Am Hof* stammt, sich anders als die angesprochene „Verlorne" in *Weiß und Leicht* auf ein Wir bezieht, gemahnt es ebenfalls, und im Gleichklang mit der eben zitierten Motivkette von Zuhause-Haus-Wohnen, an eine nicht aufhebbare Ferne.⁴¹

Hamm interpretiert die Chiffre „Am Hof" mit Blick auf das Hotel, in dem Celan und Bachmann übernachteten, als einen Ort, den der Dichter „zur Heimstatt für die werden läßt, die sich nicht nur lange verloren hatten, sondern eigentlich Verlorene waren von Anbeginn an".⁴² Diese Deutung trifft sich mit der Feststellung einer ‚unaufhebbaren Ferne', scheint aber den Erwartungshorizont auszuklammern, der in der „ungesehn"-„unbelauscht"-Strophe zum Ausdruck kommt und der sich von einem intersubjektiven Erfahrungsraum („ihr Uhren tief in uns") herleitet.⁴³ Dieser Erwartungshorizont wird in *Sprachgitter* – mit *Köln, Am Hof*, *In der Ferne*, *Ein Tag und noch einer* – schrittweise entfaltet, sodass es im letztgenannten Gedicht schließlich heißt: „Föhniges Du. Die Stille / flog uns voraus, ein zweites, / deutliches Leben."⁴⁴ Während in *Köln, Am Hof* noch der Erfahrungsraum der Vergangenheit dominiert, wird das verstärkt auf Gegenwart und Zukunft verweisende Ungesehene in *Ein Tag und noch einer* nun in einem „zweite[n] Leben" versinnbildlicht. Eine Relektüre von Walter Benjamins zweiter geschichtsphilo-

---

40 Paul Celan, Die Gedichte. Kommentierte Gesamtausgabe in einem Band. Hg. von Barbara Wiedemann. Frankfurt a. M. 2003, S. 104.
41 Liska erläutert den Aspekt der Fremdheit: „In [Celans] Briefen – wie in seinen Gedichten – kann die Entfernung zwischen dem ‚Ich' und der Fremden nicht überbrückt werden, sie muss Andenken bleiben an die Wunde, die ihre jeweiligen Vergangenheiten voneinander trennt."; Liska 2011, S. 228. Jenseits dieses spezifischen und auf Bachmann bezogenen Verhältnisses bringt Celan, nämlich mit Blick auf *Sprachgitter*, folgende Erklärung vor: „Ich stehe auf einer anderen Raum- und Zeitebene als mein Leser; er kann mich nur ‚entfernt' verstehen, er kann mich nicht in den Griff bekommen, immer greift er nur die Gitterstäbe zwischen uns [...]."; Hugo Huppert, „Spirituell". Ein Gespräch mit Paul Celan. In: Paul Celan. Hg. von Werner Hamacher und Winfried Menninghaus. Frankfurt a. M. 1988, S. 319–324, hier: S. 319–320.
42 Vgl. Peter Hamm, „Sind wir nur die Geträumten?" oder „Wer bin ich für Dich?". Ingeborg Bachmann und Paul Celan in ihren Briefen. In: Pessoas Traum oder: „Sei vielgestaltig wie das Weltall!". Aufsätze zur Literatur. München 2012, S. 123–135, hier: S. 130.
43 Olschner leitet aus der Abwesenheit finiter Verben in den Schlussversen den Eindruck von „Gegenwärtigkeit" ab: Das Gedicht spreche von Zeit, aber weder von einer chronologischen noch von der historischen Zeit; Leonard Olschner, Köln, Am Hof. Kommentar. In: Lehmann 2005, S. 292.
44 Celan 2003, S. 105.

sophischer These mag die Funktion des Zeitenverhältnisses in *Köln, Am Hof* zu erhellen helfen:

> Die Vergangenheit führt einen heimlichen Index mit, durch den sie auf die Erlösung verwiesen wird. Streift denn nicht uns selber ein Hauch der Luft, die um die Früheren gewesen ist? Ist nicht in Stimmen, denen wir unser Ohr schenken, ein Echo von nun verstummten? [...] Ist dem so, dann besteht eine geheime Verabredung zwischen den gewesenen Geschlechtern und unserem. Dann sind wir auf Erden erwartet worden. Dann ist uns wie jedem Geschlecht, das vor uns war, eine schwache messianische Kraft mitgegeben, an welche die Vergangenheit Anspruch hat.[45]

Benjamin bringt messianische Kategorien ins Spiel, die auch in *Köln, Am Hof* aufscheinen, indem darin die „Herzzeit" als Klammer von Vergangenheit und Künftigem vorstellig wird. In den Schlussversen lässt sich überdies jene „schwache messianische Kraft" ausmachen, die einem in dem Unabgegoltenen der Vergangenheit das Bindeglied zum Kommenden zu erkennen hilft.

Die sich hierin spiegelnde Zukunftsprägung, die gleichzeitig die u-topische Dimension des Gedichts bezeichnet, nimmt die Form eines Appells an. Die gepunktete Linie, die den Text in zwei Teile trennt, als graphisch verkörpertes Schweigen, wird durch die Anrufung überwunden – eine Anrufung an noch Ungesehenes und womöglich Unerhörtes. In der späteren, gedruckten Fassung endet das Gedicht mit einem programmatischen, poetologisch aufzufassenden Vers, den auch der Brief enthält: „ihr Uhren tief in uns"[46] – unweigerlich meint man sich an die bekannte Überzeugung erinnert, dass jedes Gedicht sein ihm eingeschriebenes Datum hat.[47] Im Brief endet *Köln, Am Hof* nicht zufällig mit der genauen Orts- und Zeitangabe zur Entstehung. Die Konstellation aus Entstehungsort (Paris) und erinnertem Ort (Köln) lässt eine geistige Gedächtnislandschaft entstehen, in der das Gedicht sein Datum, seinen „20. Jänner" mit sich trägt.[48] Weil dieses nicht etwa einem Brief beigelegt ist, sondern in der Tat *als* Brief versandt wird, ist hier

---

45 Walter Benjamin, Über den Begriff der Geschichte. In: Abhandlungen. Band 1.2. Hg. von Rolf Tiedemann und Hermann Schweppenhäuser. Frankfurt a. M. 1991, S. 691–704, hier: S. 693 (Gesammelte Schriften. Hg. von dens. 7 Bde.).
46 Vgl. Celan 2003, S. 104 – Das Gedicht eröffnet im *Sprachgitter*-Band den Abschnitt IV und wird in der gedruckten Fassung ohne gepunktete Linie und ohne die Angabe von Ort und Uhrzeit der Entstehung wiedergegeben, die in der Briefversion als Teil des Gedichts zu lesen ist.
47 Vgl. Celan 1983, Band 3, S. 196.
48 Olschner betont, dass Ort und Datum nicht nur Angaben sind, sondern „Bekenntnis zur unausgesetzten inneren Vergegenwärtigung des nie Vergänglichen bei einem Ich, das ständig im Exil zu Hause ist und für das Verluste stets gegenwärtig sind"; Leonard Olschner, Köln, Am Hof. Kommentar. In: Lehmann 2005, S. 289. Zu ergänzen bleibt, dass auch der Briefwechsel von dieser Dialektik lebt.

hinzuzufügen: Es hat nicht nur sein eigenes Datum, sondern auch einen besonderen Leser-Adressaten, der ein konstitutiver Teil davon ist. Daher wird der „radikale[] Anspruch auf das Allgemeine",⁴⁹ den das Subjekt in *Köln, Am Hof* erhebt – insbesondere in seiner Ausschau auf die „Dome ungesehn", die „Wasser unbelauscht" –, nicht erst mit der Integration in den *Sprachgitter*-Band einsichtig. Diesen Anspruch hat Celan gegenüber dem Übersetzer Adolph Hofmann betont, hier unter Bezugnahme auf den zweiten Titelteil „Am Hof":

> Denn hier muss hinzugelesen werden können, dass es auch in anderen (Residenz-)Städten Plätze gibt, die so heissen. Erst von da her wird das, übrigens auch nicht von ungefähr grossgeschriebene, Verbannt und Verloren erfahrbar. Das gilt auch von allem anderen in diesem Gedicht zur Sprache Kommenden.⁵⁰

Indem Celan im Gedicht die Angabe des Entstehungsorts für die Druckfassung entfernt, verstärkt sich, ausgehend von seiner biographischen Erfahrung, dieser Anspruch aufs Allgemeine noch.

Innerhalb der subtilen *Sprachgitter*-Struktur steht *Köln, Am Hof* in einer textuellen Umgebung, die sich wiederholt mit dem Verhältnis von Schweigen und Sprechen befasst, mit der Evolution vom Stummen zum Stimmhaften – und umgekehrt. Nach Lehmann behandelt also dieser vierte Bandteil

> die sprachliche Potentialität des Schweigens unter besonderer Berücksichtigung der Motive Atem, Mund, Lippe im Rahmen weiterer Verschränkungen von visueller und akustischer Wahrnehmung [...]. Vornehmlich hier ist die Verschmelzung von sprachreflexivem und erotischem Diskurs [...] erkennbar.⁵¹

Zwar werden die genannten Motive in dem Gedicht nicht explizit zitiert, sie sind aber präsent in den Wahrnehmungsverben, in der existenziellen Grundierung, die Visuelles und Akustisches – im „[U]ngesehn[en]" und „[U]nbelauscht[en]" – verbindet. Der erotische Diskurs überlagert sich interessanterweise mit dem Zeitdiskurs, doch obwohl die Geträumten unter ein und demselben Zeichen stehen – dem der „Herzzeit" –, handelt es sich offensichtlich nicht um ein Liebesgedicht. Im Zentrum behauptet sich vielmehr eine vergangene Begegnung, und auch eine erahnte, mögliche Begegnung in einer anderen Zeit.

---

49 Liska zur „anderen Logik" der „[p]oetische[n] Sprache": „Sie entspringt der Logik einer einzelnen Subjektivität, erhebt jedoch über das Medium der Sprache zugleich einen ebenso radikalen Anspruch auf das Allgemeine."; Liska 2011, S. 223–224.
50 Celan 2003, S. 658.
51 Lehmann 2005, S. 51.

Wohl zwischen dem 7. und 9. Dezember des Jahres 1957 notiert Bachmann in ihr Widmungsexemplar von *Die gestundete Zeit*, das für Celan bestimmt ist: „München, Am Hof" (H 74). Im Februar 1959, als der Strom der Brief-Gedichte dann versiegt ist, nimmt Celan die zur Chiffre gewordene Adresse wieder auf: in einer aus Paris gesendeten Postkarte, erstanden am Quai, wo er seinerzeit *Köln, Am Hof* verfasst hatte. Celan schreibt auf die Karte nur die Worte: „Gruss aus Wien. / I. Bez. Am Hof." (H 103) Hierin entspinnt sich Dialogisches, neben den – wenigen – Worten, auch aus einem wissenden, einvernehmlichen Schweigen.

4 Schlussbemerkungen

In der Vorlesung „Fragen und Scheinfragen" thematisiert Bachmann auch die Schwierigkeit, über das Jetzt zu sprechen:[52] eine Schwierigkeit, die sich nicht allein auf das dichterische Sprechen in der Moderne, sondern auch auf jenes nach der Shoah bezieht. Ein Weg, mit dieser Herausforderung umzugehen, ist, dieses Jetzt in lyrischer Sprache aufzusuchen. Für Bachmann aber war dies ab einem bestimmten Zeitpunkt anscheinend keine Option mehr: „Poesie wie Brot? Dieses Brot müßte zwischen den Zähnen knirschen und den Hunger wiedererwecken, ehe es ihn stillt. Und diese Poesie wird scharf von Erkenntnis und bitter von Sehnsucht sein müssen [...]."[53] Der u-topisch anmutenden Forderung an die Poesie, die hier so bildlich artikuliert wird, entspricht bei Celan ein zunehmender Verzicht auf Metaphorik und visuelle Konkretisierung. Seine Lyrik will ebenfalls „scharf und bitter" sein, „wirklichkeitswund", wie es in der Bremer Rede heißt.[54] Allerdings ist sie in dieser Eigenschaft, und trotz ihrer von Celan konstatierten Einsamkeit, auf die Vervollständigung durch den Leser angewiesen, wie sich deutlich an der Funktion der Chiffren zeigt: an adressierten Chiffren, die sowohl in den Gedichten als auch in den Briefen wiederkehren und die auf die Durchlässigkeit beider Textsorten hindeuten.

Diese Beobachtung ist fundamental für die Bestimmung eines ‚dichterischen Gesprächs', das – wie gesehen – zunächst einmal dadurch gekennzeichnet ist, dass Bachmann ihrem Briefpartner nicht in lyrisch vermittelter Sprache antwortet. Bezieht man allerdings die parallel (und auch nach dem Briefwechsel) entstandenen Werke mit in die Betrachtung ein, so ist von einer Verschiebung des

---

52 Vgl. Bachmann 1983, Band 4, S. 185.
53 Bachmann 1983, Band 4, S. 197.
54 Vgl. Celan 1983, Band 3, S. 186.

dichterischen Gesprächs auszugehen.⁵⁵ Während Celan die Auseinandersetzung mit Bachmann konzentriert in den Briefen selbst sucht, führt diese das Gespräch jenseits der Briefe fort. Deshalb ist es gerechtfertigt, von einer ‚literarischen Beziehung' zwischen den beiden zu sprechen, so wie dies Weigel und Böschenstein bereits Jahre vor der Publikation des Briefwechsels taten.⁵⁶ Die Briefe ermöglichen Differenzierungen, was das biographische Element in der Dichtung betrifft, und verdeutlichen die „Ungleichzeitigkeit in der Bezugnahme auf den je anderen".⁵⁷ Vor allem aber offenbaren die Briefe den unauflösbaren Zusammenhang von Gespräch und Schweigen – im Medium des adressierten Gedichts. Keineswegs handelt es sich dabei um ein Phänomen, dessen Ziel darin bestünde, ein negativ besetztes Schweigen im Versuch eines Gesprächs zu überwinden. Vielmehr zeigen die Gedichte, wie auch die Briefe, dass Verstummen, Schweigen und Zum-Sprechen-Ansetzen unabdingbare und jeweils neu auszuhandelnde Bestandteile eines dialogischen Zugangs zur Welt sind.

Literaturverzeichnis

Albrecht, Monika und Dirk Göttsche (Hg.): Bachmann-Handbuch. Leben – Werk – Wirkung. Stuttgart 2002.
Bachmann, Ingeborg: Werke. Hg. von Christine Koschel, Inge von Weidenbaum und Clemens Münster. 4 Bde. München [u.a.] 1983.
Bachmann, Ingeborg: Die kritische Aufnahme der Existenzialphilosophie Martin Heideggers (Dissertation Wien 1949). Hg. von Robert Pichl. München [u.a.] 1985.
Bachmann, Ingeborg und Paul Celan: „Herzzeit". Der Briefwechsel. Mit den Briefwechseln zwischen Paul Celan und Max Frisch sowie zwischen Ingeborg Bachmann und Gisèle Celan-Lestrange. Hg. von Bertrand Badiou, Hans Höller, Andrea Stoll und Barbara Wiedemann. Frankfurt a. M. 2008.
Benjamin, Walter: Gesammelte Schriften. Hg. von Rolf Tiedemann und Hermann Schweppenhäuser. Frankfurt a. M. 1991.
Benn, Gottfried: Gesammelte Werke in vier Bänden. Hg. von Dieter Wellershoff. Wiesbaden 1977.
Böschenstein, Bernhard und Sigrid Weigel (Hg.): Paul Celan – Ingeborg Bachmann. Zur Rekonstruktion einer Konstellation. In: Ingeborg Bachmann – Paul Celan. Poetische Korrespondenzen. Frankfurt a. M. 1997, S. 7–14.

---

55 Vgl. auch Leahys Interpretation der Post-Metapher aus *Malina*: „[...] to describe the state of ‚suspension' or ‚delay' within the narrating and narrated subject."; Caitríona Leahy, „Der wahre Historiker". Ingeborg Bachmann and the Problem of Witnessing History. Würzburg 2007, S. 54.
56 Vgl. Bernhard Böschenstein und Sigrid Weigel (Hg.), Paul Celan – Ingeborg Bachmann. Zur Rekonstruktion einer Konstellation. In: Ingeborg Bachmann – Paul Celan. Poetische Korrespondenzen. Frankfurt a. M. 1997, S. 7–14, hier: S. 8.
57 Vgl. Böschenstein und Weigel 1997, S. 11.

Celan, Paul: Gesammelte Werke in fünf Bänden. Hg. von Beda Allemann und Stefan Reichert. Frankfurt a. M. 1983.

Celan, Paul: Die Dichtung Ossip Mandelstamms. In: Ossip Mandelstam. Im Luftgrab. Ein Lesebuch. Hg. von Ralph Dutli. Zürich 1988, S. 69–81.

Celan, Paul: Die Gedichte. Kommentierte Gesamtausgabe in einem Band. Hg. von Barbara Wiedemann. Frankfurt a. M. 2003.

Di Cesare, Donatella: Utopia of Understanding: Between Babel and Auschwitz. Albany, NY 2012.

Gehle, Holger: Poetologien nach Auschwitz. In: Ingeborg Bachmann – Paul Celan. Poetische Korrespondenzen. Hg. von Bernhard Böschenstein und Sigrid Weigel. Frankfurt a. M. 1998, S. 116–130.

Hamm, Peter: „Sind wir nur die Geträumten?" oder „Wer bin ich für Dich?". Ingeborg Bachmann und Paul Celan in ihren Briefen. In: Pessoas Traum oder: „Sei vielgestaltig wie das Weltall!". Aufsätze zur Literatur. München 2012.

Huppert, Hugo: „Spirituell". Ein Gespräch mit Paul Celan. In: Paul Celan. Hg. von Werner Hamacher und Winfried Menninghaus. Frankfurt a. M. 1988, S. 319–324.

Leahy, Caitríona: „Der wahre Historiker". Ingeborg Bachmann and the Problem of Witnessing History. Würzburg 2007.

Lehmann, Jürgen (Hg.): Kommentar zu Paul Celans *Sprachgitter*. Heidelberg 2005.

Liska, Vivian: Zweierlei Fremde. Der Briefwechsel zwischen Ingeborg Bachmann und Paul Celan. In: Fremde Gemeinschaft. Deutsch-jüdische Literatur der Moderne. Göttingen 2011, S. 223–230.

Olschner, Leonard: Köln, Am Hof. Kommentar. In: Kommentar zu Paul Celans *Sprachgitter*. Hg. von Jürgen Lehmann. Heidelberg 2005, S. 287–294.

Ostrowski, Marek: Die Poetik des Schweigens in der Lyrik Paul Celans. In: „…wortlos der Sprache mächtig". Schweigen und Sprechen in der Literatur und sprachlicher Kommunikation. Hg. von Hartmut Eggert und Janusz Golec. Stuttgart [u.a.] 1999, S. 178–179.

Schmitt, Axel: „Schrift-Wechsel und Andenksel. Neue Forschungsarbeiten kartieren die Begegnungen von Paul Celan und Ingeborg Bachmann". literaturkritik.de 7 (2003). http://www.literaturkritik.de/public/rezension.php?rez_id=6178&ausgabe=200307 (Abruf am 14.6.2013).

Strob, Florian: „Widerstand und Tradition. Das Schweigen der Dichterinnen und wie wir es lesen können". literaturkritik.de 8 (2011). http://www.literaturkritik.de/public/rezension.php?rez_id=15645&ausgabe=201106 (Abruf am 14.6.2013).

Weigel, Sigrid: „Sie sagten sich Helles und Dunkles". Ingeborg Bachmanns literarischer Dialog mit Paul Celan. In: Ingeborg Bachmann (= Text + Kritik; Heft 6). Hg. von Heinz Ludwig Arnold. 5. Aufl. München 1995, S. 124–135.

Weigel, Sigrid: Ingeborg Bachmann. Hinterlassenschaften unter Wahrung des Briefgeheimnisses. Wien 1999.

Wöhrle, Peter: Sprechen, Staunen, Schweigen. Ingeborg Bachmann und Max Frisch im Vergleich. Diss. Düsseldorf 2010. Würzburg 2011.

Madlen Reimer
„Laß uns die Worte finden"
Die Korrespondenz als literarischer Text

> *Wo ich nicht sein kann.*
> *Nämlich ich bin auf*
> *diesem Papier, und in*
> *dem Wort, das ich gebe.*[1]

Zum Briefwechsel zwischen Ingeborg Bachmann und Paul Celan hat es lange Zeit unterschiedliche „Spekulationen" gegeben.[2] Dass deren Korrespondenz als Teil des Nachlasses über Jahrzehnte hinweg gesperrt blieb, wurde von der Forschung – neben aller „Erschwernis" – auch als „Glück" beschrieben. Denn, so heißt es in den 1997 erschienenen *Poetischen Korrespondenzen* über die Unzugänglichkeit der Briefe, „[a]nstatt Gegenstand biographischer Neugier werden zu können, bleibt das ‚Geheimnis der Begegnung', von dem Celan im *Meridian* spricht, auf diese Weise in den Archiven bewahrt": So „stellt" die „Notwendigkeit", „sich auf die *literarischen*, nicht *brieflichen* Korrespondenzen zu konzentrieren und so tatsächlich ausschließlich den poetischen Dialog zu rekonstruieren", „eine Herausforderung an die literaturwissenschaftliche Methodologie dar.[3] Seit dem Jahr 2008 ist nun die Möglichkeit gegeben, den biografischen Spuren nachzugehen und konkrete Ereignisse zu rekonstruieren. Somit werden auch die Verdichtungsmomente der literarischen Beziehung weiter beschreibbar, mit dem Ergebnis, dass sich die Rekonstruktion des poetischen Dialogs erweitert.

Hinweise auf ein Reflexionsmoment, das über den pragmatischen Inhalt der Briefe hinausgeht, geben nicht nur die eingefügten Gedichte oder die Tatsache, dass die direkte Korrespondenz fortwährend von entsprechenden Widmungen durchkreuzt wird. An ganz konkreten Beispielen wie dem Denkbild des Stadt-

---

[1] Ingeborg Bachmann, Ich weiß keine bessere Welt. Unveröffentlichte Gedichte. Hg. von Isolde Moser, Heinz Bachmann [u.a.]. München [u.a.] 2000, S. 72–73.
[2] Vgl. Barbara Wiedemann und Bertrand Badiou, „Laß uns die Worte finden". Zum Briefwechsel zwischen Ingeborg Bachmann und Paul Celan. In: Ingeborg Bachmann und Paul Celan: „Herzzeit". Der Briefwechsel. Mit den Briefwechseln zwischen Paul Celan und Max Frisch sowie zwischen Ingeborg Bachmann und Gisèle Celan-Lestrange. Hg. von Bertrand Badiou, Hans Höller [u.a.]. Frankfurt a. M. 2008, S. 215–223, hier: S. 215 – Sigel: H.
[3] Vgl. Bernhard Böschenstein und Sigrid Weigel (Hg.), Paul Celan – Ingeborg Bachmann. Zur Rekonstruktion einer Konstellation. In: Ingeborg Bachmann und Paul Celan. Poetische Korrespondenzen. Vierzehn Beiträge. Frankfurt a. M. 1997, S. 7–14, hier: S. 9–10 [meine Hervorhebung, M.R.].

parks, das in Bachmanns Briefen mit der Einforderung eines „wahrheitsgetreue[n] Erinnern[s]" (H 26) Einzug hält, wird sichtbar, dass die Briefe als beschreibende Ergänzung zu den poetischen Korrespondenzen, die bereits vielfach erarbeitet wurden, gelesen werden können.[4]

Indem die ‚Poetik des Briefes' in Bachmanns *Malina*-Roman untersucht wird, mit dem Ziel, die hieraus erbrachten Ergebnisse mit der Korrespondenz engzuführen, wird zu beobachten sein, dass die Briefe die poetologischen Implikationen *Malinas* ebenso aufweisen wie der Roman selbst.[5]

Einen Zugang zu einer Lesart der Korrespondenz, mit der die Ebene des Pragmatischen zugunsten der Kategorie der Literarizität verlassen wird, bietet Theodor W. Adornos Untersuchung der Briefe von Walter Benjamin. Adorno bezieht sich in seinem Vorwort zwar auf die konkreten Briefe, schreibt diesen aber Merkmale zu, die sich nicht auf das spezifische Schreiben ihres Verfassers beschränken. Den Korrespondenz-Text weist Adorno dadurch als literarischen Text aus, dass er den Brief „zur Form" erklärt, die zwar „primäre[] Impulse", also pragmatische Informationen durchlasse, die übermittelt werden sollen, die „aber zwischen diese und den Adressaten ein Drittes" schiebe.[6] Adorno, der sich an eine umfassende Bestandsaufnahme dessen macht, was dem Schriftmedium des Briefes an grundsätzlichen Funktionen eignet, bezeichnet als signifikante Merkmale einerseits ein „Vergehendes", das sich mit „einer Utopie seiner Wiederherstellung" vermähle, andererseits ein „naturgeschichtliche[s] Bild[]" davon, „was Vergängnis überdauert".[7] Auch versteht Adorno den Brief als „Figur[] einer re-

---

[4] Siehe hierzu vor allem die Beiträge in: Böschenstein und Weigel 1997 – Zudem hat Weigel in ihrer Auseinandersetzung mit dem poetischen und poetologischen Dialog zwischen Bachmann und Celan zahlreiche Bezüge angeführt, die den Zusammenhang ihrer Werke aufzeigen: Sigrid Weigel, Ingeborg Bachmann. Hinterlassenschaften unter Wahrung des Briefgeheimnisses. Wien 1999, hier v. a.: S. 410–434.
[5] Zu begründen ist die gewählte Vorgehensweise, die über die anfängliche Text-Interpretation hin zu einer Erarbeitung der poetologischen Implikationen führt, mit der Beobachtung Holger Gehles, dass „die Poetologie Bachmanns der literarischen Schreibweise fast völlig immanent" und diese demnach „nur über die *Interpretation* der literarischen Texte rekonstruierbar" ist, aber „nicht dort selbst schon reflexiv ausgesprochen"; Holger Gehle, Poetologien nach Auschwitz. Bachmanns und Celans Sprechen über Dichtung zwischen 1958 und 1961. In: Böschenstein und Weigel 1997, S. 116–130, hier: S. 116.
[6] Vgl. Theodor W. Adorno, Benjamin, der Briefschreiber. In: Noten zur Literatur. Band 11. Hg. von Rolf Tiedemann. Frankfurt a. M. 2003, S. 583–590, hier: S. 584 (Gesammelte Schriften in zwanzig Bänden. Hg. von dems.).
[7] Vgl. Adorno 2003, S. 586 – Im Zusammenhang mit der Vergänglichkeit des Briefmediums weist Adorno auf die Relevanz hin, die der Materialität des Briefes bei Benjamin zukommt, um diese ebenso als eine spezifische Eigenschaft jener Textform zu markieren, indem er das Brief-Schreiben als „Ritual" bezeichnet, das „bis in die Wahl des Papiers" hineinreicht und so den

denden Stimme",[8] da „[i]n einer gesellschaftlichen Gesamtverfassung, die jeden Einzelnen zur Funktion herabsetzt, [...] keiner länger legitimiert [‚ist'], so im Brief von sich selbst zu berichten, als wäre er noch der unerfasste Einzelne" – „das Ich im Brief hat bereits etwas Scheinhaftes".[9] Adornos Beschreibung eines ‚Dritten' betrifft auch den *Herzzeit*-Briefwechsel, als ein Textkonvolut, das neben der pragmatischen auch eine literarische Lesart zulässt.

1 Die Poetik des Briefes in *Malina*

Erste poetologisch relevante Hinweise zur Briefform, die dem *Malina*-Roman inhärent ist, gibt zunächst die Geschichte des als „völlig verkannt[]" bezeichneten Postboten Kranewitzer, der „[v]on einem bestimmten Tag an, ohne daß er Gründe anzugeben vermochte, [...] die Post nicht mehr ausgetragen und wochenlang, monatelang in der von ihm allein bewohnten Dreizimmer-Altwohnung die Post aufgestapelt [‚hat']".[10] Das Erzähler-Ich benennt die Ursache für Kranewitzers Verhalten damit, dass ihn, ob der „ganze[n] Tragweite" seiner Postboten-Tätigkeit, „das Staunen erfaßt hatte, das ja der Anfang alles Philosophierens und der Menschwerdung überhaupt ist" (M 571). Der Entschluss, die Verteilung der Poststücke einzustellen, erscheint als Folge einer Erkenntnis, die „das Problem der Post" bzw. „das Problematische daran" betrifft (M 571). Begründen lässt sich diese oppositionelle Haltung mit einem ‚Staunen', das ein Moment der Zurückweisung impliziert, hervorgerufen vom Bruch der NS-Politik: Denn „das Staunen darüber, daß die Dinge, die wir erleben, im zwanzigsten Jahrhundert ‚noch' möglich sind, ist *kein* philosophisches".[11] Entsprechend hat man Kranewitzers Sinnieren, das in einem Sich-Verweigern gipfelt, als eine Haltung zu werten, die diesen Bruch im-

---

„Akt des Schreibens als Lust" ermöglicht; Adorno 2003, S. 584 u. S. 585. Barbara Wiedemann, die sich ebenfalls mit der Materialität der Briefe beschäftigt, sieht diese im Briefwechsel zwischen Bachmann und Celan reflektiert: „auch ich schreibe jetzt mit Durchschlag...". Reflektierte Materialität im Briefwechsel zwischen Ingeborg Bachmann und Paul Celan. In: Der Brief – Ereignis & Objekt. Frankfurter Tagung. Hg. von Waltraud Wiethölter und Anne Bohnenkamp. Frankfurt a. M. [u.a.] 2010, S. 196–215.
8 Vgl. Adorno 2003, S. 585.
9 Vgl. Adorno 2003, S. 585–586.
10 Vgl. Ingeborg Bachmann, *Todesarten*-Projekt. Kritische Ausgabe. 4 Bde. in 5. Hg. von Monika Albrecht und Dirk Göttsche. Band 3.1: Malina. Hg. von Dirk Göttsche. München [u.a.] 1995, S. 570 – Sigel: M.
11 Vgl. Walter Benjamin, Über den Begriff der Geschichte. In: Abhandlungen. Band 1.2. Hg. von Rolf Tiedemann und Hermann Schweppenhäuser. Frankfurt a. M. 1980, S. 691–704, hier: S. 697 (Gesammelte Schriften. Hg. von dens. 7 Bde.) – Vgl. auch Weigel 1999, S. 540.

plizit in sich trägt und so erste Hinweise auf die zeitgeschichtliche Relevanz des Post- und Briefsujets gibt.

Bei Einbeziehung der spezifischen Schreibsituation, in der sich das erzählende Ich befindet, bestätigt sich diese Deutung. Wenn die Ich-Figur erklärt, dass sich „[s]eit dem Fall Kranewitzer [...] unmerklich vieles verändert" habe, und gegenüber Malina ausführt, dass sie seither wisse, was das ‚Briefgeheimnis' sei (M 573), setzen sich Kranewitzers Erfahrungen fort. Denkt man diese Analogie, die beim Erzähler-Ich eine veränderte Haltung gegenüber dem Schreiben von Briefen bewirkt, weiter, deutet sich eine Unmöglichkeit des Schriftprozesses im Allgemeinen an – eine Unmöglichkeit, die später tatsächlich zum Verbrennen der Briefe führt. Bald darauf setzt allerdings ein produktiver Prozess ein, der das Verweigerungsmoment dadurch variiert, dass nun ‚andere Briefe' geschrieben werden:

> Nach dem Fall Kranewitzer habe ich meine Post aus vielen Jahren verbrannt, danach fing ich an, ganz andere Briefe zu schreiben [...]. Auf diese Briefe, die ich alle nicht abschickte, kommt es mir aber an. Ich muß in diesen vier, fünf Jahren etwa zehntausend Briefe geschrieben haben, für mich allein, in denen alles stand. [...] ich versuche, mich im Briefgeheimnis zu üben, mich auf die Höhe dieses Gedankens von Kranewitzer zu bringen, das Unerlaubte zu begreifen, das darin bestehen könnte, einen Brief zu lesen. (M 573–574)

Mit der Zuschreibung des Merkmals der Privatheit, vollzogen an einer früheren Textstelle, bezeichnet das Ich die ‚anderen' Briefe als die einzig „wirklichen":

> [...] vernichten müßte man es sofort, was über Heute geschrieben wird, wie man die wirklichen Briefe [...] nicht beendet, nicht abschickt, weil sie von heute sind und weil sie in keinem Heute mehr ankommen werden. (M 277)

Somit werden der neuen Art von Briefen zwei entscheidende Eigenschaften zugeschrieben: Erstens werden diese von den zuvor verfassten Briefen unterschieden und als ‚ganz andere' definiert – ein Bruch ist den „wirklichen Briefe[n]" mit ihrer Verortung im ‚Danach' so inhärent –, zweitens ist das Unvermögen des Ich anzuführen, diese abzuschicken – ein Umstand, der mit einer Schutzabsicht, die sich auf das ‚alles' bezieht („in denen alles stand"), begründet wird.

Um die vage Beschreibung des sogenannten ‚alles' zu verdichten, lohnt der Blick auf die Gesamtheit der Brief- und Post-Motivik, die der *Malina*-Roman aufweist. Die Auswirkungen der Begegnung mit Kranewitzer erläuternd, deutet die weibliche Ich-Figur auf die Möglichkeit einer „Mitwisser"-schaft hin und somit darauf, dass ein Außenstehender den Empfänger „vielleicht durchschaut" (M 569) – mittels der beobachtbaren Reaktionen auf die zugestellte Post. Erst im Nicht-Versenden der „wirklichen Briefe" erkennt das Ich die Möglichkeit, eine Mitwisserschaft auszuschließen. Dennoch besteht das „Problem der Post", darauf weist

Joachim Eberhardt hin,[12] über die individuelle Mitwisserschaft hinaus. Formuliert wird diese Einsicht mit der Antwort des Ich auf die Frage Malinas nach dem Grund der Unbedingtheit hinter der Wahrung des Briefgeheimnisses (M 574–575):

> Nicht wegen dieses Otto Kranewitzer. Meinetwegen. Auch deinetwegen. Und in der Wiener Universität habe ich auf einen Stab geschworen. Es war mein einziger Schwur. Keinem Menschen, keinem Stellvertreter einer Religion oder Politik war ich je fähig zu schwören. (M 574)

Joachim Eberhardt stellt mithilfe Robert Pichls den genannten Stabschwur – unter Verweis auf die Nennung des Stabes in einem Traum des Ich – in den Zusammenhang mit einem Ritual der Wiener Universität, das von den Promovenden das Bekenntnis fordert, „die edlen Wissenschaften unermüdlich zu pflegen und zu fördern nicht um schnöden Gewinns oder eitlen Ruhms willen, sondern auf daß die Wahrheit weitergegeben werde".[13] Eberhardts Deutung verweist „nicht" allein auf den „Bruch des ‚Briefgeheimnisses'" „als" „‚Mitwisserschaft'", „sondern" weist „auch" auf die „Ermöglichung eines [...] Missbrauchs des Wissens über den Autor eines Briefes" hin.[14] Somit treibt das Ich die Sorge um die Wahrung eines Wissenssubstrates um, das letztlich ein biografisch begründetes ist und das – wie unter Verweis auf Benjamin sichtbar wurde (und auch Andrea Stoll weist implizit darauf hin) – in einer engen Verbindung steht mit „Erinnerung und Geschichtserfahrung",[15] insbesondere im Kontext der Shoah. Jene Wissens-Obsorge wird damit zwar als „Schlüsselerlebnis" und „Grundmuster" der Schreibversuche erkennbar[16] – allerdings enthält sich die Erzählerin auch ‚allen' Wissens. Deswegen sind die Schreibversuche ambivalent geprägt: von dem Spannungsverhältnis zwischen der Unmöglichkeit, sich zu erinnern, und jener, das Erinnerte vor Ver-

---

12 Vgl. Joachim Eberhardt, „Es gibt für mich keine Zitate". Intertextualität im dichterischen Werk Ingeborg Bachmanns. Tübingen 2002, S. 394–395. Eberhardt bezieht sich in seiner Analyse vor allem auf: Gudrun Kohn-Waechter, Das „Problem der Post" in *Malina* von Ingeborg Bachmann und Martin Heideggers *Der Satz vom Grund*. In: Die Frau im Dialog. Studien zu Theorie und Geschichte des Briefes. Hg. von Anita Runge und Lieselotte Steinbrügge. Stuttgart 1991, S. 225–242.
13 Vgl. Eberhardt 2002, S. 396. Joachim Eberhardt zitiert hier Robert Pichl aus einem Brief vom 13.6.2000.
14 Vgl. Eberhardt 2002, S. 396.
15 Vgl. Andrea Stoll, Erinnerung und Schreibprozess – Zur ästhetischen Relevanz subjektiver und kollektiver Erinnerungsformen im Werk Bachmanns. In: Ingeborg Bachmann. Neue Beiträge zu ihrem Werk. Internationales Symposium Münster 1991. Hg. von Dirk Göttsche und Hubert Ohl. Würzburg 1993, S. 225–238, hier: S. 225.
16 Vgl. Stoll 1993, S. 225.

fälschungen gesichert zu artikulieren – das ‚Sprechen nach Auschwitz' scheint so deutlich als Bezugspunkt auf.[17]

Die Problematik dieser Schreibsituation wird dadurch konkretisiert, dass das Ich, das den Versuch unternimmt, ein Testament zu formulieren, sich die Frage stellt: „Gibt es ein Vermächtnis? [...] Ich möchte das Briefgeheimnis wahren. Aber ich möchte auch etwas hinterlassen." (M 682) Wie eine Hinterlassenschaft, dem Grundsatz der Geheimhaltung entsprechend, zu gestalten ist, führt der *Malina*-Text *performativ* vor. Dieser erlangt den Status eines „wirklichen Briefe[s]", der das nicht näher benannte ‚alles' ebenso impliziert, wie er das Schweigen darüber aufrechterhält.[18] Auf dieses poetologische Moment verweist bereits die Brief-Motivik, die den Roman und die Briefe nicht nur durch einen Vergleich zueinander in Beziehung setzt, sondern beiden Schrift-Formen zudem identische Merkmale zuschreibt. Die Gleichsetzung vollzieht sich beispielsweise durch den Hinweis, dass der Text im „Heute" erzählt wird, in einer Zeitform, die für das Ich nicht unproblematisch ist: „Wer je einen schrecklich flehentlichen Brief geschrieben hat, um ihn dann doch zu zerreißen und zu verwerfen, weiß noch am ehesten, was hier unter ‚heute' gemeint ist." (M 277) Der Vorgang des Zerreißens, der aus dem Umstand der Unabschließbarkeit und der Nicht-Versendbarkeit resultiert, wird als eine konstitutive Verfahrensweise benannt. Hierbei ist nicht bloß von einem Akt der Vernichtung auszugehen, was sich wie folgt erklärt: „Die zerrissenen Briefe liegen im Papierkorb, *kunstvoll* durcheinandergebracht und vermischt mit zerknüllten Einladungen [...], vermischt mit leeren Zigarettenschachteln, überstäubt von Asche und Zigarettenstummeln." (M 410) [meine Hervorhebung, M.R.] Das Verschwinden der ursprünglichen Form führt zu einer neuen, die nun – das legt die Beschreibung als „kunstvoll" nahe – in die des Kunstwerks übergeht. So werden die Briefe als das markiert, was *Malina* als literarischer Text ist: ein Kunstwerk. Zudem ist es die Beschaffenheit des Roman-Textes an sich, die darauf hinweist, dass er als ‚wirklicher Brief' zu verstehen ist – weil dieser neben Geschäftsbriefen, Einladungen oder Interviewfragmenten auch unterschiedliche

---

17 Siehe zur vielfach nachgewiesenen thematischen Relevanz des Kontextes ‚Schreiben nach Auschwitz' im *Malina*-Roman: Holger Gehle, „Auschwitz" in der Prosa Ingeborg Bachmanns. In: Deutsche Nachkriegsliteratur und der Holocaust. Hg. von Stephan Braese, Holger Gehle [u.a.]. Frankfurt a. M. [u.a.] 1998, S. 183–195; Andrea Stoll, Erinnerung als ästhetische Kategorie des Widerstandes im Werk Ingeborg Bachmanns. Frankfurt a. M. [u.a.] 1991 u. Stoll 1993.

18 Auch Kohn-Waechter vertritt die Ansicht, dass der Roman als ‚anderer Brief' verstanden werden kann, indem sie auf den Vergleich des Textes mit den „wirklichen Briefe[n]" hinweist (M 277); Gudrun Kohn-Waechter, Das „Problem der Post" in *Malina* von Ingeborg Bachmann und Martin Heideggers *Der Satz vom Grund*. In: Runge und Steinbrügge 1991, S. 226.

Textsorten wie Märchen, Träume und – in Form unterbrochener Telefongespräche – Dialoge enthält.

Berücksichtigt man das produktive Moment der Unordnung als Eigenschaft, die neben den Briefen zugleich dem Roman zukommt, ist auch die letzte Szene in *Malina* in den Blick zu nehmen. Nach dem Verschwinden der Ich-Erzählerin in der Wand, als Malina ein Telefonat führt, in dem dieser ihre Existenz verleugnet, heißt es:

> Er hat meine Brille zerbrochen, er wirft sie in den Papierkorb [...], er schleudert den blauen Glaswürfel nach [...], er läßt meine Kaffeeschale verschwinden [...], er räumt den Tisch ab, er zerreißt ein paar Briefe, er wirft mein Vermächtnis weg, es fällt alles in den Papierkorb. (M 693)

Erst die Zustandsveränderung der Hinterlassenschaft entspricht dem utopischen Vorhaben, das die Ich-Erzählerin mit dem Ziel formuliert, dem „Begehren" „alles zu sagen und sich zugleich im Briefgeheimnis zu üben":[19] „Ich möchte das Briefgeheimnis wahren. Aber ich möchte auch etwas hinterlassen." (M 682) Wie aufgezeigt wurde, ist auch der *Malina*-Roman selbst als eine Hinterlassenschaft zu sehen, die nach dem Ableben der Autorin erhalten bleibt.

Analog zur Veränderung der ursprünglichen Form der Briefe – hin zur ‚wirklichen' – verschwindet das Figuren-Ich zugunsten der Stimme eines Ich, dem die Autorschaft zuzuschreiben ist. Jasmin Hambsch zeigt, dass der letzte Satz, „Es war Mord" (M 695), einen Bruch im Erzählverhalten markiert. Alles bisher im „Heute"[20] Erzählte wird einerseits durch das Verlassen der Dialog-Struktur und andererseits mit dem Tempuswechsel von Präsens zu Präteritum von der intradiegetischen Erzählebene abgegrenzt. Somit ist ersichtlich, dass dieser letzte Satz der extradiegetischen Ebene zugehört.[21]

---

19 Vgl. Weigel 1999, S. 558.
20 Das erzählende Ich, das gleich zu Beginn die Gegenwarts-Perspektive wählt, verweist auf die Schwierigkeit dieser Festlegung, indem es bemerkt, dass dies nur „in höchster Angst und fliegender Eile" (M 277) geschehen kann. Nachfolgend vollzieht sich die Narration tatsächlich im „Heute", obwohl der Text durchaus auch Analepsen und Prolepsen beinhaltet. Diese gehören jedoch zum Sprechen des Ich, das sich im „Heute" an eine andere Figur der inner-fiktionalen Welt wendet, sodass die Einheit der Zeit im Erzählten bis zum letzten Satz eingehalten wird.
21 Vgl. Jasmin Hambsch, „Das schreibende Ich". Erzählerische Souveränität und Erzählstruktur in Ingeborg Bachmanns Roman *Malina*. Würzburg 2009, S. 107–108 – Die Erzählsituation im Roman ist, aufgrund ihrer Dialogstruktur, so gestaltet, dass zunächst der Eindruck eines gleichzeitigen Erzählens von Figuren-Ich und erzählendem Ich entsteht – deshalb, weil jeder Erzählvorgang in einer eigenen Gesprächs-Situation stattfindet, in der die Ich-Figur zu Malina, Ivan oder einem unbekannten Adressaten spricht. Deswegen hat alles im Text Gesagte dem Ich auf der Figuren-Ebene zugeordnet zu werden.

Auffällig ist, dass das Ich auf der Figuren-Ebene eine allwissend anmutende Erzählhaltung einnimmt, die „typischerweise im Kompetenzbereich einer narrativen Instanz auf extradiegetischer Ebene" zu liegen hätte.[22] Beispielsweise hat es visionäre Gedanken und Todesahnungen, die als solche in die Zukunft reichen, und es konfrontiert Malina mit Details aus seiner biografischen Vergangenheit. Deshalb ist hier eine strikte Trennung beider Erzählinstanzen nicht möglich – vielmehr ist die extradiegetische Position der intradiegetischen eingeschrieben. Der Aspekt der Untrennbarkeit wird mit der Szene evident, in der das Eingehen in die Wand erfolgt. Denn wenn das Figuren-Ich in seinem Erzählen tatsächlich durch eine hervortretende extradiegetische Instanz, die etwa Malina zugehörte, abgelöst würde, müsste diese bereits nach dem Ich-Tod, der vor dem Aussprechen des letzten Satzes liegt, sichtbar werden. Das ist jedoch erkennbar nicht der Fall:

> [...] ich gehe in die Wand, ich halte den Atem an. [...] Aber die Wand tut sich auf, ich bin in der Wand, und für Malina kann nur der Riß zu sehen sein, den wir schon lange gesehen haben. Er wird denken, daß ich aus dem Zimmer gegangen bin.
>
> Das Telefon läutet, Malina hebt es ab, er spielt mit meiner Sonnenbrille und zerbricht sie, er spielt dann mit einem blauen Glaswürfel, der doch mir gehört. [...]
> [...] er zerreißt ein paar Briefe, er wirft mein Vermächtnis weg, es fällt alles in den Papierkorb. Er läßt eine Blechbüchse mit Schlaftabletten zwischen die Papierfetzen fallen [...][.] (M 692–693)

Mit dieser Passage erfolgt eine tendenzielle Veränderung von einer internen hin zu einer externen Fokalisierung, die zwar „einen Rückzug aus der gefühlsbetonten Situation, jedoch keinen Erzählerwechsel anzeigt".[23] Auch weil die Possessivpronomen weitergeführt werden, ist davon auszugehen, dass erzählendes und erzähltes Ich eins sind. So wird in dieser Szene eine „Kontinuität des Weitererzählens" sichtbar, die durch die veränderte Fokalisierung nicht durchbrochen wird.[24] Deshalb ist der Beobachtung Hambschs zu folgen, die einen Teil des Ich zwar in die Wand gehen sieht, jedoch gleichzeitig einen sich von dem Geschehen entfernenden Teil ansetzt, der weiterspricht.[25] „Die Umsetzung", argumentiert Hambsch, „hängt [...] mit der Interpretation des Sterbens zusammen, mit der Art der Zustandsveränderung vom Leben zum Tod: „Im Roman *Malina* bedeutet Tod *Abspaltung, Absterben* und *Sprechen aus veränderter Perspektive*."[26] Das Ich der Figuren-Ebene verschwindet nur insofern, als dasselbe nun in veränderter Form

---

22 Vgl. Hambsch 2009, S. 107.
23 Vgl. Hambsch 2009, S. 109.
24 Vgl. Hambsch 2009.
25 Vgl. Hambsch 2009.
26 Hambsch 2009.

erscheint, als eine Erzählinstanz, die von der Hinterlassenschaft berichtet. Weil das Moment der Absage auch dem Ich eingeschrieben ist, beschreibt es sich als „in einem Zustand der Auflösung oder der Neukomposition" (M 567–568) verharrend – dieser ist für das erzählende Ich und den Text konstitutiv.

Damit wird das Ich seinem Anspruch gerecht, das „Briefgeheimnis [zu] wahren" und doch „auch etwas [zu] hinterlassen" (M 682). Denn Mitwisserschaft und Wissensmissbrauch werden mit der paradoxen Struktur des „wirklichen Briefe[s]" unmöglich gemacht. Und indem die ‚Poetik des Briefes' auch den Roman *performativ* prägt, findet sich zudem die Möglichkeit eines Sprechens im „Raum des Nach-Auschwitz" thematisiert.[27]

2 Die Poetik der Korrespondenz

Eben jenes Spannungsfeld aus Sprachzweifel und Sprachhoffnung prägt auch die *Herzzeit*-Korrespondenz. So heißt es in Bachmanns Brief vom 3. September 1959: „Ich denke und denke, aber immer in dieser Sprache, in die ich kein Vertrauen mehr habe, in der ich mich nicht mehr ausdrücken will. –" (H 120–121) Erkennbar im ‚Nicht-mehr', teilt sich Celan ein auf Sprachzweifel gründender Bruch mit, der – das legen die Biografien beider Dichter nahe – maßgeblich durch die Jüdische Katastrophe definiert wird.[28] Verstummen und Nicht-Artikulation, als mögliche Folge des gestörten Sprachvertrauens, werden in einem der vorhergehenden Briefe bereits implizit zur Disposition gestellt, wenn Bachmann ihr Gegenüber aufruft, Position zu beziehen: „Bitte Paul, schreib mir, ob Du glaubst, dass man mit einem grossen Zweifel und aus vielen Zweifeln heraus doch etwas sagen darf!" (H 116) Das hier gesetzte Ausrufezeichen, das im gesamten Briefwechsel an nur wenigen

---

[27] Vgl. Hans Höller und Andrea Stoll, Das Briefgeheimnis der Gedichte. In: Bachmann und Celan 2008, S. 224–243, hier: S. 239.

[28] Obwohl beide Biografien wesentlich von der jüdischen Katastrophe geprägt sind, ist auf die Differenzen hinzuweisen, die zwischen dem „staatenlose[n] Jude[n] deutscher Sprache aus Czernowitz, der beide Eltern in einem deutschen Konzentrationslager verloren und selbst ein rumänisches Arbeitslager überlebt hatte", und der „Philosophie studierende[n] Tochter eines frühen österreichischen Mitglieds der NSDAP" bestanden; Barbara Wiedemann und Bertrand Badiou, „Laß uns die Worte finden". Zum Briefwechsel zwischen Ingeborg Bachmann und Paul Celan. In: Bachmann und Celan 2008, S. 215 – „Was die Konstellation Celan-Bachmann in dieser Hinsicht exemplarisch macht", so Holger Gehle, „ist, daß beide nicht nur in der negativen Symbiose nach Auschwitz auf einer der beiden Seiten, der deutschen oder der jüdischen, agieren, sondern daß sie das gegensätzliche Miteinander *in ihrem je eigenen Horizont* austragen"; Holger Gehle, Poetologien nach Auschwitz. Bachmanns und Celans Sprechen über Dichtung zwischen 1958 und 1961. In: Böschenstein und Weigel 1997, S. 117.

Stellen vorliegt, deutet die utopische Dimension eines in die Zukunft gerichteten (Weiter-)Sprechens an. Das Gelingen eines dialogischen Zusammentreffens wird als Voraussetzung des Weiterexistierens definiert:

> [...] eben kam Dein Expressbrief, Paul, gottlob. Atmen ist wieder möglich. [...] Ich werde Dich hören, aber hilf Du mir auch, indem Du mich hörst. Ich schicke jetzt das Telegramm ab mit der Nummer und bete drum, daß wir die Worte finden. (H 128–129)

Die Freundschaft der beiden stellt sich als Suche nach einer adäquaten Form des Ausdrucks dar; diese steht daher auch im Mittelpunkt des Briefwechsels.

Der Modus der Veränderung des pragmatischen Briefs hin zum literarischen Text, der im *Malina*-Roman inszeniert wird, ist auch hier auszumachen. An einzelnen Briefen wird sichtbar, dass die Grenze zum literarischen Text überschritten wird und der eigentlich pragmatisch lesbare Brief sich in ein Kunstwerk verändert. Befragt nach der Möglichkeit des Weitersprechens nach dem Bruch, deutet der jeweilige Brieftext – *performativ* auf die eigene Sprech-Form verweisend – eine Antwort an.

Sichtbar wird dies auf sprachlicher Ebene dadurch, dass im Dialog der Briefpartner die Chiffrierung von konkreten Gegenständen hin zum poetischen Bild vollzogen wird. In einem von Celans Briefen verweist die Bezeichnung „Lampe" zunächst auf einen faktischen Gegenstand: „Morgen ziehst Du in Deine neue Wohnung: darf ich bald kommen und mit Dir eine Lampe suchen gehen?" (H 69) In den Briefen, die zwischen den beiden folgen, wird die Bedeutung von „Lampe" sodann umgeschrieben und mit Attributen versehen, die diese als Trope erkennbar werden lassen.[29] So äußert sich Bachmann, dem utopischen Wert zum Trotz, zu einer im Lichte der Hoffnung betriebenen Sprachsuche: „Dann aber werden wir Klarheit und keine Verwirrungen mehr stiften – und die Lampe suchen gehen!" (H 70) Bestätigt wird diese Deutung im nächsten Brief Celans, der die Trope noch einmal aufgreift und weiterschreibt: „Lampensuchenderweise / Paul" (H 71).

Als einschlägige Phänomene eines veränderten Sprechens, das sowohl verschweigt als auch benennt, sind die Sprachcodes zu verstehen, die in einzelnen Briefen als Abschiedsformel fungieren. Im November 1957 heißt es bei Bachmann: „Hab Dank für alles, – Du weißt." (H 68) Am 8. Februar 1958 antwortet Celan mit: „Du weißt, Ingeborg, Du weißt ja" (H 86), woraufhin in Bachmanns Brief vom

---

[29] Die intertextuellen Bezugnahmen in den Gedichten, in denen die ‚Lampe' als gemeinsames, wenn auch mehrdeutig verwendetes Bild der Sprachsuche beschworen wird, sind auch dem Briefwechsel implizit. Eine ausführliche Beschreibung und werkbezogene Kontextualisierung der Chiffren „Lampe" und „Leuchter" nimmt Cindy K. Renker in ihrem Beitrag vor: „Lampensuchenderweise...". Paul Celans und Ingeborg Bachmanns Suche nach Wahrheit, S. 24–41.

16. Juli 1958 ausführlicher zu lesen ist: „Und wir – ach Paul, Du weißt ja, und ich weiß nur jetzt kein Wort dafür, in dem es ganz stünde, was uns hält." (H 91) Innerhalb dieser chiffrierten Sprachcodes verweisen die Gedankenstriche auf den Moment der Unsagbarkeit, der erst in der Formel selbst artikulierbar ist und auf das implizite, aber unbenannte ‚alles' hindeutet. Für die Korrespondenz ist somit charakteristisch, was bereits für *Malina* gegolten hat: die Formierung einer Hinterlassenschaft, die den Erfordernissen des Briefgeheimnisses Rechnung trägt.

Das Ich, dem bereits im Roman „etwas Scheinhaftes" eignet,[30] wird in der Korrespondenz von Bachmann ebenso als ein der Sprache unterworfenes Individuum erkennbar:

> Ich kann mich nicht verständlich machen vor Öde und Erschöpfung, und es geht schon seit Wochen so. [...] ich sollte überhaupt arbeiten, kann aber nicht, es zerbricht mir alles. (H 111)

Die umfassende Bedrohung, die in der Unfähigkeit zu schreiben liegt, wird mit einer Krankheit verglichen, die zur völligen Versehrtheit führt:

> [...] wenn ich wenigstens noch, wie es andre können, einen Brief schreiben könnte in einer Stunde oder an einem Abend – aber es ist seit langem schon wie eine Krankheit, ich kann nicht schreiben, bin schon versehrt, wenn ich das Datum hinsetze oder das Blatt in die Maschine ziehe. (H 157)

Mit dieser engen Kopplung an die Sprechfähigkeit geht zugleich die Möglichkeit der Ich-Konstitution einher – im Fall eines gelingenden Sich-Artikulierens.

Mit der Sentenz „Ein Wort von Dir – und ich kann leben" (H 65) wird deutlich, dass das Sprechen nur als ein dialogisches gelingen kann. Selbst die Momente des Gelingens belegen, dass dieses Sprechen den Aspekt des Unaussprechlichen einschließt, ja produktiv nutzt, indem Chiffren und Tropen erschrieben werden, welche die sprachliche Unverschickbarkeit des Unsagbaren aufnehmen.

Dass diese stetige Sprachfindung bloß selten erfolgreich ist, zeigen die störenden „Einbrüche" des „Schweigen[s]" (H 152), das „verzweifelte[] Sprechen" (H 62), das „ins Leere [S]preche[n]" (H 43) und schließlich die „Zerstörung" (H 64). In ihrer Gesamtheit bestimmen diese Phänomene die Korrespondenz und dokumentieren – in Anbetracht der ausbleibenden Antworten oder des Hinweises, keine Briefe mehr erhalten zu wollen – letztendlich das Scheitern der Sprechversuche.[31]

---

[30] Vgl. Adorno 2003, S. 586.
[31] Siehe H 41, Nr. 28; H 135, Nr. 157; H 138, Nr. 163 und auch den letzten nicht abgeschickten Brief Bachmanns H 152–156, Nr. 191.

Die ganz eigene Konstitution der Briefe, die vor allem das Dialogische in den Vordergrund rückt, erweitert denn auch das Verständnis der Brief-Motivik. Während Malina die Briefe des Ich zerreißt und in den Papierkorb wirft, werden zuvor noch andere Briefe durch das Ich hinterlegt:

> Damit Malina nicht merkt, für welchen Platz ich mich entschieden habe, darf ich kein Geräusch machen [...]. Ich habe vergessen, auf das Packpapier etwas zu schreiben, falls diese Briefe doch einmal gefunden werden, von Fremden, nach einer Auktion, auf der mein Sekretär versteigert werden wird. Eine Wichtigkeit müßte hervorgehen aus wenigen Worten. Jetzt also noch wenige Worte: Es sind dies die einzigen Briefe... diese Briefe sind die einzigen Briefe... die Briefe, die mich erreicht haben... Meine einzigen Briefe!
> Für die Einzigartigkeit von Ivans Briefen finde ich den Satz nicht, und ich muß es aufgeben, ehe ich hier überrascht werde. Die Lade klemmt. Mit meinem ganzen Gewicht, aber leise, drücke ich sie zu, schließe sie ab und stecke den Schlüssel in Malinas alten, um mich schlotternden Morgenmantel. (M 689–690)

Der Vorgang des Versteckens von Briefen, die „doch einmal gefunden werden" sollen, verweist auf die potentielle Brüchigkeit des Dialogs – dieser ist sowohl als funktionierender als auch als scheiternder denkbar. Indem es das Versteckte im Sinn der von Celan beschriebenen ‚Flaschenpost' zu entdecken gilt, wird betont, dass auch dieser Briefverkehr als ein dialogischer Versuch zu verstehen ist, der in seiner Funktion auf den *Malina*-Text selbst verweist.

Abschließend lässt sich festhalten, dass die im Jahr 2008 veröffentlichten Briefe insofern wiederholt als literarische Formen erscheinen, als auf einer sprachlichen Metaebene insbesondere der Dialog als Bedingung für das Gelingen des Sprechens hervortritt – im Kontext des Scheiterns allerdings, wie es zu präzisieren gilt. Die Sprachreflexionen, die sich darin vollziehen, sind als maßgeblich von der Jüdischen Katastrophe bestimmt zu verstehen und geben folglich Auskunft über konkrete biographische Ereignisse.

Literaturverzeichnis

Adorno, Theodor W.: Gesammelte Schriften in zwanzig Bänden. Hg. von Rolf Tiedemann. Frankfurt a. M. 2003.
Bachmann, Ingeborg: *Todesarten*-Projekt. Kritische Ausgabe. 4 Bde. in 5. Hg. von Monika Albrecht und Dirk Göttsche. München [u.a.] 1995.
Bachmann, Ingeborg: Ich weiß keine bessere Welt. Unveröffentlichte Gedichte. Hg. von Isolde Moser, Heinz Bachmann und Christian Moser. München [u.a.] 2000.
Bachmann, Ingeborg und Paul Celan: „Herzzeit". Der Briefwechsel. Mit den Briefwechseln zwischen Paul Celan und Max Frisch sowie zwischen Ingeborg Bachmann und Gisèle Celan-Lestrange. Hg. von Bertrand Badiou, Hans Höller, Andrea Stoll und Barbara Wiedemann. Frankfurt a. M. 2008.

Benjamin, Walter: Gesammelte Schriften. Hg. von Rolf Tiedemann und Hermann Schweppenhäuser. 7 Bde. Frankfurt a. M. 1980.

Böschenstein, Bernhard und Sigrid Weigel (Hg.): Paul Celan – Ingeborg Bachmann. Zur Rekonstruktion einer Konstellation. In: Ingeborg Bachmann und Paul Celan. Poetische Korrespondenzen. Vierzehn Beiträge. Frankfurt a. M. 1997, S. 7–14.

Eberhardt, Joachim: „Es gibt für mich keine Zitate". Intertextualität im dichterischen Werk Ingeborg Bachmanns. Tübingen 2002.

Gehle, Holger: Poetologien nach Auschwitz. Bachmanns und Celans Sprechen über Dichtung zwischen 1958 und 1961. In: Ingeborg Bachmann und Paul Celan. Poetische Korrespondenzen. Hg. von Bernhard Böschenstein und Sigrid Weigel. Frankfurt a. M. 1997, S. 116–130.

Gehle, Holger: „Auschwitz" in der Prosa Ingeborg Bachmanns. In: Deutsche Nachkriegsliteratur und der Holocaust. Hg. von Stephan Braese, Holger Gehle, Doron Kiesel und Hanno Loewy. Frankfurt a. M. [u.a.] 1998, S. 183–196.

Hambsch, Jasmin: „Das schreibende Ich". Erzählerische Souveränität und Erzählstruktur in Ingeborg Bachmanns Roman *Malina*. Würzburg 2009, S. 107–108.

Höller, Hans und Andrea Stoll: Das Briefgeheimnis der Gedichte. In: „Herzzeit". Ingeborg Bachmann – Paul Celan. Der Briefwechsel. Hg. von Bertrand Badiou, Hans Höller, Andrea Stoll und Barbara Wiedemann. Frankfurt a. M. 2008, S. 224–243.

Kohn-Waechter, Gudrun: Das „Problem der Post" in *Malina* von Ingeborg Bachmann und Martin Heideggers *Der Satz vom Grund*. In: Die Frau im Dialog. Studien zu Theorie und Geschichte des Briefes. Stuttgart 1991, S. 225–242.

Stoll, Andrea: Erinnerung als ästhetische Kategorie des Widerstandes im Werk Ingeborg Bachmanns. Frankfurt a. M. [u.a.] 1991.

Stoll, Andrea: Erinnerung und Schreibprozess – Zur ästhetischen Relevanz subjektiver und kollektiver Erinnerungsformen im Werk Bachmanns. In: Ingeborg Bachmann. Neue Beiträge zu ihrem Werk. Internationales Symposium Münster 1991. Hg. von Dirk Göttsche und Hubert Ohl. Würzburg 1993, S. 225–238.

Weigel, Sigrid: Ingeborg Bachmann. Hinterlassenschaften unter Wahrung des Briefgeheimnisses. Wien 1999.

Wiedemann, Barbara: „auch ich schreibe jetzt mit Durchschlag…". Reflektierte Materialität im Briefwechsel zwischen Ingeborg Bachmann und Paul Celan. In: Der Brief – Ereignis & Objekt. Frankfurter Tagung. Hg. von Waltraud Wiethölter und Anne Bohnenkamp. Frankfurt a. M. [u.a.] 2010, S. 196–215.

Wiedemann, Barbara und Bertrand Badiou: „Laß uns die Worte finden". Zum Briefwechsel zwischen Ingeborg Bachmann und Paul Celan. In: „Herzzeit". Ingeborg Bachmann – Paul Celan. Der Briefwechsel. Hg. von Bertrand Badiou, Hans Höller, Andrea Stoll und Barbara Wiedemann. Frankfurt a. M. 2008, S. 215–223.

Mareike Stoll
„... und eine Schreibmaschine"
Handgeschriebenes und Maschine-Geschriebenes bei Ingeborg Bachmann und Paul Celan

1 Der Brief als Geheimnis

Im Kapitel über „Das Geheimnis und die geheime Gesellschaft", das aus der Abhandlung über die *Soziologie* stammt, führt Georg Simmel 1908 den Brief als „soziologisches Phänomen" ein.[1] Er schreibt, dass der Brief gerade in Bezug auf die „Kategorie der Geheimhaltung" eine „ganz eigenartige Konstellation" darstelle. Denn, so führt er aus: Zunächst habe „die Schriftlichkeit ein aller Geheimhaltung entgegengesetztes Wesen".[2] Was geschrieben wird, will auch gelesen werden: zumal dann, wenn es sich um einen Brief handelt, der sich an einen bestimmten Adressaten richtet. Die *Herzzeit*, deren Veröffentlichung von der Nachwelt lange erwartet worden war, damit sich das „Geheimnis der Begegnung", wie Celan im *Meridian* schreibt, erhellt, bildet da keine Ausnahme.[3]

Seit dem Jahr 2008 liegt die Korrespondenz in Buchform vor,[4] und somit stellt sich die Frage, inwieweit diese Briefe tatsächlich einen Einblick in die Beziehung der beiden erlauben. Gut zehn Jahre vor dem Erscheinen spricht Sigrid Weigel bereits von der Notwendigkeit, sich bewusst zu halten, „daß wir uns stets in der Position der Lektüre befinden und niemals werden wissen können, ‚wie es denn eigentlich gewesen ist'".[5] Mit diesem Zitat Rankes (bzw. Benjamins) und dem dringenden Verweis darauf, dass auch die Briefe uns letztlich bloß Lektüren er-

---

[1] Vgl. Georg Simmel, Exkurs über den schriftlichen Verkehr. In: Soziologie. Untersuchungen über die Formen der Vergesellschaftung. Leipzig 1908, S. 379–382, hier: S. 379.
[2] Vgl. Simmel 1908.
[3] Vgl. Paul Celan, Der Meridian. In: Gedichte III, Prosa, Reden. Band 3. Hg. von Beda Allemann und Stefan Reichert. Frankfurt a. M. 2000, S. 187–202, hier: S. 198 (Gesammelte Werke in sieben Bänden. Hg. von dens.).
[4] Ingeborg Bachmann und Paul Celan, „Herzzeit". Der Briefwechsel. Mit den Briefwechseln zwischen Paul Celan und Max Frisch sowie zwischen Ingeborg Bachmann und Gisèle Celan-Lestrange. Hg. von Bertrand Badiou, Hans Höller [u.a.]. Frankfurt a. M. 2008.
[5] Vgl. Sigrid Weigel, Die Erinnerungs- und Erregungsspuren von Zitat und Lektüre. Die Intertextualität Bachmann – Celan, gelesen mit Benjamin. In: Ingeborg Bachmann und Paul Celan. Poetische Korrespondenzen. Vierzehn Beiträge. Hg. von Bernhard Böschenstein und Sigrid Weigel. Frankfurt a. M. 1997, S. 231–249, hier: S. 238.

lauben, ist den zahlreichen Fragen an den Briefwechsel zu begegnen – so groß die Neugier auch sein mag, zu erfahren, wie sich dieses „Geheimnis der Begegnung" denn nun in den Briefen manifestiert hat. Dass der Brief offenbar auch eine Fähigkeit habe, sich gegen die Offenbarung des geschriebenen Geheimnisses zu wehren, beschreibt bereits Simmel in seiner Abhandlung treffend. Der Brief wird, in der „Verbindung von Geheimnisversprechen und Auslegungsoffenheit", zum ‚poetischen Phänomen', wie Detlev Schöttker in Bezug auf Ruhm und Nachwelt ergänzt.[6] Mit Simmels Worten gesprochen, heißt das: „gerade die Wehrlosigkeit des Briefes" führt dazu, dass das Geheimnis, das er preiszugeben scheint, gewahrt bleibt, weil er vielerlei Arten von Lektüren und Deutungen ausgesetzt ist.[7] In der uns vorliegenden Edition der zwischen Bachmann und Celan geführten Korrespondenz stoßen wir auf eben dieses Paradoxon des Briefgeheimnisses, das den Brief zum soziologischen wie poetischen Phänomen werden lässt. Gerade diese Korrespondenz offenbart vor allem eines: dass das Briefgeheimnis auf besondere Weise zum Tragen kommt, weil beide sich zu einem konkreten Du, zu einem Anderen hinschreiben – und damit zu sich selbst.

Im Folgenden werden die Dialogspuren von Schreibenden aufgelesen, die in den Jahren auf je unterschiedliche Weise das dialogische Prinzip des Briefs in ihre Literatur aufnehmen. Konkret geht es darum, wie sich beide Schriftsteller in den Briefen ihre eigene Poetik erschreiben.[8] Gerade weil der Briefwechsel so früh schon beginnt, 1948, während sich die jeweilige literarische Sprache noch formiert, kann die Lektüre des Briefwechsels als Korrektiv und Ergänzung zu den literarischen Analysen fungieren.[9]

Dabei steht das Handgeschriebene und das Schreiben mit der Maschine in einem steten Spannungsverhältnis, als Materialität der Briefe, die auch für Anderes steht und sich als solches in die Gedichte einschreibt, in die Poetologie, sowie in das erzählerische Werk. Im Fall Celans zeigen sich starke inhaltliche Bezüge zur Handschrift und zur Hand als Träger des Poetischen, bei Bachmann

---

[6] Vgl. Detlev Schöttker (Hg.), Einführung: Briefkultur und Ruhmbildung. In: Adressat: Nachwelt. Briefkultur und Ruhmbildung. München 2008, S. 9–16, hier: S. 9.
[7] Vgl. Simmel 1908, S. 380 – Vgl. auch Celans „Entwürfe für fiktive Briefe" in der Prosa aus dem Nachlass; Paul Celan, „Mikrolithen sinds, Steinchen". Die Prosa aus dem Nachlaß. Frankfurt a. M. 2005, S. 128–129.
[8] Celan in einem Brief an Bachmann: „Der Mai – die Lesung in Düsseldorf – ist weit, ich weiß nicht, ob ich so lang warten kann, ich versuch, mich durch die viele Zeit hindurchzuschreiben."; Bachmann und Celan 2008, S. 86.
[9] Darauf hingewiesen wird in verschiedenen Beiträgen, die Jahre vor dem Erscheinen des Briefwechsels publiziert wurden und in denen immerhin eine Antizipation der Bedeutung der privaten Briefe erfolgte – Siehe hierzu u. a. Böschenstein und Weigel 1997.

dagegen etliche zur Schreibmaschine als Möglichkeitsbedingung des Dichtens, als etwas, das Denkraum schafft.

2 Von Hand zu Hand: Brief und Gedicht

Celan und Bachmann haben ein besonderes Konzept von Poetologie, eines, das dialogisch geprägt ist. Darunter ist eine komplexe, vielgestaltige Art des Schreibens zu verstehen, die sich entweder als direkte Auseinandersetzung mit dem ‚Du', in Form des Gesprächs, oder eben als dialogische Sonderform zu erkennen gibt.[10] Bei Celan ist Dichtung bzw. das Gedicht vom Anderen her gedacht, „vielleicht" sogar vom „ganz Anderen", wie es im *Meridian* heißt.[11] Bachmann dagegen versteht unter dem Dialogischen ein Zwiegespräch mit Texten, damit der Andere in Zitaten und Verweisen durchklingen möge.

Während nun Celan das Handschriftliche eignet, das als „Händedruck" seiner Poetologie des Gedichts entspricht,[12] erklärt Bachmann die Schreibmaschine zur Voraussetzung ihres Schreibens und Denkens. In beiden Fällen ist zu beobachten, dass diese Konzepte des ‚Dialogischen' am Anderen erprobt und im Schreiben an ihn weiterentwickelt werden. Nicht in der expliziten Kommunikation darüber, sondern implizit im Raum der Briefe, der zu einer Art Test-Raum wird, gelangen beide zu einem eigenständigen Konzept, dessen Spezifisches sich bei Celan im *Gespräch im Gebirg*, im *Meridian* und in der *Niemandsrose* manifestiert, und bei Bachmann in der längeren Erzählform, also spätestens in *Malina*.

Im Juli 1951 übergibt Bachmann, die zu jenem Zeitpunkt in Wien lebt, ihrem Bekannten Klaus Demus einige Briefe, welche dieser in Paris direkt Celan aushändigen soll. Es handelt sich um nicht abgeschickte, ältere Briefe, die auf diese Weise doch noch ihren Adressaten erreichen werden. In diesen frühen Briefen an Celan vermischt sich Handschriftliches mit Getipptem, unter anderem im Brief 18, der zwar per Hand verfasst wurde, der aber maschinengeschriebene Beilagen enthält, die ihrerseits wiederum Ergänzungen und Korrekturen aufweisen, die nicht von Anschlägen aus der Maschine stammen. Mit ihrer Bitte um Nachsicht, weil viele der Briefe nicht rein handschriftlicher Natur sind, wird ihre Vermutung

---

10 Siehe *Gespräch im Gebirg*: Celan 2000, Band 3, S. 169–173.
11 Vgl. Celan 2000, Band 3, S. 196 – Siehe auch Sandro Zanetti, Spielräume der Adressierung. Kleist, Goethe, Mallarmé, Celan. In: Der Brief – Ereignis & Objekt. Tagung Frankfurt. Hg. von Waltraud Wiethölter und Anne Bohnenkamp. Frankfurt a. M. 2010, S. 42–57.
12 Vgl. Paul Celan, Brief an Hans Bender (18. Mai 1960). In: Gedichte III, Prosa, Reden. Band 3. Hg. von Beda Allemann und Stefan Reichert. Frankfurt a. M. 2000, S. 177–178, hier: S. 177 (Gesammelte Werke in sieben Bänden. Hg. von dens.) – Ich danke Hent de Vries für diesen Hinweis.

explizit, dass der getippte Brief weniger persönlich als der handgeschriebene wirkt. Dies versucht sie zu entkräften, wenn sie schreibt:

> Nimm mir vor allem nicht übel, daß ich die wichtigsten Briefe immer mit der Maschine geschrieben habe. Das Tippen ist mir so zur Gewohnheit – oder viel mehr als das – geworden, daß ich kaum mehr fähig bin, Worte, die mir am Herzen liegen, mit Tinte aufs Papier zu malen.[13]

Bedenkt man, dass es um die „Worte" geht, die ihr „am Herzen liegen" – womit sie evoziert, dass diese an das Herz des Gegenübers gerichtet sind –, ist die Wahl des Schreibmediums bemerkenswert. Dies erklärt sich damit, dass das Mechanische der Tippgeräusche für Bachmann zu „mehr" als einer „Gewohnheit [...] geworden" ist – zu etwas Unverzichtbarem, das eine Denkbewegung ermöglicht, die Schreibmaschine so zu einer Art von Denkmaschine macht. Die Finger suchen sich beim Anschlagen einen Weg durch die Tasten, berühren einzelne Buchstaben und drücken sie aufs Blatt Papier. Im wörtlichen Sinn handgeschrieben sind zwar auch die Briefe, die der Maschine entstammen, sie sind aber weniger individuell als es das Malen mit „Tinte aufs Papier" wäre. Als Schreibende bewegt sich Bachmann hier im Spannungsfeld von unabgesandtem, nachträglich korrigiertem Entwurf und dem dann doch übergebenen Geschriebenen, das in den Dialog eingebracht wird und der Kritik durch den Empfänger ausgesetzt ist. In diesem einen Brief, der drei ältere Briefentwürfe als Beilage enthält, wird so schon zu Beginn des Briefwechsels das Spannungsverhältnis deutlich, das zwischen Handschrift und Getipptem besteht.

Auf der Seite Celans steht, nach dem Verharren im passiven Zustand des Wartens, nun die deutlich artikulierte Schwierigkeit, auf „Dein allzu beharrliches Schweigen" zu antworten[14] – treffen doch jetzt alle Briefe zugleich ein. Celan nimmt in seiner Antwort auch auf die Materialität der Briefe Bezug, auf Handgeschriebenes und die Schreibmaschine, um Kritik zu üben einerseits an dem, was gesagt wird – an den Worten, die ihr „am Herzen liegen" –, und andererseits an Bachmanns aufgeschobener Kommunikation, die ein schwer zu deutendes Schweigen zeitigt. Ausgangspunkt seiner Kritik sind die handschriftlichen Durchstreichungen des auf der Maschine getippten Briefes vom März 1951. Weil es sich bei den Korrekturen um insgesamt sorgfältig ausgeführte handelt, in einem Fall aber um eine dennoch entzifferbare „Stelle in einem Deiner Briefe",[15] liegt

---

13 Bachmann und Celan 2008, S. 21.
14 Vgl. Bachmann und Celan 2008, S. 25.
15 Vgl. Bachmann und Celan 2008.

aufseiten Celans die Lektüreanstrengung vor, ihr Schweigen, unter Einbeziehung der ungleichen Spuren, adäquat zu deuten.[16]

Das schnelle Lesen dieser nachträglich übergebenen Briefentwürfe nacheinander lässt diese zu einem Zeugnis eines beredten Schweigens werden. Celan aber kommt, so hat es den Anschein, über das „allzu beharrliche[] Schweigen" nicht hinweg. Er weist ihre Briefe – und damit den Wunsch, lesbar zu machen, was sich als Schweigen ausgedrückt hat – zurück. Er schreibt eine schnelle, kühle Antwort und schließt mit einer eindringlichen Bitte, die dem Zeugnis-Charakter den Wunsch eines brieflichen Dialogs entgegensetzt: „Liebe Inge, ich schließe nun. Ich schließe mit der Bitte, mir öfter und regelmäßig zu schreiben. / Alles Liebe und Schöne! / Paul"[17]

Jetzt hat auch Celan auf die Schreibmaschine zurückgegriffen. Bei Bekannten, bei denen er für einige Zeit wohnen kann, steht ihm eine solche zur Verfügung: „Kein Straßenlärm, keine bummelnden Studenten, keine Amerikaner, die ‚Paris by night' erleben ... und eine Schreibmaschine."[18] Dass Celan gerade für diesen Brief, mit dem er auf die späte Zusendung reagiert, eine Schreibmaschine benutzt, lässt sich als bewusst gesetzte Geste der Distanzierung lesen.

3 Zwischen den Briefen: ein Raum des Schweigens

Nicht ausschließlich die vor allem von Bachmann verwendete Schreibmaschine produziert ein ‚Rauschen' – gibt es doch eine komplementäre Art von Störgeräusch, das im handschriftlichen Raum entsteht.

Auf den Vorwurf des „allzu beharrliche[n] Schweigen[s]", den Celan erhebt, reagiert Bachmann einige Monate später mit folgenden Worten:

> Vergiss nicht, dass die „Undeutlichkeiten", mit denen Du ins Gericht gehst, eine Folge davon sind, dass ich ins Leere spreche. Ich habe keine Moeglichkeit mehr, gutzumachen, und das ist

---

16 Vgl. Barbara Wiedemann, „auch ich schreibe jetzt mit Durchschlag...". Reflektierte Materialität im Briefwechsel zwischen Ingeborg Bachmann und Paul Celan. In: Wiethölter und Bohnenkamp 2010, S. 196–215, hier: S. 206.
17 Bachmann und Celan 2008, S. 27.
18 Bachmann und Celan 2008 – Dass die Briefe oft auch Zeugnisse wechselnder Stimmungen sind, zeigt der Brief 25, der sich wieder ganz anders liest – zumal es nun Celan ist, der sich in der Schuld fühlt, lange nicht geschrieben zu haben: „So stehe ich nun tief in Deiner Schuld [...]. Verzeih also und lass uns endlich zueinander sprechen. [...] Lass mich alles wissen, was mitteilbar ist, und darüber hinaus vielleicht manchmal eines von den leiseren Worten, die sich einfinden, wenn man allein ist und nur in die Ferne sprechen kann. Ich tue dann dasselbe. / Das Lichteste dieser Stunde! / Paul"; Bachmann und Celan 2008, S. 34 u. 36.

das Schlimmste, was einem widerfahren kann. Meine Situation wird immer gespenstischer. Ich habe alles auf eine Karte gesetzt und ich habe verloren.[19]

Von da an ist es Celan, der schweigt, also keine Briefe mehr an sie schickt.

Der Briefwechsel ist von einem vielschichtigen Gewebe des Schweigens durchzogen. Diese Variationen lassen sich als Teil der schwierigen Kommunikation lesen, die sowohl den Fortgang des Schreibens als auch jenen des Lesens betrifft. Immer wieder gibt es Phasen, in denen Celan derjenige ist, der regelmäßig schreibt und um Antwortbriefe bittet, dann wiederum ist es Bachmann, die sich veranlasst sieht, sich um den schweigenden Freund zu bemühen.[20]

Ein handschriftlicher Geburtstagsgruß an Celan sticht dabei besonders hervor. Gerade in der Stille, gerade in dem, was durch die Handschrift ausgespart bleibt auf dem Papier, wird etwas angesprochen, das bedeutungsvoll ist, weil es einen Erinnerungsraum schafft: „Es ist so still hier. Eine halbe Stunde ist seit dem ersten Satz vergangen, und der vergangene Herbst drängt sich in diesen Herbst."[21] Zwischen den Zeilen entsteht ein Echo, oder vielmehr eine Stille, die zum Thema des Briefs wird und so auf eine vorhergehende Nachricht verweist, in der Bachmann darum bittet, dass es keine Stille geben möge zwischen ihnen.[22]

Demgegenüber gibt es auch ein explizites „stumm sein mit Dir",[23] von dem Celan spricht, ein aktives Einander-Zugewandtsein, das ihr gemeinsames Sprechen ergänzt. Daher ist diese Art des Schweigens eine positiv besetzte, eine, die in ihrem dialogischen Wesen einen produktiven Beziehungsraum schafft.

Innerhalb des Briefwechsels läuft das Schreiben auf den dramatischen Brief 191 zu, der nicht abgeschickt wird, „da er zu vieles möchte": „Lieber möchte ich ihn nach Paris mitbringen, und ergänzen im Gespräch und ihn ergänzen lassen von Dir", heißt es über diesen Entwurf in einem der abgeschickten Briefe.[24] An dieser Stelle tritt das direkte Gespräch mit dem ‚Du', als aussichtsreicheres Kon-

---

19 Bachmann und Celan 2008, S. 43.
20 Vgl. Bachmann und Celan 2008, S. 215–249.
21 Bachmann und Celan 2008, S. 97.
22 In dem Brief, den sie drei Wochen zuvor an Celan schreibt, herrscht eine Mischung aus traurigem und beschwörendem Ton vor: „Du sagst mir aber nicht, wann Du kommst, wann wir uns sehen können. Du hast die Gedichte nicht geschickt! Entzieh mir Deine Hand nicht, Paul, bitte nicht. / Und schreib mir von Dir, Deinen Tagen, ich muß wissen, wo Du stehst. / Dein schöner Brief, Dein lieber, noch einmal, und noch viel Male mein Frohsein darüber – keine ‚Stille'. / Ingeborg"; Bachmann und Celan 2008, S. 96. Vgl. zur „fürchterlichen Stille" in *Malina* auch: Christine Koschel, „*Malina* ist eine einzige Anspielung auf Gedichte". In: Böschenstein und Weigel 1997, S. 17–22, hier: S. 21.
23 Vgl. Bachmann und Celan 2008, S. 64.
24 Bachmann und Celan 2008, S. 156–157.

zept der Verständigung, in Konkurrenz mit dem Briefeschreiben. Ist der Brief als geschriebenes Wort doch, so Simmel, „trotz oder, richtiger, wegen seiner Deutlichkeit, viel mehr als die Rede der Ort der ‚Deutungen'"; gerade seine vermeintliche „Deutlichkeit", weil ihm nichtsprachliche Teile wie Gestik, Mimik oder Händedruck fehlen, kann Missverständnisse produzieren.[25] So wird dem Medium des Briefs, in einem Moment der Krise, nur mehr eingeschränkt vertraut.

Der Beitrag Barbara Wiedemanns analysiert den Brief 191 ausführlich,[26] kurz allerdings soll darauf Bezug genommen werden. In diesem Entwurf vom 27. September 1961, in dem Bachmann sich noch einmal als Schriftstellerin emanzipiert, ruft sie Celan zur eigenen Stärke auf und formuliert präzise, dass er selbst die Wahl hat, ob er sich der Kritik, unter der er leidet, aussetzen möchte:

> [...] ich glaube nicht, dass die Welt sich ändern kann, aber wir können es und ich wünsche, dass Du es kannst. Hier setze den Hebel an. Nicht der „Strassenfeger" kann es weg[fegen], sondern Du kannst es, Du allein. Du wirst sagen, ich verlange zuviel von Dir für Dich. Das tue ich auch. (Aber ich verlange es auch von mir für mich, darum wage ich es, Dir das zu sagen). Man kann nichts anders verlangen. Ich werde es nicht ganz erfüllen können und Du wirst es nicht ganz erfüllen können, aber auf dem Weg zu dieser Erfüllung wird vieles wegfallen. [...] Ich erwarte, dass Du, [indem] Du mir hilfst, Dir selbst hilfst, Du Dir.[27]

In seiner Schonungslosigkeit ist dieser Entwurf dem Empfänger, der gerade eine schwere Krise durchlebt, nicht zuzumuten; als Zeugnis und Selbstbekenntnis Bachmanns aber ist er denkwürdig. Was hier preisgegeben wird, ist ein unerschütterlicher Glaube an die Kraft der Sprache, an die Kraft zu heilen und nicht zuletzt an die Größe und Standhaftigkeit des ‚Du'. Das Problematische nun liegt darin, dass Celans Position der ihrigen weit entfernt steht, dass Bachmanns Aufruf, sich nicht selbst zum Opfer zu machen, ihren Gesprächspartner in seinem Wesentlichen verkennt: Sie übergeht, dass er ein Opfer des Holocaust war und eines des in Europa erstarkenden Antisemitismus nach wie vor ist. Celan dies abzuerkennen, heißt letztlich, ihn als Person mit eigener Geschichte, nämlich als verfolgten Juden, nicht anzuerkennen.

Das Original sowie die in der Briefedition abgedruckten Faksimiles dieses mit der Schreibmaschine verfassten Entwurfs sind in Bezug auf die „Erregungsspuren" bemerkenswert:[28] Es finden sich viele Auslassungen, viele Zusammenfü-

---

25 Vgl. Simmel 1908, S. 382.
26 Barbara Wiedemann, „du willst das Opfer sein". Bachmanns Blick auf Celan in ihrem nicht abgesandten Brief vom Herbst 1961, S. 42–70.
27 Bachmann und Celan 2008, S. 156.
28 Vgl. Bachmann und Celan 2008, Abb. 17a u. 17b – Weigel verwendet den Begriff der „Erregungsspuren" in ihrer Lektüre; Sigrid Weigel, Die Erinnerungs- und Erregungsspuren von Zitat

gungen und Buchstabendreher; dieser scheint in erregtem Zustand geschrieben und zeugt so von der emotionalen Verfassung der Schreibenden.

Mit „Lieber, lieber Paul" beginnt Bachmann am 5. Dezember 1961, um fortzufahren:

> [...] wohl jeden Tag habe ich schreiben wollen, aber unsere Rückreise, und für mich noch eine Reise dazwischen, haben mich zu nichts kommen lassen; wenn ich wenigstens noch, wie es andre können, einen Brief schreiben könnte in einer Stunde oder an einem Abend – aber es ist seit langem schon wie eine Krankheit, ich kann nicht schreiben, bin schon versehrt, wenn ich das Datum hinsetze oder das Blatt in die Maschine ziehe.[29]

Die Schreibhemmung, von der sie spricht, wird in ungewöhnlich eindringlichen Bildern beschrieben. Etwas daran ist bewegend, weil wir als Leser der Geste des Einziehens des Blattes in die Maschine und dem Setzen des Datums folgen – und dann ebenso ihrem Verharren vor dem leeren Blatt, von dem aus uns gleichermaßen eine Leere, eine Stille, entgegen starrt.

Der Dialog funktioniert nicht mehr, die Schwere all jener Daten, der zeitgeschichtlichen und der persönlichen, scheint zu belastend zu sein. Die Freundschaft zerbricht letztlich an diesem Konflikt des Nichtverstehens, der sich 1961 durch die Briefe weiter verstärkt und den Briefwechsel langsam zum Versiegen bringt. Das geschieht genau zu dem Zeitpunkt, als Bachmann davon spricht, außer Stande zu sein, weitere Briefe zu schreiben. Ein letztes Mal noch kippt das Verhältnis, und es gibt Briefe von ihr, doch dann verstummt sie – er schreibt noch dreimal, ohne Antwort, und dann reißt der Faden, für immer.

In Buchform herausgegebene Briefe bewirken eine spezifische Lektüreerfahrung, weil wir Brief und Gegenbrief lesen können, ohne dass die erschütternden Pausen, die manchmal mehrere Jahre andauern, an mehr als dem Datum ablesbar würden. Wir lesen den Briefwechsel immer auch als einen sich im Wortfluss befindlichen Dialog, während dieser für die Betroffenen und Schreibenden langsamer, quälender zuweilen, gewesen sein muss. Intensiver ist der Dialog für uns dabei auch insofern, als wir beide Seiten vor Augen haben, etwas, das weder für Bachmann noch Celan möglich war: Kopien, Abschriften oder Durchschläge der eigenen Briefe finden sich überaus selten im jeweiligen Nachlass.[30] Das hat Auswirkungen auf die Briefe als Schreibszene für spätere literari-

---

und Lektüre. Die Intertextualität Bachmann – Celan, gelesen mit Benjamin. In: Böschenstein und Weigel 1997, S. 231–249.
29 Bachmann und Celan 2008, S. 157.
30 Vgl. Barbara Wiedemann, „auch ich schreibe jetzt mit Durchschlag…". Reflektierte Materialität im Briefwechsel zwischen Ingeborg Bachmann und Paul Celan. In: Wiethölter und Bohnenkamp 2010, S. 202–203.

sche Texte. Ein Zitieren aus den eigenen Briefen ist dann bloß aus dem Gedächtnis möglich, was dazu führt, dass den intertextuellen Bezügen eine umso höhere Wertigkeit zukommt.

4 Das Gegebene: Datum

Nachfolgend soll das Datum der Briefe dem Datum der Gedichte gegenübergestellt werden, um ein komplementäres Verständnis zu einem nicht unwesentlichen Aspekt des Dialogischen zu erlangen.

Im *Meridian*, in dem Celan den zeitgeschichtlichen Hintergrund in einen poetologischen Bezug zum Gedicht stellt, heißt es bekanntermaßen:

> Vielleicht darf man sagen, daß jedem Gedicht sein „20. Jänner" eingeschrieben bleibt? Vielleicht ist das Neue an den Gedichten, die heute geschrieben werden, gerade dies: daß hier am deutlichsten versucht wird, solcher Daten eingedenk zu bleiben?
> Aber schreiben wir uns nicht alle von solchen Daten her? Und welchen Daten schreiben wir uns zu?[31]

Dass das Datum für Celan von wesentlicher Bedeutung ist, zeigt auch folgende Stelle: „Aber das Gedicht spricht ja! Es bleibt seiner Daten eingedenk, aber – es spricht. [...] wer weiß, vielleicht in eines *ganz Anderen* Sache."[32] Bei Celan ist das Gedicht, dessen Dialogisches, immer an ein Erinnern und ein Opfergedenken gebunden; indem dies ein ‚Unterwegssein' (letztlich ein Adressiertsein) bedeutet, ist es darin dem Prinzip des brieflichen Dialogs überaus ähnlich.[33]

Der „20. Jänner", von dem Celan spricht, ist zum einen an den Kanon deutschsprachiger Literatur gebunden, und zum andern an die historische Dimension der sogenannten ‚Endlösung', die auf der Wannsee-Konferenz am 20. Januar 1942 – in eben dieser deutschen Sprache, von deutschen Beamten – festgeschrieben wurde.[34]

---

31 Celan 2000, Band 3, S. 196.
32 Celan 2000.
33 Vgl. zum Gedicht als ‚Flaschenpost' bei Celan u. a.: Gudrun Kohn-Waechter, Dichtung als ‚Flaschenpost' bei Paul Celan und Ingeborg Bachmann. In: Böschenstein und Weigel 1997, S. 211–230.
34 Erst nach Celans Tod hat die Büchner-Forschung ermittelt, dass es sich beim „20. Jänner" deswegen nicht um ein Originalzitat aus Büchners *Lenz* handelt, weil die Erzählung bloß mit „Am 20. ging Lenz durchs Gebirg" beginnt – in der bis 1975 gängigen Goldmann-Ausgabe, auf die auch Celan zurückgreift, stand jedoch „20. Jänner"; Roland Borgards und Harald Neumeyer (Hg.), Büchner-Handbuch. Leben – Werk – Wirkung. Stuttgart [u.a.] 2009, S. 54.

Hinzu zu diesen über-individuellen Daten treten noch jene, die in der zwischenmenschlichen Interaktion an Bedeutung gewinnen und zu *Jahrestagen* werden, um mit Uwe Johnson zu sprechen. So ist es bezeichnend, dass das dialogische Verhältnis zwischen Bachmann und Celan mit einer Widmung zum Geburtstag beginnt und mit der literarischen Verarbeitung des Todes von Celan in *Malina* endet.

In einer Verklammerung von Wissen und Datum, von Erinnerung und Eingeschriebenem, appelliert Celan in einem Brief vom 12. November 1959 aufgebracht an Bachmanns intime Kenntnis der Texte – der Briefe und der Gedichte –, die beiden Schreibenden eine grundlegende Voraussetzung ihrer Freundschaft sind:

> Was Du mir geschrieben hast, Ingeborg, weisst Du.
> Was Max Frisch mir geschrieben hat, weisst Du ebenfalls.
> Du weisst auch – oder vielmehr: Du wusstest es einmal –, was ich in der Todesfuge zu sagen versucht habe. Du weisst – nein, Du wusstest – und so muss ich Dich jetzt daran erinnern –, dass die Todesfuge auch dies für mich ist: eine Grabschrift und ein Grab.[35]

Das „Du weisst", das hier zu einer eindringlichen Anrufung wird, läuft auf die bekannte Formulierung zu, mit der die *Todesfuge* das Folgende ist, ja notwendigerweise zu sein hat: Gedächtnisschrift, der „Daten eingedenk", aber nicht davor gefeit, missverstanden zu werden. Jenes „Wer weiß", von dem Celan bloß Monate später im *Meridian* spricht,[36] scheint hier im „Du weisst" schon angelegt. Im *Meridian* heißt es: „Dieses ‚wer weiß', zu dem ich mich jetzt gelangen sehe, ist das einzige, was ich den alten Hoffnungen von mir aus auch heute und hier hinzuzufügen vermag."[37] Der programmatische *Meridian* wird im August 1959 ausgearbeitet, zur gleichen Zeit, in der das *Gespräch im Gebirg* entsteht; das Dialogische und die intertextuellen Bezüge herauszuarbeiten, wäre lohnenswert, besonders auch in Bezug auf die antisemitischen Rezensionen, die bei Celan die existentielle Not, von der er mehrmals spricht, auslösten.[38] Sowohl das *Gespräch im Gebirg* als auch der *Meridian* ließen sich nämlich als Reaktionen auf neo-antisemitische Tendenzen lesen.

Dieser Brief aus dem Herbst 1959, dem die Blöcker-Rezension vorausgeht, ist Celans verzweifelter Versuch, Verständnis und Mitgefühl zu erlangen. Nicht nur

---

35 Bachmann und Celan 2008, S. 127.
36 Vgl. Celan 2000, Band 3, S. 195.
37 Celan 2000, Band 3, S. 196.
38 Siehe Paul Celan, Werke. Tübinger Ausgabe. Hg. von Jürgen Wertheimer. 9 Bde. Band: Der Meridian. Endfassung – Entwürfe – Materialien. Hg. von Bernhard Böschenstein und Heino Schmull. Frankfurt a. M. 1999, insbesondere das editorische Vorwort.

wird das Wort „Not" im ersten Absatz des Briefes dreimal erwähnt, auch beginnt dieser mit einer zweimaligen Aufrufung von Daten:

> Ich habe Dir am 17. Oktober geschrieben, Ingeborg – in der Not. Am 23. Oktober, als noch immer keine Antwort gekommen war, schrieb ich, ebenfalls in der Not, an Max Frisch. Dann, da die Not fortdauerte, versuchte ich, Euch telephonisch zu erreichen, mehrere Male – vergebens.[39]

Nicht nur die Daten der Geschichte treffen hier auf die Daten der Briefe, es verbindet sich auch all das miteinander, was aus dem Privaten und der Dichtung in das Geschriebene einfließt. Dass sowohl Bachmann als auch Frisch nicht in der gebotenen Eile auf seine Briefe antworten, ihn also anscheinend nicht ernst genug nehmen in seiner Sorge, scheint Celan weiter in die Krise zu treiben.

Celan antwortet auf den Brief vom 9. November, in dem Bachmann endlich auf seine „Notzeile[n]" reagiert, noch am Tag des Eintreffens. Bachmann stellt darin einen entscheidenden Satz ans Ende, der den Lesenden zu einer dialogischen Ergänzung aufruft: „Lieber Paul, zu wenig von dem, was mich bewegt, steht hier aufgeschrieben. Wenn Dein Gefühl es ergänzen könnte, bis ich Dich wiederseh!"[40] Celans Not aber scheint sich durch das lange Schweigen und die dann enttäuschende Antwort vergrößert zu haben. Diese Enttäuschung gibt sich Frisch gegenüber als Geste der eigenen Versicherung preis: „[...] auch ich schreibe jetzt mit Durchschlag..."[41] Für Celan scheint es, dem indirekt erhobenen Vorwurf gegen Max Frisch zum Trotz,[42] darum zu gehen, die eigene Antwort und die Daten, die sich daran knüpfen, in den eigenen Händen zu behalten. Konsequenterweise schließt der Brief mit der dringlichen Bitte, dass sie ihm beide „lange" nicht schreiben mögen;[43] hier also bittet nun Celan um ein Schweigen, das er selbstbestimmt setzt.

Dieser Kontext lässt das „Du weisst" zu einem Losungswort der Erinnerung, der Mahnung werden, sich der Verbindung und gemeinsamen Worte zu entsinnen. Celan schreibt sich hier, so hat es den Anschein, zu einem paradoxen Vertrauen hin, denn wie jenes „Wer weiß" im *Meridian* lässt es Raum für Hoffnung. Bei dieser mehrmalig gebrauchten Vertrauensgeste handelt es sich um Zitate einer Formulierung, die in mindestens einem früheren Brief an Bachmann sowie in Form

---

39 Bachmann und Celan 2008, S. 127.
40 Bachmann und Celan 2008, S. 126.
41 Vgl. Bachmann und Celan 2008, S. 127 – Siehe hierzu Barbara Wiedemann, „auch ich schreibe jetzt mit Durchschlag...". Reflektierte Materialität im Briefwechsel zwischen Ingeborg Bachmann und Paul Celan. In: Wiethölter und Bohnenkamp 2010, S. 196–215.
42 Vgl. Bachmann und Celan 2008, S. 127.
43 Vgl. Bachmann und Celan 2008, S. 128.

unzähliger intertextueller Referenzen vorliegt, die das Werk der beiden betreffen. Bereits im Februar 1958 schreibt Celan: „Du weißt, Ingeborg, Du weißt ja. / Paul"[44] Und im *Gespräch im Gebirg*, das im August 1959 entsteht, heißt es: „Weißt du" und „Weiß ich".[45] Ein Bruch mit dem Verbindlichen dieses „Du weisst", von dem Celan sich im Brief durch das „Du wusstest es einmal" enttäuschter kaum distanzieren könnte, manifestiert sich auch im Rückgriff auf die Möglichkeit des Durchschlags, den er als eine Art von Rückversicherung zurückhält, während der eigentliche Brief dem Postweg, mit der Bitte um eine länger währende Gesprächspause, übergeben wird.

5 Im Raum der Literatur

Der Komponist Hans Werner Henze schreibt über die eigenen, an Bachmann gesendeten Briefe: „Die Freundschaft hat unter diesen Pausen gelitten: wovon eine, die letzte, dann eben eine endgültige Pause wurde, schrecklich und tiefgreifend, und ewig."[46] Es ist dieser Schmerz des Endgültigen, der im Sommer 1970 auch in die Erzählung *Malina* eingegangen ist – durch ein Verlagern der Kommunikation in den Raum der Literatur, unter Einfügung zahlreicher Zitate, mitten in das Erzählzentrum. So wird Bachmanns Roman, in Analogie zu jenem dramatischen Brief zur *Todesfuge*, zur Grabschrift für den verstorbenen Freund.[47]

In diesem experimentellen Roman wird, der Figur der Inversion im Gedicht-Zyklus *Niemandsrose* ähnlich, ein Raum geschaffen, in dem Wort und Gegenwort in eine dialogische Beziehung treten. Eine in diesem Sinn aufschlussreiche Stelle findet sich in der Traum-Erzählung, die im Zentrum des Romanteils „Der Dritte Mann" steht. Hier häufen sich Referenzen zu Texten Celans und, wie wir durch die Lektüre der Briefe wissen, auch zu Biographischem:

> [...] ich habe meine erste Liebe wiedergefunden [...] im hintersten Zimmer finde ich ihn, es steht ein Strauß Türkenbund in dem leeren Zimmer neben ihm, der auf dem Boden liegt [...] er sagt: Sei ganz ruhig, denk an den Stadtpark, denk an das Blatt, denk an den Garten in Wien, an unseren Baum, die Paulownia blüht. [...] ich sehe, wie er auf seinen Kopf deutet, ich weiß, was sie mit seinem Kopf gemacht haben. Der Lastwagen muss durch den Fluß, es ist die Donau, es ist dann doch ein anderer Fluß, ich versuche ganz ruhig zu bleiben, denn hier, in

---

44 Bachmann und Celan 2008, S. 86.
45 Vgl. Celan 2000, Band 3, S. 170–171.
46 Ingeborg Bachmann und Hans W. Henze, Briefe einer Freundschaft. Hg. von Hans Höller. München 2004, S. 8.
47 Vgl. Hans Höller und Andrea Stoll, „Das Briefgeheimnis der Gedichte". Poetologisches Nachwort. In: Bachmann und Celan 2008, S. 224–243, hier: S. 224.

den Donauauen, sind wir einander zum ersten Mal begegnet, ich sage, es geht schon, aber dann reißt es mir den Mund auf, ohne einen Schrei, denn es geht eben nicht. Er sagt zu mir, vergiss es mir nicht wieder, es heißt: Facile! Und ich verstehe es falsch, ich schreie, ohne Stimme, es heißt: Facit! Im Fluß, im tiefen Fluß. Kann ich Sie sprechen, einen Augenblick? fragt ein Herr, ich muss Ihnen eine Nachricht überbringen. [...] Aber er zeigt mir ein vertrocknetes Blatt, und da weiß ich, dass er wahr gesprochen hat. Mein Leben ist zu Ende, denn er ist auf dem Transport im Fluß ertrunken, er war mein Leben. Ich habe ihn mehr geliebt als mein Leben.[48]

Paul Celan, der sich 1970 in die Seine stürzte und ertrank, hatte im *Gespräch im Gebirg* den zur Familie der Lilien gehörenden „Türkenbund" erwähnt („links blüht der Türkenbund, blüht wild, blüht wie nirgends").[49] Als Sonderdruck hatte er im Oktober 1960 den Prosatext, der mit einer handschriftlichen Widmung versehen war, an Bachmann gesandt. Nach einigen konfliktreichen Briefen aus demselben Jahr steht dieser anstelle eines Briefs – so wie der Roman: Durch ein Gewebe aus Persönlichem – Verweise auf Gisèle erfolgen, auch auf den gemeinsamen Sohn – und aus mannigfachen Bezügen zu Briefen wie Gedichten – „Facile",[50] „Paulownia", „Garten in Wien" – erhalten die intertextuellen Verweise einen Echo-Raum. In *Malina* wird so jenem Dichter gedacht, der nicht nur „auf dem Transport im Fluß ertrunken" ist, sondern dessen Freundschaft mit Bachmann auch in genau der Zeit zerbricht, in der ihn die stärksten Zweifel an seinem eigenen Werk und dessen Wertigkeit und Wirkung plagen.[51]

Wenngleich *Malina* ein Text über Todesarten ist, über das leidenschaftliche Lieben und das ‚Eingedenken', das die historischen Traumata betrifft, ist dieser zugleich eine Medien-Geschichte und eine Reflexion über das Schreiben. Nicht zufällig handelt der Roman von den Medien der Kommunikation und von der besonderen Materialität der Briefe als Träger des Emotionalen. Zu den Postboten und Briefträgern heißt es dort:

Was ich diesen Männern verdanke, die, wie Beuteltiere, kostbarste Freudenbotschaften oder unerträgliche Hiobsbotschaften mit sich herumtragen, auf Fahrrädern radelnd, auf Motor-

---

48 Ingeborg Bachmann, Malina. Frankfurt a. M. 1980, S. 203–204.
49 Vgl. Celan 2000, Band 3, S. 170 – Auch die Formulierung „der auf dem Boden liegt" ist eindeutig eine Referenz auf das *Gespräch im Gebirg*, in dem es heißt: „Auf dem Stein bin ich gelegen, damals, du weißt, auf den Steinfliesen [...]."; Celan 2000, Band 3, S. 171–172.
50 Celan fragt in einem Brief: „Hast Du ‚Facile' bekommen? Sag mirs." Und er schließt diesen Brief mit den Worten: „Du weißt, Ingeborg, Du weißt ja."; Bachmann und Celan 2008, S. 86.
51 Gemeint sind die 1960er Jahre, in denen die krisenhaften Nachwirkungen der Goll-Affäre dazu führen, dass schließlich auch Bachmann unfähig zu sein scheint, eine tiefe Freundschaft zu Celan aufrechtzuerhalten – Siehe hierzu den nie abgeschickten Brief 191 sowie die letzten Briefe der beiden; Bachmann und Celan 2008, S. 152–156 u. S. 158–159.

rädern heraufknatternd vom Heumarkt, Stiegen steigend, unter Lasten läutend, in der größten Unsicherheit, ob der Weg sich gelohnt hat, ob der Adressat anwesend ist, ob der Adressat nur einen Schilling oder vier Schilling ausläßt, was ihm die Nachricht überhaupt wert ist – was wir alle also diesen Männern verdanken, bleibt noch zu sagen.[52]

Der besondere Dank der Erzählerin gilt denen, die für die Zustellung der Poststücke sorgen – trotz oder gerade wegen ihrer Verantwortung –, und damit zugleich den Briefschreibern bzw. den entsprechenden Herausgebern, die ebenfalls am Briefgeheimnis tragen, es aber dennoch offenbaren. So formuliert Bachmann, Jahre vor dem Erscheinen der *Aufschreibesysteme* von Friedrich Kittler oder der *Carte postale* von Derrida, eine Medien-Theorie mit literarischen Mitteln.[53]

Dem Prinzip des Dialogischen, das mit Bachmann und Celan in seiner ganzen Vielfältigkeit aufscheint, kommt in der *Herzzeit* eine zentrale Funktion zu, und zwar in zweifacher Hinsicht. Zum einen wird es in den Briefen materialisiert wie medialisiert – im Handschriftlichen und durch die Schreibmaschine – und nimmt selbst in den Phasen des Schweigens, die dazwischenliegen, stets neue Formen an. Zum anderen wird so ein dialogischer Beziehungsraum geschaffen, der als solcher auch beider Werk maßgeblich prägt.

Literaturverzeichnis

Albrecht, Monika und Dirk Göttsche (Hg.): Editorisches Nachwort. In: Todesarten, Ein Ort für Zufälle, Wüstenbuch, Requiem für Fanny Goldmann, Goldmann/Rottwitz-Roman und andere Texte. Band 1. München [u.a.] 1995, S. 615–708 (Ingeborg Bachmann: *Todesarten*-Projekt. Kritische Ausgabe. 4 Bde. in 5. Hg. von dens.).

Bachmann, Ingeborg: Malina. Frankfurt a. M. 1980.

Bachmann, Ingeborg und Paul Celan: „Herzzeit". Der Briefwechsel. Mit den Briefwechseln zwischen Paul Celan und Max Frisch sowie zwischen Ingeborg Bachmann und Gisèle Celan-Lestrange. Hg. von Bertrand Badiou, Hans Höller, Andrea Stoll und Barbara Wiedemann. Frankfurt a. M. 2008.

Bachmann, Ingeborg und Hans W. Henze: Briefe einer Freundschaft. Hg. von Hans Höller. München 2004.

---

52 Bachmann 1980, S. 250–251.
53 Siehe zu einer Medientheorie in Bachmanns Werk und den Verweisen auf Kittler und Derrida: Sigrid Weigel, Die *Todesarten*: *Malinas* Medientheorie: Telephon, Post, Schreibmaschine. In: Weigel 1999, S. 543–558. Siehe allein zu den verschiedenen Schreibmaschinen, die die Autorin während ihrer Karriere als Schreibende benutzt hat: Monika Albrecht und Dirk Göttsche (Hg.), Editorisches Nachwort. In: Todesarten, Ein Ort für Zufälle, Wüstenbuch, Requiem für Fanny Goldmann, Goldmann/Rottwitz-Roman und andere Texte. Band 1. München [u.a.] 1995, S. 615–708 (Ingeborg Bachmann: *Todesarten*-Projekt. Kritische Ausgabe. 4 Bde. in 5. Hg. von dens.).

Borgards, Roland und Harald Neumeyer (Hg.): Büchner-Handbuch. Leben – Werk – Wirkung. Stuttgart 2009.

Celan, Paul: Werke. Tübinger Ausgabe. Hg. von Jürgen Wertheimer. 9 Bde. Frankfurt a. M. 1996 ff.

Celan, Paul: Gesammelte Werke in sieben Bänden. Hg. von Beda Allemann und Stefan Reichert. Frankfurt a. M. 2000.

Celan, Paul: „Mikrolithen sinds, Steinchen". Die Prosa aus dem Nachlaß. Frankfurt a. M. 2005.

Höller, Hans und Andrea Stoll: „Das Briefgeheimnis der Gedichte". Poetologisches Nachwort. In: „Herzzeit". Ingeborg Bachmann – Paul Celan. Der Briefwechsel. Hg. von Bertrand Badiou, Hans Höller, Andrea Stoll und Barbara Wiedemann. Frankfurt a. M. 2008, S. 224–243.

Kohn-Waechter, Gudrun: Dichtung als ‚Flaschenpost' bei Paul Celan und Ingeborg Bachmann. In: Ingeborg Bachmann und Paul Celan. Poetische Korrespondenzen. Hg. von Bernhard Böschenstein und Sigrid Weigel. Frankfurt a. M. 1997, S. 211–230.

Koschel, Christine: „*Malina* ist eine einzige Anspielung auf Gedichte". In: Ingeborg Bachmann und Paul Celan. Poetische Korrespondenzen. Hg. von Bernhard Böschenstein und Sigrid Weigel. Frankfurt a. M. 1997, S. 17–22.

Schöttker, Detlev (Hg.): Einführung: Briefkultur und Ruhmbildung. In: Adressat: Nachwelt. Briefkultur und Ruhmbildung. München 2008, S. 9–16.

Simmel, Georg: Exkurs über den schriftlichen Verkehr. In: Soziologie. Untersuchungen über die Formen der Vergesellschaftung. Leipzig 1908, S. 379–382.

Weigel, Sigrid: Die Erinnerungs- und Erregungsspuren von Zitat und Lektüre. Die Intertextualität Bachmann – Celan, gelesen mit Benjamin. In: Ingeborg Bachmann und Paul Celan. Poetische Korrespondenzen. Hg. von Bernhard Böschenstein und Sigrid Weigel. Frankfurt a. M. 1997, S. 231–249.

Weigel, Sigrid: Die *Todesarten*: *Malinas* Medientheorie: Telephon, Post, Schreibmaschine. In: Ingeborg Bachmann. Hinterlassenschaften unter Wahrung des Briefgeheimnisses. Wien 1999, S. 543–558.

Wiedemann, Barbara: „auch ich schreibe jetzt mit Durchschlag...". Reflektierte Materialität im Briefwechsel zwischen Ingeborg Bachmann und Paul Celan. In: Der Brief – Ereignis & Objekt. Tagung Frankfurt. Hg. von Waltraud Wiethölter und Anne Bohnenkamp. Frankfurt a. M. 2010, S. 196–215.

Zanetti, Sandro: Spielräume der Adressierung. Kleist, Goethe, Mallarmé, Celan. In: Der Brief – Ereignis & Objekt. Tagung Frankfurt. Hg. von Waltraud Wiethölter und Anne Bohnenkamp. Frankfurt a. M. 2010, S. 42–57.

Lina Užukauskaitė
Diskursivierung des Schönen im Dialog zwischen Ingeborg Bachmann und Paul Celan

In den *Herzzeit*-Briefen,¹ die zwischen 1948 und 1961 entstanden, fällt die wiederholte Verwendung des Wortes ‚schön' bzw. die Umschreibung des Schönen auf, einer Kategorie, die in der Nachkriegszeit als nicht realisierbar galt. Der Briefwechsel, der am 23. Mai 1948 mit dem Gedicht *In Ägypten* beginnt, zeigt sich, neben den Reflexionen zur Liebesbeziehung, auch von Bezugnahmen auf diese ästhetische Begrifflichkeit geprägt. Vor allem in den Briefen, die den späten 50er-Jahren zugehören, wird der Terminus des Schönen mehrmals in einem emphatischen Sinnzusammenhang angeführt.²

Der Sprachgebrauch beider Dichter, um eine grundsätzliche Bestimmung vorzunehmen, ist ein reflexiv geprägter. So wie sich Bachmann in ihren theoretischen Schriften auf einen „behutsamen Gebrauch jedes Wortes" bezieht,³ bekennt sich Celan, dies in einem Brief von 1954 an Hans Bender, zu einem reflektierten Umgang mit Sprache: „Die Lebensumstände, das Leben in fremden [sic!] Sprachbereich haben es mit sich gebracht, daß ich mit meiner Sprache viel bewußter umgehe als früher – [...]."⁴ Suchten doch beide Autoren nach Möglichkeiten des Schreibens nach Auschwitz, nach einer Legitimation der Literatur, und sie taten das auf eine Weise, die Bachmann in einem ihrer Texte wie folgt beschreibt:

> Die Vorzüge jeder Sprache wurzeln in ihrer Moral, hat Karl Kraus einmal gesagt [...] ich möchte drum auch die Worte in die Schranken fordern dürfen, auffordern dürfen, zu ihrer Wahrheit zu kommen. [...] die Worte sind was sie sind, sie sind schon gut, aber wie wir sie stellen, verwenden, das ist selten gut. Wenn es schlecht ist, wird es uns umbringen.⁵

---

1 Ingeborg Bachmann und Paul Celan, „Herzzeit". Briefwechsel. Hg. von Bertrand Badiou, Hans Höller [u.a.]. Frankfurt a. M. 2008 – Sigel: H; unter Angabe der jeweiligen Briefnummer.
2 Für die nachfolgenden Kursiv-Setzungen, die dem Begriffsbereich des Schönen zugehören, zeichnet die Verfasserin verantwortlich.
3 Vgl. Ingeborg Bachmann, Kritische Schriften. Hg. von Monika Albrecht und Dirk Göttsche. München [u.a.] 2005, S. 10.
4 Briefe an Hans Bender. Hg. von Volker Neuhaus. München [u.a.] 1984, S. 35.
5 Ingeborg Bachmann, Wir müssen wahre Sätze finden. Gespräche und Interviews. Hg. von Christine Koschel und Inge von Weidenbaum. München [u.a.] 1983, S. 25–26.

Aus Bachmanns vierter Poetikvorlesung zum „Umgang mit Namen" darf geschlossen werden, dass es möglich ist, die Bedeutungsvielfalt des Wortes ‚schön' aus einer „Konstellation" bzw. aus dem „Zusammenhang" herauszuarbeiten.[6] Denn bei aufmerksamer Lektüre sieht man sich an den Zeitcharakter des ‚Schönen' erinnert,[7] und auch an Ludwig Wittgensteins Vorschlag, die „Bedeutung eines Wortes" durch seinen „Gebrauch in der Sprache" zu bestimmen.[8]

Ausgehend von der These, dass es Bachmann um die Rettung der Kategorie des Schönen zu tun war, die in Misskredit geriet, werden die verschiedenen Aspekte ihrer Schönheitsauffassung zu untersuchen sein, die in mancher Hinsicht mit der von Celan vertretenen Position korrespondiert.

1

Am 8. Februar 1958, einige Monate vor der Erstsendung ihres Hörspiels *Der gute Gott von Manhattan*, die am 29. Mai 1958 erfolgte, wird Bachmann von Celan um Zusendung einer Textkopie gebeten: „Wenn Du mir eine Abschrift des Hörspiels schicken könntest!" (H 90) Am 14. März 1958 schließlich – noch Monate vor der Auszeichnung – sendet Celan einen anerkennenden Kommentar, in dem die Diskursivierung des ‚Schönen' auffällt:

> WIE GEHT ES DIR DAS HOERSPIEL IST *SO SCHOEN SO WAHR UND SCHOEN* DU WEISST ES JA DAS HELLE UND HELLSTE INGEBORG ICH DENK AN DICH IMMER
>
> PAUL (H 95)

Als das Hörspiel im Jahr 1959 schließlich mit dem renommierten Hörspielpreis der Kriegsblinden ausgezeichnet wird, meldet sich Celan erneut zu Wort: „Liebe Ingeborg, / laß Dir vor allem zu Deinem Preis gratulieren. Es sind ja Blinde dabei, einer von ihnen muß gesehen haben – vielleicht sogar mehrere." (H 123) Zum Topos vom Auge als Medium des Gewahrwerdens,[9] den Celan hier aufgreift, äußert

---

6 Vgl. Bachmann 2005, S. 326.
7 Vgl. Umberto Eco, Die Geschichte der Schönheit. München [u.a.] 2004, S. 14.
8 Vgl. Ludwig Wittgenstein, Philosophische Untersuchungen. Frankfurt a. M. 1967, S. 35.
9 Siehe zur Signifikanz bei Bachmann und Celan: Joachim Seng, Theodor W. Adorno. In: Celan-Handbuch. Leben – Werk – Wirkung. Hg. von Markus May, Peter Goßens [u.a.]. Stuttgart [u.a.] 2012a, S. 272–275 u. Susanne Kogler, Musikalische Poetik und Ästhetische Theorie: Ingeborg Bachmann und Theodor W. Adorno. In: Jahrbuch der Grillparzer-Gesellschaft. 3. Folge, Band 22. Hg. von Robert Pichl und Margarete Wagner. Wien 2008, S. 246–279 – Vgl. auch Sigrid Weigel, Ingeborg Bachmann. Hinterlassenschaften unter Wahrung des Briefgeheimnisses. München [u. a.] 2003, S. 74–81.

sich Theodor W. Adorno in seiner *Ästhetischen Theorie*, in der er die Schönheit der Natur auf die Kunst angewiesen wissen will: „Was Natur vergebens möchte, vollbringen die Kunstwerke: sie schlagen die Augen auf."[10]
Adornos epistemologischer Auffassung entspricht, neben jener Celans, eine Passage aus Bachmanns programmatischer Rede zur Verleihung des Preises, die den Titel „Die Wahrheit ist dem Menschen zumutbar" trägt:

> Wir sagen sehr einfach und richtig, wenn wir in diesen Zustand kommen, den hellen, wehen, in dem der Schmerz fruchtbar wird: Mir sind die Augen aufgegangen. Wir sagen das nicht, weil wir eine Sache oder einen Vorfall äußerlich wahrgenommen haben, sondern weil wir begreifen, was wir doch nicht sehen können. Und das sollte die Kunst zuwege bringen: daß uns, in diesem Sinne, die Augen aufgehen.[11]

Zwar wurde das Radiospiel in der Vergangenheit bereits auf für Bachmanns Poetologie relevante Begriffe wie ‚Liebe', ‚Freiheit', ‚anderer Zustand', ‚Utopie', ‚Sprachkritik' und ‚neue Sprache' hin untersucht – vor dem Hintergrund der Kritik an gesellschaftlichen Machtmechanismen –,[12] doch erfolgte bislang keine Untersuchung der ästhetischen Bedeutung des Wortes ‚schön'.

Bachmanns preisgekröntes Hörspiel, das die „Liebe zwischen Mann und Frau" als „Grenzfall" darstellt, ist dialektisch geprägt: in der utopischen Ausrichtung auf das „Unmögliche, Unerreichbare" auf der einen Seite und in der notwendigen Gebundenheit an die gesellschaftliche „Ordnung" auf der anderen.[13] Die Beziehung zwischen den Figuren Jennifer und Jan, die sich in New York entwickelt, mündet in der Erfahrung absoluter Liebe, die mit einer symbolischen Bewegung von unten nach oben einhergeht: Vom Untergeschoss eines Stundenhotels zieht das Paar in die immer höheren Zimmer des Atlantic Hotels um. Der andere Zustand, den die beiden erleben, bedingt einen Bruch mit der Gesellschaft, der Veränderungen in ihrer Sprache nach sich zieht – in Gestalt von suggestiver Bildlichkeit und Symbolik. Dieses Erleben von absoluter Liebe, in der man „bis zum Äußersten geht", wird im Hörspiel mit dem Wort „schön" umschrieben.[14] Jennifers Reaktion auf das veränderte Sprechen Jans[15] führt zur Charakterisierung

---

10 Theodor W. Adorno, Gesammelte Schriften in zwanzig Bänden. Hg. Rolf Tiedemann. Band 7: Ästhetische Theorie. Hg. von dems. Darmstadt 1998, S. 104.
11 Bachmann 2005, S. 246.
12 Vgl. Hans Höller, Ingeborg Bachmann. Das Werk. Frankfurt a. M. 1993, S. 106–122 u. Weigel 2003, S. 212–224.
13 Vgl. Bachmann 2005, S. 247.
14 Vgl. Bachmann 2005.
15 Vgl. folgende Textstelle: „[...] daß mein Staunen nicht endet über dich. Aber ich bin auch erstaunt über mich."; Ingeborg Bachmann, Werke. Hg. von Christine Koschel, Inge von Wei-

des Mannes als „schön", zu einer Bestimmung, die sich nicht zuletzt auf seine Individuation bezieht:

> JAN [...] Ich will nichts von dir wissen, dich ausklammern aus deinen Geschichten. Wenn du gehst, dich bewegst, blickst, wenn du mir folgst, nachgibst und kein Wort mehr findest, dann weist du dich aus, wie dich kein Papier, kein Zeugnis je ausweisen könnten. [...] *Verändert, beleidigend.* Aber wir könnten versuchen, eine gemeinsame Basis zu finden, wenn du Wert darauf legst.
> [...]
> JENNIFER *Du bist schön*, wenn du zornig wirst.
> JAN Ich bin jetzt nicht zornig. Ich möchte nur ausbrechen aus allen Jahren und allen Gedanken aus allen Jahren, und ich möchte in mir den Bau niederreißen, der Ich bin, und der andere sein, der ich nie war.[16]

Beachtenswert ist, dass zum physischen Äußeren des Mannes – im Gegensatz zur Frau – keine beschreibende Aussage erfolgt:[17] „JENNIFER *Du bist schön*, und du bist ja schon, wie du nie warst."[18] Die Schönheit erscheint hier als eine individuelle, authentische Erfahrung,[19] die an eine neue Wahrnehmung, die sich in der Sprache widerspiegelt, geknüpft ist.[20] Dabei wird die dialogische Rolle des anderen, des Gegenübers betont, denn erst durch die Frau und ihren „korrespondierenden Zustand der Ergriffenheit" wird die Schönheit des Mannes – auch seine Selbstbegegnung – erfahrbar:[21]

> JAN Ich werde dir noch etwas sagen: es ist unmöglich, daß das mit uns geschehen soll. Du mein, ich dein.
> Vertrauen gegen Vertrauen.

---

denbaum [u.a.]. 4 Bde. Band 1: Gedichte, Hörspiele, Libretti, Übersetzungen. Hg. von dens. München [u.a.] 1978, S. 307.
16 Bachmann 1978, Band 1, S. 309–310.
17 Dagegen beschreibt der Mann das Äußere der Frau wie folgt: „Sie muß hier vorbeigekommen sein, mit einem Koffer. In Rosa und Weiß, mit Locken, die über die Ohren fallen. Und diesem Blick: wie gefällt Ihnen?"; Bachmann 1978, Band 1, S. 300. Durch seine Charakterisierung ihres Blickes wird der Frau ein individueller Zug verliehen. Das Wort ‚schön' dagegen wird von einem ekstatisch gestimmten Mann verwendet, der über das Innere der Frau, z. B. über ihre „schön polierte[n] Knochen", spricht; Bachmann 1978, Band 1, S. 315.
18 Bachmann 1978, Band 1, S. 310.
19 Vgl. zu diesem Gegenentwurf zum Unechten, Künstlichen, Scheinhaften: Christoph Zeller, Ästhetik des Authentischen. Literatur und Kunst um 1970. Berlin [u.a.] 2010, S. 1.
20 Vgl. folgende Textstelle: „Eine neue Sprache muss eine neue Gangart haben, und diese Gangart hat sie nur, wenn ein neuer Geist sie bewohnt."; Bachmann 2005, S. 263.
21 Vgl. Jan Assmann, Ikonographie des Schönen im alten Ägypten. In: Schöne Frauen – Schöne Männer. Literarische Schönheitsbeschreibungen. Hg. von Theo Stemmler. Tübingen [u.a.] 1988, S. 13–32, hier: S. 13.

Laß uns an die Zukunft denken.
Gute Kameraden sein. Freundschaft halten.
Schützen einander, zusammenstehn.
Ein Trost sein. Ein Trost sein.
Du bist der erste Mensch, der kein Trost für mich ist. Meine Freunde und meine Feinde waren zu ertragen, auch wenn sie mich lähmten und meine Langmut verbrauchten. Alles war zu ertragen. Du bist es nicht.
JENNIFER *Du bist schön*, und ich bete dich an. Ich gebe dir Küsse auf die Schulter und denke nichts dabei. Heißt das trostlos sein?[22]

Die ineinander verschränkten Übergänge zwischen Negativem und Positivem in der Aussage des Mannes, zugleich die augenfällige Versform und Rhythmisierung der Sätze, die bei Bachmann oftmals eine „andere" Sprache andeuten,[23] bilden eine vielgestaltige Struktur. Obwohl der Mann über die Unmöglichkeit der Liebe spricht, zeigt sich eine thematische Verbindung zu den Begriffen Wahrheit und innere Schönheit.

Bei dieser subjektiv erblickten Schönheit handelt es sich um eine vorübergehende, denn mit der Beschwörung des „Augenblick[s]" absoluter Liebe – „Ich möchte jetzt alles so hinlegen und stellen, als bliebe es für immer"[24] – kann die Zeit nicht aufgehoben werden. Das Hörspiel endet mit dem Tod der Frau (Jennifer) und der Rückkehr des Mannes (Jan) in die alte „Ordnung".[25] Gemäß einer Prophezeiung wird der männliche Protagonist diese Liebeserfahrung niemals „vergessen": „Sie werden lange leben, junger Herr, und Sie werden nie vergessen."[26] Angesichts der Weissagung, dass der Mann, der durch Jennifer ‚schön' geworden ist, „nie vergessen" wird, verbindet sich die Kategorie der Schönheit mit jener der Erinnerung. Letztere wird aber vom Tod der Frau überschattet – die entsprechende Bezugnahme lautet, „daß er beim Anblick ihres zerrissenen Körpers weniger Boden unter sich fühlte als beim Anblick des Atlantik".[27] Der Aspekt des Utopischen bezieht sich somit einerseits auf das Unerreichbare, andererseits auf eine gesellschaftliche Ordnung, die das eigene Handeln bestimmt.

Celans Bewertung des Hörspiels verweist letztlich auf die utopische Dimension der Kunst, deren lichte Klänge als „Gegenmittel gegen die Schreckerlebnisse des Ich, seine ‚dunkle Geschichte'" fungieren.[28] Sich ebenfalls auf „das Helle und

---

22 Bachmann 1978, Band 1, S. 310–311.
23 Aus sprachkritischer Sicht ließen sich die Sätze Jans als Sprachklischees deuten.
24 Bachmann 1978, Band 1, S. 314.
25 Vgl. Bachmann 2005, S. 247.
26 Bachmann 1978, Band 1, S. 280.
27 Vgl. Bachmann 1978, Band 1, S. 275.
28 Vgl. Arturo Larcati, Ingeborg Bachmanns Poetik. Darmstadt 2006, S. 159.

Hellste" beziehend, beendet Bachmann die zweite Poetikvorlesung schließlich mit zwei Versen aus Celans *Engführung*:[29] „Ein Stern hat wohl noch Licht. / Nichts, nichts ist verloren."[30] Sichtbar wird so die Verbindung zu Celans poetologischer Aussage, dass die Dichtung, deren Sprache „durch die tausend Finsternisse todbringender Rede" „hindurch" „ging",[31] „im Lichte der U-topie"[32] und „unter dem Neigungswinkel"[33] des Menschlichen steht. Das ‚Schöne', das Celan erwähnt, ist damit zugleich mit der Wahrheit des Individuums und seiner Sprache verknüpft.[34]

Indem Celan das Hörspiel als „so schoen so wahr und schoen" bezeichnet, weist er auf den neu zu bestimmenden Zusammenhang – „eine In-Frage-Stellung"[35] und ‚Engführung' – von Schönheit und Wahrheit nach 1945 hin. Seit dem 18. Jahrhundert, in dem die antikische Einheit des Wahren, Schönen und Guten auseinanderbricht, ist das ‚Schöne' zwar „ohne alles Interesse" geblieben[36] – das heißt ohne jeglichen sinnlichen oder ethischen Bezug –, doch überdenken sowohl Celan als auch Bachmann das Verhältnis zwischen dem Schönen und der Wahrheit neu, indem sie je individuelle Wege beschreiten.

Der Schönheitsbegriff, der einem geschichtlichen und kulturellen Einfluss unterlag, entwickelte sich von zwei differierenden Standpunkten her. Entweder eignet das ‚Schöne' einem Objekt, aufgrund von harmonischer Proportion und Ordnung, oder es wird, außerhalb des Objekts liegend, durch das urteilende Auge eines Subjekts hervorgebracht.[37] Die zweite Position, mit der die Relativität des Schönen betont wird, gewinnt ab dem 18. Jahrhundert an Bedeutung.[38] Ist die

---

29 Vgl. zur Neubestimmung der Sprache sowie zum Schönen im Werk Celans folgende Ausführungen: Peter Goßens, Das Frühwerk bis zu *Der Sand aus den Urnen* (1938–1950). In: May und Goßens 2012, S. 39–54, hier: S. 48–49.
30 Bachmann 2005, S. 286.
31 Vgl. Paul Celan, Ansprache anlässlich der Entgegennahme des Literaturpreises der Freien Hansestadt Bremen. In: Gedichte III, Prosa, Reden. Band 3. Hg. von Beda Allemann und Stefan Reichert. Frankfurt a. M. 1983, S. 185–S. 186, hier: S. 186 (Gesammelte Werke in fünf Bänden. Hg. von dens.).
32 Vgl. Celan 1983, Band 3, S. 199.
33 Vgl. Celan 1983, Band 3, S. 197.
34 Vgl. hierzu: „Da mag sie [die Sprache] uns freilich erlauben, auf ihre Schönheit zu achten, Schönheit zu empfinden, aber sie gehorcht einer Veränderung, die weder zuerst noch zuletzt ästhetische Befriedigung will, sondern neue Fassungskraft."; Bachmann 2005, S. 263.
35 Vgl. Celan 1983, Band 3, S. 193.
36 Vgl. Immanuel Kant, Kritik der Urteilskraft. Hg. von Heiner F. Klemme. Hamburg 2001, S. 58.
37 Vgl. Joachim Jacob, Schön. Ästhetischer Wertbegriff. In: P–Z. Band 3. Hg. von Jan-Dirk Müller. Berlin [u.a.] 2003, S. 383–387, hier: S. 383 (Reallexikon der deutschen Literaturwissenschaft. Hg. von Georg Braungart, Harald Fricke [u.a.]. 3 Bde.).
38 Vgl. Konrad P. Liessmann, Schönheit. Wien 2009, S. 29.

Ästhetik der Moderne doch gekennzeichnet durch eine Skepsis, die das ‚Schöne' nicht länger ausschließlich mit ästhetischen Inhalten verbunden sieht, sondern auch abwechselnd mit sozialen, ethischen, religiösen, machtpolitischen oder philosophischen.[39] Die Moderne gilt daher als Zeitalter des Hässlichen,[40] in dem man sich vom Schönen distanziert bzw. in dem sich der Topos der „nicht mehr schönen Künste" etablierte.[41] Adorno beschreibt diesen Wandel des Schönheitsbegriffes in seiner *Ästhetischen Theorie*: „In dem, wozu Kunst geworden ist, gibt die Kategorie des Schönen lediglich ein Moment ab und dazu eines, das bis ins Innerste sich gewandelt: durch die Absorption des Häßlichen hat sich der Begriff der Schönheit an sich verändert, ohne daß doch Ästhetik seiner entraten kann. In der Absorption des Häßlichen ist Schönheit kräftig genug, durch ihren Widerspruch sich zu erweitern."[42] Adornos Konzeption des Schönen, die dem Hässlichen Rechnung trägt, erlangt durch seine Negativität gesellschaftskritische Relevanz und berührt sich daher – wenngleich in unterschiedlicher Ausprägung – mit der Auffassung des Schönen bei Bachmann und Celan.

Zu berücksichtigen ist auch die Beziehung zum zeitgenössischen ‚Kahlschlag'-Begriff, den Wolfgang Weyrauch im Jahr 1949 folgendermaßen definierte: „Die Schönheit ist ein gutes Ding. Aber Schönheit ohne Wahrheit ist böse. Wahrheit ohne Schönheit ist besser."[43] Der vielzitierte Ausspruch Weyrauchs, der das Primat der Wahrheit über die Kategorie der Schönheit stellt, belegt den programmatischen Anspruch der ‚Kahlschlag'-Autoren, die einen radikalen Neuanfang, die Entfernung von allen Traditionen forderten, und damit eine karge, von aller Ideologie befreite Sprache sowie eine realistische Fixierung von Wirklichkeit.[44]

---

39 Vgl. Renate Reschke, Schön/Schönheit. In: Postmoderne/postmodern – Synästhesie. Band 5. Hg. von Karlheinz Barck, Martin Fontius [u.a.]. Stuttgart [u.a.] 2003, S. 390–436, hier: S. 395 (Ästhetische Grundbegriffe. Ein Historisches Wörterbuch in sieben Bänden. Hg. von dens. [u.a.]) u. Glenn W. Most und Jan A. Aertsen [u.a.], Schöne (das). In: R–Sc. Band 8. Hg. von Joachim Ritter, Karlfried Gründer [u.a.]. Basel 1992, S. 1343–1386, hier: S. 1383 (Historisches Wörterbuch der Philosophie. Hg. von dens. [u.a.]. 13 Bde.).
40 Vgl. Silvio Vietta, Die literarische Moderne. Eine problemgeschichtliche Darstellung der deutschsprachigen Literatur von Hölderlin bis Thomas Bernhard. Stuttgart 1992, S. 219–234 u. S 103–110 u. Joachim Jacob, Die Schönheit der Literatur. Zur Geschichte eines Problems von Gorgias bis Max Bense. Tübingen 2007, S. 378.
41 Vgl. Robert H. Jauß (Hg.), Vorwort. In: Die nicht mehr schönen Künste. Grenzphänomene des Ästhetischen. München 1968, S. 11–12, hier: S. 11.
42 Adorno 1998, Band 7, S. 407.
43 WolfgangWeyrauch (Hg.), Nachwort. In: Tausend Gramm. Sammlung neuer deutscher Geschichten. Hamburg [u.a.] 1949, S. 207–219, hier: S. 217.
44 Vgl. Weyrauch 1949, S. 217.

Bachmann vertritt einen anderen Standpunkt. Sie, die den Realismus, auch den proklamierten Neuanfang nach 1945 ablehnt, setzt sich mit der literarischen Tradition auseinander – im vollen Bewusstsein für deren Problematik in der Nachkriegszeit.[45] Indem Bachmann mit ihrem Werk auf das „bleibende Recht des Schönen" abzielt,[46] steht sie in einem nicht zu übersehenden Widerspruch zur zeitgenössischen Haltung. Bachmann tritt für die Überzeugung ein, dass die Schönheit in der Moderne nicht verschwunden ist, sondern sich insofern verwandelt hat, als sie jetzt vor allem an das Innere des Subjekts gebunden ist.

Dass die Kategorie des Schönen auch für Celan von Belang ist, hat bereits Peter Goßens am Beispiel der *Engführung* nachgewiesen, die „das Publikum herausfordert, indem sie das ‚Schöne' bis zum Unaushaltbaren wiederholt und ihm dadurch die Selbstverständlichkeiten der ästhetischen Genießbarkeit nimmt".[47]

2

Die zwischen Oktober 1957 und Mai 1958 gewechselten Briefe markieren in der Korrespondenz eine Wende, die durch ihre Wiederbegegnung in Wuppertal ausgelöst wurde. War es früher Bachmann, die sich um ihr Gegenüber bemühte, so nimmt Celan jetzt diese Rolle ein. In seinem Vokabular ist jetzt auch häufiger die Verwendung des Wortes ‚schön' auszumachen. Am 1. November 1957 richtet Celan die Frage an Bachmann: „Ist ‚Köln, Am Hof' nicht ein *schönes* Gedicht?" (H 53) Auf ähnliche Weise verfährt er mit seinen Lyrikübersetzungen (H 90 u. 101) und – was neu ist – mit Bachmanns Werk (H 95).

Anhand von Schlüsselwörtern wie „Am Hof", „Herzzeit" oder die „Geträumten" (H 47) ist das am 20. Oktober 1957 versendete Gedicht *Köln, Am Hof* als „eine aller unserer Daten eingedenk bleibende Konzentration"[48] zu lesen. Wie Celan am 1. November 1957 ausführt, verdankt sich Bachmann, neben dem Umstand der Entstehung, auch die Tatsache, dass es eines seiner „schönsten" Gedichte sei:

---

45 Vgl. Larcati 2006, S. 38–39.
46 Vgl. Günter Rombold, Die Krise des Schönen. Die anderen Kategorien der modernen Kunst. In: Orte des Schönen. Phänomenologische Annäherungen. Hg. von Reinhold Esterbauer. Würzburg 2003, S. 327–350, hier: S. 346.
47 Vgl. Peter Goßens, Das Frühwerk bis zu *Der Sand aus den Urnen* (1938–1950). In: May und Goßens 2012, S. 49.
48 Vgl. Celan 1983, Band 3, S. 198.

> Ist ‚Köln, Am Hof' nicht ein *schönes Gedicht*? Höllerer, dem ichs neulich für die Akzente gab (durfte ich das?) meinte, es sei eines meiner *schönsten*. Durch Dich, Ingeborg, durch Dich. Wäre es je gekommen, wenn Du nicht von den ‚Geträumten' gesprochen hättest. Ein Wort von Dir – und ich kann leben. (H 53)

Der Titel verweist auf die in Köln gelegene Straße „Am Hof", in der sich das Hotel befand, in dem Celan nach der Wiederbegegnung in Wuppertal übernachtete (H 47/Anm.). Der Aspekt der Intimität wird mit der Verszeile „ihr Uhren tief in uns" (H 47) sowie auch durch das Wort „Herzzeit" (H 47) ersichtlich. Daneben stellt das Gedicht den Zeitduktus der Kunst im Allgemeinen heraus: „Denn das Gedicht ist nicht zeitlos."[49]

Dass Bachmann das Wort ‚schön' bereits früher verwendete, belegen die Briefe aus den Jahren '48 und '49, die aus einer Zeit stammen, als sich die schriftliche Reflexion über ihre Beziehung zu entwickeln beginnt. In einem von Bachmann nicht abgesandten Entwurf, der 1948 zur Weihnachtszeit entstand, ist zu lesen: „Ich weiß noch immer nicht, was der vergangene Frühling bedeutet hat. [...] *Schön war er, – und die Gedichte, und das Gedicht*, das wir miteinander gemacht haben." (H 2) Obwohl das erwähnte – schöne – „Gedicht", „das" sie „miteinander gemacht haben",[50] laut Stellenkommentar nicht aufgefunden werden konnte (H 2/Anm.), bietet sich eine poetologische Lesart an – vor allem, wenn man Bachmanns Zitat „Liebe ist ein Kunstwerk" mitbedenkt,[51] mit dem sich jenes Verhältnis zwischen der eigenen Erfahrung und dem Werk nochmals bestätigt.

In einem abgeschickten Brief vom April 1949 bezieht Bachmann zwar den Schönheits-Begriff nicht explizit mit ein, doch unternimmt sie mit folgenden Sätzen einen dahingehenden Exkurs:

> Bald ist der Frühling wieder da, der im Vorjahr so seltsam war und so unvergesslich. Ich werd gewiss nie mehr durch den Stadtpark gehen, ohne zu wissen, dass er die ganze Welt sein kann, und ohne wieder der kleine Fisch von damals zu werden. (H 4)

Wie eng Leben und Kunstschaffen bei beiden Autoren aufeinander bezogen sind, verdeutlicht das Wort „Stadtpark", das als Chiffre der Liebessprache und als Erinnerungsort in *Malina* (1971) Eingang gefunden hat.[52]

---

[49] Vgl. Celan 1983, Band 3, S. 186.
[50] Es handelt sich hierbei um eine mit dunklen Tönen verschränkte Schönheit, wie Bachmann in einem Briefentwurf zum Lebensalltag schreibt: „Du, *Schönes und Trübes* verteilt sich auf die dahinfliegenden Tage" (H 5).
[51] Vgl. Bachmann 1983, S. 109.
[52] Vgl. Bachmann 1978, Band 3, S. 15 u. 194.

Zu diesem Konnex aus Liebe und Schönheit, der in den Briefen aufscheint, gehört auch die kritische Reflexion über die Sprache als Medium der Verständigung, die seitens Bachmanns am 25. August 1949 erfolgt:

> Es ist *eine schöne Liebe*, in der ich mit Dir lebe, und nur weil ich Angst habe, zu viel zu sagen, sage ich nicht, dass sie *die schönste* ist.
> Paul, ich möchte *Deinen armen schönen Kopf* nehmen und ihn schütteln und ihm klarmachen, dass ich sehr viel damit sage, viel zu viel für mich, denn Du musst doch noch wissen, wie schwer es mir fällt, ein Wort zu finden. Ich wünsche mir, dass Du alles aus meinen Zeilen herauslesen könntest, was dazwischen steht. (H 10.1)

So wie die beiden im literarischen Dialog auf die eigene Beziehung anspielen, nämlich vor allem durch „topographische[n] Chiffren" und „Bilder[n] des Fremden",[53] geht der lebensgeschichtliche Aspekt auch im Briefwechsel eine Verbindung mit dem Schönen ein. In einem Entwurf von Bachmann, den sie – mit mittelbarem Bezug zum Schönen – wohl Ende Mai, Anfang Juni 1949 verfasste, ist zu lesen:

> Immer geht's mir um Dich, ich grüble viel darüber und sprech zu Dir und nehm Deinen fremden, dunklen Kopf zwischen meine Hände und möchte Dir die Steine von der Brust schieben, Deine Hand mit den Nelken freimachen und Dich singen hören. (H 5)

Die verwendeten Ausdrücke „Deinen fremden, dunklen Kopf" und „die Steine von der Brust" berühren die geschichtliche Dimension ihrer Beziehung und stellen eine thematische Verbindung zu *In Ägypten* her, einem Gedicht, dem anhand der Liebe zu einer „Fremden" (H 1) das Gedenken an die Toten eingeschrieben ist.

Nicht zufällig eröffnet dieses Gedicht, das als zeitgeschichtliches Erinnerungszeichen fungiert, den Briefwechsel: „Du sollst die Fremde neben dir *am schönsten* schmücken. / Du sollst sie schmücken mit dem Schmerz um Ruth, um Mirjam und Noemi." (H 1) Im dialogischen Akt des Schmückens verschränkt sich die Gegenwart mit der Vergangenheit – die gegenwärtige Geliebte, die „Fremde", kommuniziert über das männliche Ich mit den drei früheren, jüdischen Geliebten, die alttestamentarische Namen tragen. Nur in der Verschränkung von Eros, Schmerz und Erinnerung, so die Aussage des Gedichts, wird die Präsenz des Schönen möglich. Der Superlativ „am schönsten" hebt, gegenüber den einstigen, mittlerweile toten Geliebten, die Besonderheit der „Fremden" hervor.

---

53 Vgl. Sigrid Weigel und Bernhard Böschenstein (Hg.), Paul Celan – Ingeborg Bachmann. Zur Rekonstruktion einer Konstellation. In: Ingeborg Bachmann und Paul Celan. Poetische Korrespondenzen. Frankfurt a. M. 1997, S. 7–15, hier: S. 10.

Abgesehen von *In Ägypten* zählen auch *Corona* (H 5) sowie *Wasser und Feuer* zu denjenigen Gedichten aus *Mohn und Gedächtnis* (1952),⁵⁴ auf die sich Bachmann bezieht (H 5 u. 26). Während *In Ägypten* und *Corona* im Frühjahr 1948 in Wien (H 1) entstanden sind,⁵⁵ handelt es sich bei *Wasser und Feuer*, das dem Zyklus *Gegenlicht* zugehört, um ein Pariser Gedicht.⁵⁶ Bachmann fühlt sich von dessen ästhetischer Eigenart angesprochen, wie sie erklärt:

> Heute schreibe ich für Klaus ‚Wasser und Feuer' ab, damit Dus ihm nicht schicken musst. Zu diesem Gedicht: es ist völlig neu und überraschend für mich, es ist mir, als wäre ein Assoziationszwang durchbrochen worden und eine neue Tür aufgegangen. *Es ist vielleicht Dein schönstes Gedicht*, und ich habe keine Angst, dass es ein ‚allerletztes' ist. (H 26)

Dass Bachmann in diesem Schreiben vom 10. November 1951 einen Gedichtvers zitiert – „‚denk, dass ich war, was ich bin'" (H 26) –, unterstreicht die existentielle Bedeutung der Lyrik Celans für sie, die sie wie folgt beschreibt: „Ich lebe und atme manchmal nur durch sie." (H 26) Das Gedicht *Corona*, aus dessen zehntem Vers der Bandtitel *Mohn und Gedächtnis* stammt, stellt Bachmann im Juni 1949 auch explizit in einen Kontext zum Schönen: „Ich habe oft nachgedacht, ‚Corona' ist *Dein schönstes Gedicht*, es ist die vollkommene Vorwegnahme eines Augenblicks, wo alles Marmor wird und für immer ist. Aber mir hier wird es nicht ‚Zeit'." (H 7)

Während Celan mit *In Ägypten* das ‚Schöne' beim Namen nennt, entwirft er in *Corona* eine „Bewegung auf das Schöne hin"⁵⁷ und umkreist es somit als eine geheime Leerstelle. Wegen eines kunstvollen Verfahrens der Aussparung ist das ‚Schöne' darin ebenfalls präsent.⁵⁸ Diese Grundstruktur ist durch den Vers „wir lieben einander wie Mohn und Gedächtnis" erkennbar: Dem Liebesrausch und Vergessen („Mohn") sowie dem korrelierenden Todesgedächtnis („Blutstrahl") ist das ‚Schöne' inhärent.⁵⁹

---

54 Bei allen drei Stücken handelt es sich um ihr gewidmete Gedichte.
55 Vgl. Christine Lubkoll, Ingeborg Bachmann. In: May und Goßens 2012, S. 333–336, hier: S. 334.
56 Vgl. Joachim Seng, Mohn und Gedächtnis. In: May und Goßens 2012b, S. 54–63, hier: S. 57–60.
57 Vgl. Reitani 2003, S. 90.
58 Abbas verwendet die Definition „Schönheit als Dezept", das „präzise unlesbar" bzw. ein *„offenes Geheimnis"* ist, in einem vergleichbaren Sinn; Ackbar Abbas, Täuschende Schönheit. In: Schönheit. Vorstellungen in Kunst, Medien und Alltagskultur. Hg. von Lydia Haustein und Petra Stegmann. Göttingen 2006, S. 21–38, hier: S. 22 u. 24.
59 Vgl. Celan 1983, Band 1, S. 37 – Vgl. hierzu Reitani: „Paradox geht der Weg zur Erinnerung durch ein bewusstes Vergessen, durch die Erotik des Lebens. Und die Erinnerung ist Erinnerung an die Toten, denn das Gedächtnis ist Fortleben derer, die nicht mehr da sind [...]. Damit wird

Den *Corona*-Vers „wir sagen uns Dunkles"⁶⁰ wiederum verarbeitet Bachmann in ihrem späteren Gedicht *Dunkles zu sagen* (1953).⁶¹

Ferner wird in der Korrespondenz das Wort ‚schön' bei topographischen Beschreibungen verwendet. Folgende Aussage Celans, die auf den 7. September 1950 datiert, betont die individuelle Wahrnehmung, den Moment des Unerwarteten und damit des Staunens: „Klaus und Nani werden Dir erzählt haben, *wie schön Paris ist*: ich werde froh sein, dabei zu sein, wenn Du es merkst." (H 13) Die Schönheit der Stadt wird im zeitlichen Umfeld der Reisevorbereitungen Bachmanns für Paris reflektiert, wo sie sich von Oktober bis Dezember 1950 aufhielt. Eine weitere topographische Reflexion, die nun Bachmann verfasst, am 2. September 1953 in San Francesco di Paola, bezieht sich auf die Schönheit der Natur; dieses Datum fällt mit ihrer Übersiedlung nach Italien und dem Beginn der freien Schriftstellerexistenz zusammen:

> Es geht mir so gut hier, dass ich nicht denken mag, was wird. Ich wohne in einem alten kleinen Bauernhaus, ganz allein, in *einer wilden, schönen Gegend*, die ‚verbranntes Meer' heisst, und manchmal wünsche ich mir, nie mehr zurück zu müssen nach ‚Europa'. (H 41)

In Bachmanns Werk erscheint die „mediterrane Landschaft [...] als möglicher utopischer Gegenort",⁶² der sich mit Adornos Begriff des ‚Naturschönen' berührt: „Das Naturschöne ist die Spur des Nichtidentischen an den Dingen im Bann universaler Identität."⁶³ Gleichzeitig ließe sich Bachmanns Konzeption der „wunderschöne[n] Namen" heranziehen:

> Natürlich war ich in Apulien; aber ‚In Apulien' ist etwas andres, löst das Land auf in Landschaft und führt sie zurück auf das Land, das gemeint ist. Es gibt wunderschöne Namen für die Ursprungsländer, die versunkenen und die erträumten, Atlantis und Orplid. Apulien ist ein wunderschöner Name – ich glaube nicht, daß sich jemand entschließen könnte, Le Puglie zu sagen, das italienische Wort trifft es nicht, es ist geographisch.⁶⁴

---

der Mohn zum Symbol einer Poetik, die Erinnerung und Erotik (als Bewegung auf das Schöne hin) miteinander verbindet."; Reitani 2003, S. 90.

60 Vgl. Celan 1983, Band 1, S. 37.
61 Die in diesem Gedicht thematisierte Schönheit der Natur und der Augen der geliebten Person umfasst in gleicher Weise das Dunkle: „[...] in die Schönheit der Erde / und deiner Augen [...] / weiß ich nur Dunkles zu sagen."; Bachmann 1978, Band 1, S. 32. Von dieser zu sprechen, ist laut Reitani zur Pflicht geworden; Reitani 2003, S. 93. Vgl. hierzu auch Hans Höller, *Die gestundete Zeit*. In: Bachmann-Handbuch. Leben – Werk – Wirkung. Hg. von Monika Albrecht und Dirk Göttsche. Stuttgart [u.a.] 2013, S. 57–67, hier: S. 59 u. Weigel 2003, S. 136.
62 Vgl. Kurt Bartsch, Ingeborg Bachmann. Stuttgart [u.a.] 1997, S. 69.
63 Adorno 1998, Band 7, S. 114.
64 Bachmann 2005, S. 187–188.

Es handelt sich um Namen, die so wenig geographisch sind wie der Name „‚verbranntes Meer'" aus dem Brief vom 2. September, der sich schwerlich auf einer Karte finden lässt.

3

Die Intensivierung der *Herzzeit*-Korrespondenz, die Ende der 50er-Jahre erfolgt, fällt mit dem Höhepunkt von Celans übersetzerischer Tätigkeit zusammen. Es sind die Jahre zwischen 1957 und 1963, in denen er zahlreiche Gedichte überträgt und zugleich nicht nur seine Poetologie, sondern auch seine Übersetzungspoetik entfaltet.[65]

Zu Beginn des Jahres 1958 fertigte Celan eine Übersetzung von Alexander Bloks (1880–1921) Gedicht *Die Zwölf* an. Als letzte künstlerische Arbeit des russischen Symbolisten zählt es durch die kritische Schilderung der Oktoberrevolution zu den „wirkungsmächtigsten Gestaltungen des Themas ‚Revolution' in der Weltliteratur"[66] – danach folgt sein durch die Revolution bedingtes dichterisches Verstummen. In dem Brief vom 8. Februar 1958, der für Bachmann eine Kopie der Übersetzung enthält, würdigt Celan das Werk als „<u>das</u> Gedicht der Revolution":

> Seltsam, ich hab diesmal etwas aus dem Russischen übersetzt, es ist, glaub ich, <u>das</u> Gedicht der Revolution, hier ists (verzeih, ich hab das Original dem Fischer Verlag geschickt, Du bekommst nur einen Durchschlag) – sag mir, wenn Du kannst, ob's Dir gefällt, ich zieh da ja merkwürdige Register...
> [...]
> *Beilagen: Übertragungen von Alexander Block, ‚Die Zwölf' und Sergej Jessenin, ‚In meiner Heimat leb ich nicht mehr gern'.* (H 90)

Erwähnenswert ist, dass 1958 mit der an Bachmann gesendeten Übersetzung die zweite Phase von Celans Übertragungen aus dem Russischen beginnt, die bis 1961/62 anhält und in der Übersetzung der Lyrik von Osip Mandelstam und Sergej Jessenin gipfelt.[67]

Noch im selben Jahr schickt Celan *Die Zwölf*, die im September 1958 im Fischer-Verlag publiziert wird, ein zweites Mal an Bachmann, ergänzt durch eine

---

65 Vgl. Jürgen Lehmann, Celans Poetik des Übersetzens. In: May und Goßens 2012a, S. 180–181, hier: S. 180.
66 Vgl. Jürgen Lehmann, Übersetzungen aus dem Russischen. In: May und Goßens 2012b, S. 201–209, hier: S. 202.
67 Vgl. Lehmann 2012b.

handschriftliche Widmung: „Für Ingeborg – / Paul" (H 115) Aufschlussreich sind ihre beiden Kommentare; ersterer stammt vom 17. Februar 1958:

> Die Übersetzung von den ‚Zwölf' war eine große Überraschung; ich meine, sie ist sehr gut – und waghalsig, aber sehr gut deswegen! (H 92)

Die Übersetzung ist „waghalsig" und „eine große Überraschung", weil Celan ein interpretatives Übersetzungsverfahren anwendet, das Bloks Lyrik sprachlich und inhaltlich verändert.

Am 8. Februar 1959, nach Erhalt der zweiten Sendung, folgt die Nachricht:

> Der Blok ist *wunderschön*, mühelos wild und ein Ausbruch im Deutschen, der staunen macht. Ich bin ganz glücklich damit, es ist so sehr ein Ganzes! (H 117)

Ihre Aussage, dass Blok „wunderschön" und „wild" sei – Qualitäten, die sie zum „[S]taunen" bringen –, bezeichnet vor allem den kreativen Zugang: Celans Arbeit an der dichterischen Sprache und sein Wagnis im innovativen sprachlichen Ausdruck.

Ein ähnliches Übersetzungsverfahren wendet Celan, der zu diesem Zeitpunkt seine Beschäftigung mit einem anderen Dichter wieder aufgreift, bei Sergej Jessenin (1895–1925) an. Eine Kopie des übersetzten Gedichts *In meiner Heimat leb ich nicht mehr gern* schickt er an Bachmann, und zwar zusammen mit Bloks *Zwölf*: „Das zweite, gestern übersetzte, ist ein Gedicht von Jessenin, *eins seiner schönsten*." (H 90) Dabei handelt es sich um ein Gedicht, so Bachmann in ihrer Antwort, das „man lieben" „muß" (H 92). Im Juli 1958 versendet Celan zwei weitere Gedichte Jessenins mit folgender Notiz an Bachmann:

> Nimm diese beiden Jessenin-Gedichte, *es war schön, sie zu übersetzen*, jetzt hängen wieder die Schleier davor.
> [...]
> *Beilagen: Übertragungen von Sergej Jessenin, ‚Der Frühlingsregen weint die letzte Träne' und ‚Ihr Äcker, nicht zu zählen'*. (H 101)

Celans poetologisches Verfahren lässt auch Übertragungen aus der Lyrik zum Raum der Begegnung bzw. des Gesprächs werden, womit eine kritische Befragung des Schreibens wie Übersetzens im Zeichen der Shoah gemeint ist. Entsprechend trifft Celan die Auswahl der zu übersetzenden Gedichte Jessenins aus individuellen Beweggründen heraus. Weil es Themen wie Entfremdung, Oktoberrevolution und Heimat-Sehnsucht sind, die Celan in diesen Jahren existentiell und dichterisch beschäftigen, sah sich die Forschung veranlasst, von „einem identifikatorischen Übersetzen" zu sprechen.[68]

4 Fazit

Obwohl das ‚Schöne' in der *Herzzeit* zu keinem Gegenstand eines theoretischen Diskurses wird, fungiert es als ein Schlüsselwort, das einen entsprechenden diskursiven Rahmen voraussetzt. Durch die Auseinandersetzung mit dem Schönen, das von beiden emphatisch beschworen wird, erschließt sich eine Ambivalenz, die zum einen auf das Ethische verweist und zum anderen mit der Wahrheit des Subjekts bzw. mit dessen Sprachgebrauch eng verbunden ist.

Beider Werk ist gekennzeichnet durch einen Bruch, eine Absage an jegliche Totalität, womit nun – nicht zuletzt durch das sprachliche Verfahren der Umschreibung des Schönen – die historische Zäsur des Holocaust reflektiert wird. Aber das ‚Schöne', das in der Moderne auf das Innere des Individuums und seine Wahrnehmung verweist, tritt in den angeführten Passagen an vielfältigen Aspekten wie Erinnerung, Geheimnis, Authentizität, Individuation und Augenblick zutage; auch erscheint es in den zitierten Beispielen im Kontext der Liebe.

Auch zur Beschreibung der Qualität von Übersetzungen, im Sinn von Individuation und Authentizität des Subjekts, verwenden beide Dichter das Wort ‚schön'.

In der Zeit, als die Briefe entstanden – in den 60er-Jahren und deren zeitlichem Umfeld –, beanspruchte Authentizität als Zeichen der Befreiung „vom ideologischen Ballast" ihre Gültigkeit.[69] Ein Fortbestand des Schönen ist nach 1945 nur in der Dialektik mit dem Dunklen denkbar, von dem zu sprechen – folgt man Bachmanns frühem Gedicht *Dunkles zu sagen* – in der Nachkriegszeit zur Notwendigkeit geworden ist. Daher steht die Vorstellung von Schönheit, die im Dialog der beiden vor diesem dunklen Hintergrund aufscheint, ‚im Lichte' der Hoffnung und des Menschlichen.

Literaturverzeichnis

Abbas, Ackbar: Täuschende Schönheit. In: Schönheit. Vorstellungen in Kunst, Medien und Alltagskultur. Hg. von Lydia Haustein und Petra Stegmann. Göttingen 2006, S. 21–38.

---

68 Vgl. Lehmann 2012b, S. 204.
69 Vgl. Zeller 2010, S. 4.

Adorno, Theodor W.: Gesammelte Schriften in zwanzig Bänden. Hg. Rolf Tiedemann. Darmstadt 1998.
Assmann, Jan: Ikonographie des Schönen im alten Ägypten. In: Schöne Frauen – Schöne Männer. Literarische Schönheitsbeschreibungen. Hg. von Theo Stemmler. Tübingen [u.a.] 1988, S. 13–32.
Bachmann, Ingeborg: Werke. Hg. von Christine Koschel, Inge von Weidenbaum und Clemens Münster. 4 Bde. München [u.a.] 1978.
Bachmann, Ingeborg: Wir müssen wahre Sätze finden. Gespräche und Interviews. Hg. von Christine Koschel und Inge von Weidenbaum. München [u.a.] 1983.
Bachmann, Ingeborg: Kritische Schriften. Hg. von Monika Albrecht und Dirk Göttsche. München [u.a.] 2005.
Bachmann, Ingeborg und Paul Celan: „Herzzeit". Briefwechsel. Hg. von Bertrand Badiou, Hans Höller, Andrea Stoll und Barbara Wiedemann. Frankfurt a. M. 2008.
Bartsch, Kurt: Ingeborg Bachmann. Stuttgart [u.a.] 1997.
Briefe an Hans Bender. Hg. von Volker Neuhaus. München [u.a.] 1984.
Celan, Paul: Gesammelte Werke in fünf Bänden. Hg. von Beda Allemann und Stefan Reichert. Frankfurt a. M. 1983.
Eco, Umberto: Die Geschichte der Schönheit. München [u.a.] 2004.
Goßens, Peter: Das Frühwerk bis zu *Der Sand aus den Urnen* (1938–1950). In: Celan-Handbuch. Leben – Werk – Wirkung. Hg. von Markus May und Peter Goßens und Jürgen Lehmann. Stuttgart [u.a.] 2012, S. 39–54.
Höller, Hans: Ingeborg Bachmann. Das Werk. Frankfurt a. M. 1993.
Höller, Hans: *Die gestundete Zeit*. In: Bachmann-Handbuch. Leben – Werk – Wirkung. Hg. von Monika Albrecht und Dirk Göttsche. Stuttgart [u.a.] 2013, S. 57–67.
Jacob, Joachim: Schön. Ästhetischer Wertbegriff. In: P–Z. Band 3. Hg. von Jan-Dirk Müller. Berlin [u.a.] 2003, S. 383–387, hier: S. 383 (Reallexikon der deutschen Literaturwissenschaft. Hg. von Georg Braungart, Harald Fricke, Klaus Grubmüller, Jan-Dirk Müller, Friedrich Vollhardt und Klaus Weimar. 3 Bde.).
Jacob, Joachim: Die Schönheit der Literatur. Zur Geschichte eines Problems von Gorgias bis Max Bense. Tübingen 2007.
Jauß, Robert H. (Hg.): Vorwort. In: Die nicht mehr schönen Künste. Grenzphänomene des Ästhetischen. München 1968, S. 11–12.
Kant, Immanuel: Kritik der Urteilskraft. Hg. von Heiner F. Klemme. Hamburg 2001.
Kogler, Susanne: Musikalische Poetik und Ästhetische Theorie: Ingeborg Bachmann und Theodor W. Adorno. In: Jahrbuch der Grillparzer-Gesellschaft. 3. Folge, Band 22. Hg. von Robert Pichl und Margarete Wagner. Wien 2008, S. 246–279.
Larcati, Arturo: Ingeborg Bachmanns Poetik. Darmstadt 2006.
Lehmann, Jürgen: Celans Poetik des Übersetzens. In: Celan-Handbuch. Leben – Werk – Wirkung. Hg. von Markus May, Peter Goßens und Jürgen Lehmann. Stuttgart [u.a.] 2012a, S. 180–181.
Lehmann, Jürgen: Übersetzungen aus dem Russischen. In: Celan-Handbuch. Leben – Werk – Wirkung. Hg. von Markus May, Peter Goßens und Jürgen Lehmann. Stuttgart [u.a.] 2012b, S. 201–209.
Liessmann, Konrad P.: Schönheit. Wien 2009.
Lubkoll, Christine: Ingeborg Bachmann. In: Celan-Handbuch. Leben – Werk – Wirkung. Hg. von Markus May, Peter Goßens und Jürgen Lehmann. Stuttgart [u.a.] 2012, S. 333–336.

Most, Glenn W., Jan A. Aertsen, Thomas Leinkauf, Tobias Trappe, Gudrun Kühne-Bertram und Norbert Rath: Schöne (das). In: R–Sc. Band 8. Hg. von Joachim Ritter, Karlfried Gründer und Gottfried Gabriel. Basel 1992, S. 1343–1386, hier: S. 1383 (Historisches Wörterbuch der Philosophie. Hg. von dens. 13 Bde.).

Reschke, Renate: Schön/Schönheit. In: Postmoderne/postmodern – Synästhesie. Band 5. Hg. von Karlheinz Barck, Martin Fontius, Friedrich Wolfzettel und Burkhart Steinwachst. Stuttgart [u.a.] 2003, S. 390–436, hier: S. 395 (Ästhetische Grundbegriffe. Ein Historisches Wörterbuch in sieben Bänden. Hg. von dens.).

Rombold, Günter: Die Krise des Schönen. Die anderen Kategorien der modernen Kunst. In: Orte des Schönen. Phänomenologische Annäherungen. Hg. von Reinhold Esterbauer. Würzburg 2003, S. 327–350.

Seng, Joachim: Theodor W. Adorno. In: Celan-Handbuch. Leben – Werk – Wirkung. Hg. von Markus May, Peter Goßens und Jürgen Lehmann. Stuttgart [u.a.] 2012a, S. 272–275.

Seng, Joachim: Mohn und Gedächtnis. In: Celan-Handbuch. Leben – Werk – Wirkung. Hg. von Markus May, Peter Goßens und Jürgen Lehmann. Stuttgart [u.a.] 2012b, S. 54–63.

Vietta, Silvio: Die literarische Moderne. Eine problemgeschichtliche Darstellung der deutschsprachigen Literatur von Hölderlin bis Thomas Bernhard. Stuttgart 1992.

Weigel, Sigrid: Ingeborg Bachmann. Hinterlassenschaften unter Wahrung des Briefgeheimnisses. München [u.a.] 2003, S. 74–81.

Weigel, Sigrid und Bernhard Böschenstein (Hg.): Paul Celan – Ingeborg Bachmann. Zur Rekonstruktion einer Konstellation. In: Ingeborg Bachmann und Paul Celan. Poetische Korrespondenzen. Frankfurt a. M. 1997, S. 7–15.

Weyrauch, Wolfgang (Hg.): Nachwort. In: Tausend Gramm: Sammlung neuer deutscher Geschichten. Hamburg [u.a.] 1949, S. 207–219.

Wittgenstein, Ludwig: Philosophische Untersuchungen. Frankfurt a. M. 1967.

Zeller, Christoph: Ästhetik des Authentischen. Literatur und Kunst um 1970. Berlin [u.a.] 2010.

Teil 3: **Interpretation von Auswahlgedichten**

Gernot Wimmer
Endzeitstimmung und Zeitenwende im lyrischen Frühwerk von Celan und Bachmann

Exemplarisch dargestellt an den Gedichten *Todesfuge* und *Die gestundete Zeit*

1

Das bruchstückhafte Bild zur Beziehung, in der diese beiden bedeutenden Lyriker der Nachkriegszeit zueinander standen, erfuhr erst im Jahr 2008 eine entscheidende Verdichtung, nachdem sich die um Diskretion bemühten Erben entschlossen hatten, den *Herzzeit*-Briefwechsel dem öffentlichen Diskurs zuzuführen. In diesen Briefen, die der Erstbegegnung von 1948 mit einigen Unterbrechungen folgten, zeigen sich zum einen früh die Konturen einer geistigen Lebensgemeinschaft, die über Jahrzehnte fortdauern sollte, zum anderen eröffnet sich – obwohl ästhetische Fragen nicht dezidiert im Vordergrund stehen – eine erkenntnisreiche Perspektive zur Frage der Beurteilung des ‚Jüngst Vergangenen'.

Neben dem je eigenen Erfahrungshorizont wirkte auf beide, auf die gebürtige Österreicherin und auf den rumänisch-jüdischen Emigranten, eine zeitgeschichtliche Hypothek ein, die den engsten Familienkreis betraf:[1] die nationalsozialistische Anhängerschaft des Vaters Matthias Bachmann, der ein frühes

---

[1] Weigel resümiert zu Bachmanns biografischem Hintergrund, dass das „Ende ihrer Kindheit mit dem Anschluß Österreichs an Nazideutschland" „zusammen"-„fiel", „während sie das Kriegsende ein Jahr nach Ablegung der Matura erlebte"; Sigrid Weigel, Ingeborg Bachmann. Hinterlassenschaften unter Wahrung des Briefgeheimnisses. Wien 1999, S. 236 – In der Biografie Celans kam es im Jahr 1941 zu einem prägenden Ereignis, als „rumänische Armee und Polizei den Deutschen behilflich" „waren", „die sechshundertjährige Geschichte der Juden in Czernowitz auszulöschen"; John Felstiner, Paul Celan. Eine Biographie. Deutsch von Holger Fliessbach. München 1997, S. 36. Der junge Celan „wurde", nachdem man seine Eltern in ein Lager in Transnistrien deportiert hatte, ebenfalls „zu Zwangsarbeit herangezogen"; Felstiner 1997, S. 37 u. 39. Vgl. zur Frage der Anzahl der Lager, in die Celan verbracht wurde, und zu jener der unmittelbaren Auswirkungen auf die psychische Konstitution: Felstiner 1997, S. 40–41.

Mitglied der NSDAP gewesen war,² sowie das tragische Schicksal der Eltern Friederike und Leo Antschel-Teitler, die in einem NS-Lager ums Leben kamen.³ Daraus wird ersichtlich, warum sich diese biografische ‚Problemkonstante' auch im lyrischen Schaffen der beiden Dichter manifestiert, in der poetischen Gestalt von Opfer- und Täter-Perspektivierungen, mit zuweilen unverdeckten ideologischen Quellenverweisen.

Die exemplarische Betrachtung der historisch-poetischen Korrelationen, vollzogen anhand zweier ausgewählter Stücke aus dem Frühwerk, dient dem Ziel, erhellenden Aufschluss über die frühzeitigen Formen des künstlerischen Umganges mit dem kollektiven Weltkriegs-Trauma zu erlangen. Das Zentrum der Werkschau bildet dabei einerseits die *Gestundete Zeit* und andererseits die *Todesfuge* – dies, weil davon auszugehen ist – so die Annahme –, dass die Titelerzählung von Bachmanns erstem Lyrik-Band die Leitmotive repräsentativ benennt und sich mit Celans bekanntestem Gedicht eindrucksvoll ein frühes Einwirken der zeitgeschichtlichen Dimension des NS-Totalitarismus einstellt.

Entsprechend wurde in der Forschung bereits vielfach festgehalten, dass als Gemeinsamkeit, die „[ü]ber die nachweisbaren intertextuellen Bezüge" „hinaus"-geht,⁴ eine „produktive Verbindung" „über gemeinsame ‚Problemkonstanten'"⁵ „nachvollziehbar" „ist".⁶ Zu diesem thematischen Primärbereich zählt die „Verarbeitung des Traumas des Nationalsozialismus im Lichte von Sprachkritik und Sprachutopie", „die konstruktive Umgangsweise mit dem Adornoschen Diktum,

---

2 Joachim Hoell gibt zu bedenken, dass Bachmanns „Leben" aus dem Grund „unter einer extremen Spannung gestanden haben" „muss", weil der „geliebte Vater" „zu den verhassten Tätern" „gehörte"; Joachim Hoell, Ingeborg Bachmann. München 2001, S. 21–22 u. S. 24.
3 Der Vater „starb im Herbst 1942 an Typhus", „seine Mutter" „war" „als arbeitsunfähig erschossen worden"; Felstiner 1997, S. 42.
4 Ein Ungleichgewicht ist deshalb anzusetzen, da „Anspielungen auf Texte Bachmanns im Werk C.s" „wesentlich seltener und auch weniger eindeutig aufzufinden" „sind" „als umgekehrt"; Christine Lubkoll, Kontexte und Diskurse: Literatur: Ingeborg Bachmann. In: Celan-Handbuch. Leben – Werk – Wirkung. Hg. von Peter Goßens, Jürgen Lehmann [u.a.]. Stuttgart [u.a.] 2008, S. 317–319, hier: S. 318.
5 In den Frankfurter Vorlesungen, in denen von „Richtung" und von einer „durchgehende[n] Manifestation" die Rede ist, wird diese Konstante auch gleichgesetzt mit dem Begriff der „Konfliktwelt"; Ingeborg Bachmann, Essays: Frankfurter Vorlesungen: Probleme zeitgenössischer Dichtung: I Fragen und Scheinfragen. In: Essays, Reden, Vermischte Schriften, Anhang. Band 4. Hg. von Christine Koschel, Clemens Münster [u.a.]. München [u.a.] 1978, S. 182–199, hier: S. 193 (Werke. Hg. von dens. 4 Bde.).
6 Vgl. Christine Lubkoll, Kontexte und Diskurse: Literatur: Ingeborg Bachmann. In: Goßens und Lehmann 2008, S. 319.

‚nach Auschwitz ein Gedicht zu schreiben, ist barbarisch'" sowie „auch die zunehmend aktuelle gesellschaftskritische Perspektive der Dichtung".[7]

2

In der *Todesfuge*, die ursprünglich den Titel *Todestango* trug und unter diesem im Mai 1945 entstand, „auch wenn erste Vorstufen wahrscheinlich noch in die Czernowitzer Zeit zurückreichen", inszeniert Paul Celan dadurch ein wirkungsästhetisches Spiel „mit der kulturellen Tradition", dass er nicht zuletzt den „zahlreichen Zitate[n] aus den Klassikern der deutschsprachigen Literatur" – die „von Luther über Goethe und Heine bis hin zu Trakl" reichen – die „Perversität der Lemberger Ereignisse"[8] gegenüberstellt.[9] Eine De-Konstruktion von zuweilen schöpferisch-kreativen Werten, die sich auf die deutsche Kriegs-Nation als Ganzen beziehen, geht auf das Wirken eines Lagertäters gleicher Nationalität zurück, der keinerlei Ansätze ethisch-moralischer Kultiviertheit, geschweige denn Skrupel zeigt, sondern vielmehr eine meisterhaft inszenierte Kunst des sadistischen Tötens. Das humanistische Bildungsideal wird nun insofern infrage gestellt, als auch der höchste Grad an zivilisatorischer Kulturleistung, sei es in der Hochkultur oder – umfassend gedacht – auf der Stufenleiter der Menschheits-Entwicklung, keine Garantie für Handlungs-Sittlichkeit bereitstellt. Entsprechend ist der Frage nach der „Funktion" der *Todesfuge* „innerhalb des Frühwerkes" keineswegs mit der diffusen Antwort zu begegnen, dass statt des „Umgang[es] mit der kulturellen Tradition der abendländischen Kultur" dagegen „ihre Instabilität und Transformation in einer bewundernswert konstruierten Form vor[ge]führt" wird.[10] Scheint doch der klare Bezugspunkt des NS-Totalitarismus auf, an dem der Autor nicht allein durch bloße Auflistung topischer Versatzstücke operiert, wie eine umfassende Integration derselben in ein metaphorisches Verweissystem belegt. Zwar wird mit der *Todesfuge* der klassische Metaphern-Gebrauch dadurch infrage gestellt, dass meta-narrative Gemeinplätze bzw. simple Sinnbild-Konstruktionen

---

7 Vgl. Goßens und Lehmann 2008.
8 Wie autobiografische Erklärungen und die Vorbemerkung zur Erstveröffentlichung nahelegen, war Celan wichtiges geschichtliches Quellenmaterial zugänglich; Peter Goßens, Dichtung: Das Frühwerk bis zu *Der Sand aus den Urnen* (1938–1950): Bukarester Gedichte 1945–1947. In: Goßens und Lehmann 2008, S. 45–49, hier: S. 47.
9 Vgl. Peter Goßens, Dichtung: Das Frühwerk bis zu *Der Sand aus den Urnen* (1938–1950): Bukarester Gedichte 1945–1947. In: Goßens und Lehmann 2008, S. 47–48.
10 Vgl. Peter Goßens, Dichtung: Das Frühwerk bis zu *Der Sand aus den Urnen* (1938–1950): Bukarester Gedichte 1945–1947. In: Goßens und Lehmann 2008, S. 48.

vermieden und neue Bedeutungswerte geschaffen werden – doch Letzteres auf diffizile, rekonstruierbare Weise, wodurch der Autor – etablierte Verfahren poetologisch verfeinernd – eine Form der Metaphern-Relativierung betreibt, die stets dem strukturalistischen Theorem entspricht.

Die „[s]chwarze Milch der Frühe",[11] die „abends" und „mittags", „morgens" und „nachts" getrunken wird (1–2) – und zwar im Überfluss, wie die quantitative Präzisierung lautet: „wir trinken und trinken" (3) –, verdeutlicht als Sinnbild von farbmotivischer Relevanz die existentielle Not eines zunächst nicht näher bezeichneten Wir-Kollektivs. Die Wirkkraft dieses Adjektiv-Substantiv-Gefüges, eingeführt durch die Rede des namentlich unbekannten Ichs, geht aus folgender Konzeption hervor: Die etablierte Bedeutung der Milch – dieses klassischen Symbols von Reinheit und Kraft – wird durch das zugewiesene Farbattribut der Schwärze nicht nur unterminiert, sondern in den Signifikaten-Gegensatz der Unreinheit verkehrt. Unverfälschte Vitalität suggerierte neben der Milch, anhand der naturgegebenen Weiße, auch die „Frühe" – als Ausweis eines nicht verlebten, noch zu lebenden Tages –, wenn diese Zeitangabe nicht ebenfalls dem Kontext der verlorenen Unschuld zugehörte, der neue metaphorische Realitäten schafft. Dieser rhetorische Neologismus, der aus der abstrakt-poetischen Transgression zweier Gegensätze hervorgeht, wird dadurch auch narrativ gestützt, dass (abgesehen vom Stilmittel des scheinbar unauflösbar Paradoxalen) die gesamte übrige erste Verszeile, sowie der Beginn der zweiten, eine Regelmäßigkeit der Einnahme aufweist.

Das Topos-relevante Textfaktum, dass sich dieses Wir ein „Grab in den Lüften" „schaufel[t]" (4), wie dem ausführenden Ich des Weiteren zu entnehmen ist, bezeichnet die Unausweichlichkeit eines Todes, der innerhalb des zeitlichen Rahmens, den das Gedicht schafft, für einen Teil der Insassen tatsächlich eintritt. Später wird sich herausstellen, dass mit dem der Erde enthobenen „Grab", das die Inhaftierten zu Luft-Menschen macht,[12] die biologisch-materialistische Beseitigung durch Krematorien gemeint ist.[13] So ist der lakonische Zusatz, dass „man" in

---

[11] Die folgenden Versangaben beziehen sich auf: Paul Celan, Todesfuge. In: Gedichte I. Band 1. Hg. von Beda Allemann und Stefan Reichert. Frankfurt a. M. 2000, S. 41–42 (Gesammelte Werke in sieben Bänden. Hg. von dens.).

[12] Vgl. zum Begriff des ‚Luftmenschen': Heiko Haumann, Krise des Judentums in Osteuropa und neue Identität: „Luftmenschen". In: Geschichte der Ostjuden. 6. Aufl. München 2008, S. 101–103.

[13] Jean Bollack hingegen, der die Ansicht vertritt, dass durch Celan die „Metapher" „verworfen" „wird", deutet die *Todesfuge* universalistisch: „Die Todeslager werden weder unmittelbar genannt noch direkt beschrieben, sondern kraft einer Transposition über anderes, ja geradezu über alles andere vermittelt. Es geht auch nicht eigentlich darum, ihre Spur wiederzufinden; die Erkundung der Vergangenheit in Form einer Rekonstitution geht in interpretativen Schritten den

diesem Himmels-„Grab" „nicht eng" „liegt" (4), als tragikomische, der Todesstimmung geschuldete Auto-Suggestion zu verstehen. Dass der maßgebliche Befehlsgeber, der dem Wir-Kollektiv noch in der ersten Strophe gegenübertritt, „im Haus" „wohnt" (5), verweist auf einen Kommandanten als in Erscheinung tretenden Täter. Der Bedeutung des „Schlangen"-„[S]piel[s]", das dieser als „Mann" betreibt (5), ist schon deshalb zwangsläufig nachzugehen, weil sich mit dieser tier- wie geschlechter-motivischen Kontextuierung bei strikt realistischer Lesart keine befriedigende Bedeutung einstellte. Während die Schlange in der Genesis die Verführung des Menschen durch das Böse figuriert, liegt in diesem Fall nicht bloß ein ausgeprägter Hang zum Verwerflichen vor, sondern eine unsittliche Willkür, ein evidenter Wille zum Morden, der sich, in Entsprechung zur allegorischen Aussage, sogleich auch narrativ offeriert.

Indem nun der Befehlsgeber „nach Deutschland" Lyrik, und zwar Liebeslyrik, schreibt, gerichtet an eine Angebetete namens „Margarete", deren „goldenes Haar" dieser preist (6) – mehr ist zum Inhalt des Briefes nicht zu erfahren –, gelangt eine kulturelle Affinität zum Ausdruck, die angesichts der Allgegenwart des Todes befremdet. Die innerhalb von drei Verszeilen dreifach gebrauchte Verbform „schreibt" (5–7) weist nachdrücklich auf das deutsche Schriftgut und somit auf das etablierte Bild vom Land der Dichter und Denker hin. Der Umstand, dass es sich hierbei um einen Mann aus dem deutschen Volk handelt – wie Liebschaft und Sprache vermuten lassen –, entspricht den welthistorischen Zusammenhängen, in denen der Holocaust-Stoff angesiedelt ist.

Aufgrund des auf die Schlangen bezogenen Anbetungs-Aktes, der dem erzählerischen Umfeld der Geliebten zugehört, konstituiert sich ein vollwertiges Abbild zum Sündenfall, eines allerdings, das die künstlerische Aussage einer grundsätzlichen Verderbtheit des Mannes – sofern von deutscher Provenienz – enthält.[14] Dagegen bleibt die Frau als Repräsentantin des weiblichen Geschlechtes – im Fall dieses Gedichtes die Deutschland zugehörige – von der Zurechnung einer direkten (Weltkriegs-)Schuld ausgespart, wie aus der örtlichen Absenz der Angebeteten hervorgeht. Damit scheint der deutsche (Partei-)Soldat als für die Kriegsverbrechen Hauptverantwortlicher auf. In der Frage der geerbten Kollektivschuld erst zeigen sich die Nachkommen dieser deutschen Ur-Menschen – um in der Celan'schen Diktion zu sprechen – schließlich gleichermaßen betroffen.

Faktoren nach, die zu ihnen geführt haben, bis hin zur Sprache der Kreuzigung und auch allen anderen Sprachen, die das Morden möglich machten."; Jean Bollack, Paul Celan. Poetik der Fremdheit. Übers. von Werner Wögerbauer. Wien 2000, S. 58 u. S. 169–170.
14 Vgl. zur Bedeutung der schlangenförmigen Zöpfe, die als Bindeglied zwischen dem weiblichen Geschlecht und dem Bösen fungieren: Paul Celan, Die Gedichte. Kommentierte Gesamtausgabe in einem Band. Hg. von Barbara Wiedemann. Frankfurt a. M. 2005, S. 607–608.

Eine Verwendung des Schöpfungs-Motivs, die der ethnischen Zugehörigkeit des berichtenden Ich entspricht, lässt sich – neben der jüdischen, a-sexuellen Auslegung – darin ausmachen, dass einerseits ein individuell erleidender Blick auf die Shoah vorliegt, zu dem der ursprünglich aus dem Hohelied des Tanachs stammende Name Sulamith hinzutritt.

Die narrative Ergänzung, dass der nach Deutschland zu sendende Brief verfasst wird, „wenn es dunkelt" (6), setzt den Anbetungsakt eines Liebenden in Bezug zu dem meta-poetisch aufgeladenen Dunkel, das dem Bösen metaphorisch vorsteht. Bis zu jenem Zeitpunkt, ab dem diese farbmotivische Vorausdeutung durch eine entsprechende Handlung ersetzt sein wird, fungieren die Dunkelheits-Metapher sowie die zugehörige Schlangen-Allegorik als deren Platzhalter.

Dem spannungsreichen Widerspruch aus Hell und Dunkel, nach dem Muster der schwarzen Milch, entspricht, dass, nachdem der Kommandant die Lobpreisung beendet hat und „vor das Haus" „tritt", die „Sterne" zwar „blitzen" (7), vor dem Hintergrund des Nachthimmels jedoch, womit sich die verheißene Erlösung sogleich auch relativiert. Deren pulsierendes Leuchten zeigt, bei adäquater Berücksichtigung der Farb-Kontextuierung, die für die Insassen einzig mögliche Form der Errettung auf: die, welche ausschließlich der Tod bereitstellt. Wenn der Täter bei Verlassen des Hauses „seine Rüden" „herbei"-„pfeift" (7), weist dies demgemäß auf ein lebensbedrohliches Vorhaben voraus. Und folgerichtig tritt mit dem Befehlsgeber, der nicht allein die Hunde, sondern auch – wie das besitzanzeigende Fürwort lautet – „seine Juden" „hervor"-„pfeifft", um die Gefangenen ein „Grab in der Erde" „schaufeln" zu lassen (8), der Wesenszug der De-Humanisierung hervor. Für einen Teil der herbeibefohlenen Insassen, die als potentielle Mordopfer noch zur Realisierung der Tötungsabsicht beizutragen haben, wird sich das Himmelsgrab – jenes vom lyrischen Ich zitierte – vermutlich zu einem Erdgrab wandeln.

Dass der mutmaßliche Kommandeur mit dem Bösen nicht bloß liebäugelt, sondern dieses überdies zum – sadistisch bestimmten – Handlungsprinzip erhebt, ist nicht zuletzt daran abzulesen, dass der Täter dem Wir nicht nur „befiehlt", sich das eigene Grab zu schaufeln, der sich abzeichnenden Tötungsabsicht zum Trotz, sondern „nun" auch die Anordnung trifft, „zum Tanz" „auf"-zu-„spiel[en]" (9).

In der zweiten Strophe, die mit einer fast identischen Wiederholung der drei Auftaktzeilen sowie der Verse fünf und sechs einsetzt, tritt einzig der folgende Vers hinzu, der sich auf die vielfach vollzogene Einäscherung der Toten bezieht: „Dein aschenes Haar Sulamith wir schaufeln ein Grab in den Lüften da liegt man nicht eng" (15). Mit dem zu Asche zerfallenen Haar, das der dominanten Dunkelheits-Metaphorik zugehört, wird – wie eine von zwei Deutungsmöglichkeiten lautet – auf die Krematorien verwiesen. Zum anderen besteht die Möglichkeit, ein typisch jüdisches Erscheinungsbild anzusetzen, das im Widerspruch zum ideologischen

Germanen-Ideal des blonden, blauäugigen Menschen steht. Beide Varianten sind wohl zulässig, wie der Abgleich mit der Farbkonzeption belegt, aber dennoch nicht gleichrangig zu behandeln – des Grund-Aspektes der Vernichtung wegen, der erstere Auslegung privilegiert. Selbst zwischen dem „goldene[n] Haar" der Angebeteten und dem Tötungssadismus liegen insofern farbmotivische Äquivalente vor, als die Helligkeits-Metapher Gutes verhieße, wenn das erwähnte Erscheinungsbild nicht dem im NS-Totalitarismus auch genomisch zum Ideal erhobenen Deutschen zugehörte.

In der nachfolgenden Täter-Rede, die das Ich-Subjekt anführt, wird den Insassen die Zelebrierung einer Todesfeier abverlangt, die diese zu musikalischen Fürsprechern des eigenen Niedergangs macht: „Er ruft stecht tiefer ins Erdreich ihr einen ihr andern singet und spielt" (16). Vom Lager-Täter angeordnet, dient dieser Befehl einzig dazu, die Opferqualen zu maximieren. Sodann beginnt der Täter, auch weiterhin unbeirrbar in sadistischen Ideen befangen, die inszenatorisch entfaltete Mordabsicht in die Tat umzusetzen: „er greift nach dem Eisen im Gurt er schwingts seine Augen sind blau" (17). Die Täter-Augen erlangen deshalb eine ambivalente Bedeutung, weil diese – analog zum Haar der Angebeteten – zum einen zwar dem definierten Helligkeits-Bereich angehören, zum anderen aber – unter physiognomischer Entsprechung zum Germanen-Mythos – den Tod als einzig mögliche Erlösungs-Form repräsentieren.

Während sich mit dem vierten Absatz die ersten drei Zeilen, die der Eingangsstrophe entstammen, unmerklich verändert wiederholen, konstituiert sich der fünfte Vers sowohl aus einem Sündenfall-Verweis als auch aus dem am Haar der Betrauerten exemplifizierten Farb-Motiv: „dein aschenes Haar Sulamith er spielt mit den Schlangen" (23). Am dunklen Haar, das zu einem Teil des sinnbildlichen „Schlangen"-Spieles wird, offenbart sich die Wesensart des Bösen in zweierlei Hinsicht: erstens als Resultat der De-Materialisierung, die zweitens keine Grablegung nach jüdischem Ritus zulässt.[15] Mit folgender Fortschreibung der Tötungsabsicht, die per Zitation des Lager-Täters erfolgt, scheint das einschlägige Bestreben auf: „Er ruft spielt süßer den Tod der Tod ist ein Meister aus Deutschland" (24). Spätestens zum jetzigen Zeitpunkt, der im Endbereich der Handlung liegt, tritt die existentielle Relevanz der Dunkelheits-Metapher zutage. Und ein Täter, der sich auf die Krematorien als Ziel der nächtlichen Aktion bezieht – wenngleich mittelbar, neben der Einforderung einer betont düsteren Aufführung –, benennt die eigene sadistische Praxis: „er ruft streicht dunkler die

---

15 Weigel gibt zu bedenken, dass Celan „zwischen seiner Person und Dichtung nicht hat trennen können, insofern er seine Gedichte als Ersatz für jene Gräber betrachtete, die seinen Eltern von ihren Mördern verwehrt worden waren"; Weigel 1999, S. 438–439.

Geigen dann steigt ihr als Rauch in die Luft" (25). Die folgende Verhöhnung des potentiellen Opferkreises, dem der Existenz-Status von Luft-Menschen zugeschrieben wird, gibt sich – rückblickend – als Quellenkommentar des vierten Verses, gemeint ist jener der Auftaktstrophe, zu erkennen: „dann habt ihr ein Grab in den Wolken da liegt man nicht eng" (26).

Für die Beschreibung dieser Todeslager-Szenerie, in der die Ich-Instanz anklägerisch auftritt, hätte sich prinzipiell auch die Prosa-Form als Vermittlungs-Medium angeboten, doch entspricht die gespenstische Musikalität der Verse, die rezeptiv eingängig wirkt, gerade der musikalischen Zelebration der Tötungs-Praxis, die in vielen NS-Lagern erfolgte.

An der fünften Strophe, mit der sich allein die erste Zeile wiederholt, manifestiert sich ein weiteres Mal der metaphorisch modulierte Farb-Bereich der Helligkeit, der sich auch hier durch das genannte physische Germanen-Ideal motivisch konstituiert: „der Tod ist ein Meister aus Deutschland sein Auge ist blau" (30). Die Helligkeits-Metapher, die Erlösung verheißt, wird im Unterschied zu früheren Textstellen nicht länger farbmotivisch konterkariert, sondern die Relativierung des konventionellen Signifikaten vollzieht sich nunmehr per Zitation. Dass die Lager-Insassen außer Stande sind, dem zelebrierten Tötungssadismus zu entkommen, offenbart der Rückblick auf den ersten Akt der nächtlichen Todesdramaturgie: „er trifft dich mit bleierner Kugel er trifft dich genau" (31). Dem Gebrauch der Schusswaffe, der den Mordreigen erst initiiert, folgt ein weiterer Akt der Vernichtung nach, einer, der gegenüber den Lager-Häftlingen selbst die Hunde privilegiert: „er hetzt seine Rüden auf uns er schenkt uns ein Grab in der Luft" (33). Die „Schlangen" als bildhafte Stellvertreter des Bösen treten zudem der zuvor artikulierten Meisterschaft gegenüber: „er spielt mit den Schlangen und träumet der Tod ist ein Meister aus Deutschland" (34). Auf eine Weise, die jegliche Zweifel am Inhalt der Botschaft ausschließt, verdeutlicht diese Adaption des Sündenfalles, die bei Celan die Form des Holocaust annimmt, den Adressaten der Kritik.

Im sechsten und letzten Absatz zitiert das Ich aus dem brieflichen Anbetungsakt des Befehlenden und wiederholt die eigene, auf die verstorbene Frau bezogene Trauerrede, mit der jedoch die Beziehung zur Betrauerten auch weiterhin im Unklaren verbleibt: „dein goldenes Haar Margarete / dein asches Haar Sulamith" (35–36). An dieser Stelle erreicht der ethisch-moralische Widerspruch, der sich in der Farb-Metaphorik manifestiert, eine unerreichte, unüberbietbare Spitze.

Die bedrückende Allgegenwart der Kunstsphäre, für die der Täter verantwortlich zeichnet – sei es im Anbetungs- oder Tötungsrahmen –, stellt letztlich das Ergebnis einer ganz und gar Ideologie-konformen Handhabung dar: Zum ersten hat dessen Minnedienst eine idealtypische Germanen-Frau zum Adressaten, wie deren Haar vermuten lässt, und zum zweiten entspricht die exemplarisch vorgeführte Vollzugsart der sogenannten ‚Endlösung' dem Anspruch auf Herren-Menschentum, der in totalitären Zeiten ideologisch-programmatisch erhoben wurde.

Unübersehbar vielgestaltig sind die motivischen Ankerpunkte, die eine der Zeitgeschichte enthobene Deutung ausschließen. Die *Todesfuge* endet mit der unausgesprochenen Konklusion, dass selbst der höchste Grad an zivilisatorischer Entwicklung keine Gewähr für eine entsprechende Handlungssittlichkeit bereitstellt.

Der erste Lyrikband Bachmanns, der 1953 als *Die gestundete Zeit* bei der Frankfurter Verlagsanstalt erschien, beinhaltet „[n]eben neuen Arbeiten" auch die „bereits in Zeitschriften publizierten" sowie „die bei der Gruppe 47 vorgetragenen Gedichte".[16] In Entsprechung zum Debüt-Band, der eine „Kohärenz" aufweist, die „sich durch die thematische Arbeit an zentralen inhaltlichen Komplexen" – „wie Erinnerung und Gedächtnis oder die durchgängige Haltung des Widerstands gegen die restaurativen Tendenzen der Zeit" – „ergibt", ist als Leitmotiv des zugehörigen Titelgedichtes die „nicht genutzte, schon wieder schwindende Chance eines Neubeginns nach 1945" auszumachen.[17]

Bei aller thematischer Übereinstimmung, die im Abgleich mit der *Todesfuge* besteht, zeigt Bachmanns titelgebendes Gedicht bedeutsame Unterschiede in der Frage der zeitgeschichtlichen Gewichtung. Schon die einleitende Ankündigung, dass „härtere Tage" „kommen" (1),[18] lässt eine Kriegsvergangenheit anklingen, deren Bedeutungsrahmen abzustecken, sich in der Forschung wiederholt als schwieriges Unterfangen erwies. Durch den Anschlussvers, der die Rede zu einer „auf Widerruf" ausgesetzten „Zeit" (2) weiterführt, wird dann bereits Wichtiges zur Möglichkeit einer sittlichen Läuterung gesagt, die allerdings nicht zwangsläufig den Umgang mit der NS-Ideologie betrifft. Dagegen scheinen die verblassten Erinnerungen an die Kriegsopfer im Allgemeinen als Bezugspunkt auf, gemäß der inner-allegorischen Funktion der „Fische", samt deren „im Wind" „[er]kalt[eten]" „Eingeweide[n]" (6 u. 7).

Die faulenden „Fische" sind nicht die Ursache für die Rückkehr der einstigen Gewalt-Affinität, die sich wieder abzuzeichnen beginnt – abstrakt-poetisch dargestellt durch die Visualisierung „am Horizont" (3) –, sondern lediglich das Symptom eines nicht näher bestimmten Restaurativen. Indessen bilden die na-

---

16 Vgl. Hoell 2001, S. 66.
17 Vgl. Hans Höller, Das Werk: Lyrik: *Die gestundete Zeit*. In: Bachmann-Handbuch. Leben – Werk – Wirkung. Hg. von Monika Albrecht und Dirk Göttsche. Stuttgart [u.a.] 2002, S. 57–67, hier: S. 57.
18 Die Versangaben beziehen sich auf: Ingeborg Bachmann, Gedichte: *Die gestundete Zeit*: *Die gestundete Zeit*. In: Gedichte, Hörspiele, Libretti, Übersetzungen. Hg. von Christine Koschel, Clemens Münster [u.a.]. Band 1. München [u.a.] 1978, S. 37 (Werke. Hg. von dens. 4 Bde.).

turgemäß dem Meer zugehörigen Fische, die diesem zurückzugeben sind – wie die Aufforderung in der dritten Strophe lautet –, für das Ich den Anlass, zur Wiederherstellung des einstigen Nachkriegs-Kontinuums aufzurufen. Weil die massenhafte Vernichtung in den Lagern – mit der die verfolgten Minderheiten im reinsten Wortsinn de-naturiert wurden – in diesem frühen Gedicht Bachmanns bloß ein unerwähntes Glied in der langen Reihe der Kriegsverbrechen bildet, tritt ein zeitgeschichtlich bedeutsamer Unterschied zu Celans unzweideutiger Todeslager-Szenerie hervor.

Der Befehl zum „[S]chnüren" der „Schuh[e]" (4) erfolgt vom Ich, um einen Kampf gegen nicht näher bestimmte Soldaten – repräsentiert durch „Hunde" – zu initiieren, die es in die „Marschhöfe" „zurück[zu]jagen" (5) gilt. Mit den „[ä]rmlich" „brenn[enden]" „Lupinen" (8), die vorangehend genannt werden, verdichtet sich das prekäre Wesen der Erinnerungs-Konvention sinnbildhaft. Deren spezifische Erleuchtungs-Funktion geht auf die gesellschaftliche Pseudokonvention zurück, die sich in Sachen Kriegsverbrechen ausgebildet hat, sowie auf das Wiederauftreten von kriegerischer Gesinnung, als ursächliches Folgeresultat.[19] Dieser restaurative Wert verfestigt sich durch den hinzutretenden „Nebel", der die Trübung in der Wahrnehmung – „Dein Blick spurt im Nebel" (9) – letztlich als eine die Nationen übergreifende definiert. Die der Zeitstundung gewidmete Eingangsstrophe, in der sich Bachmanns Grundaussage eindrucksvoll entfaltet, schließt mit einer Wiederholung der Verse zwei und drei.

Trotz aller Stimmigkeit bleibt die definierte Grundkonfiguration, davon abweichend, als in den gegensätzlichen Bedeutungswert verkehrte Doppelung lesbar. Alternativ präsentierte diese Allegorese, als eine des zweitgrößten poetischen Nenners, zwar die Erinnerung an die Kriegstreiberei des NS-Totalitarismus – die Kadaver würden zu Sinnbildern der Lageropfer –, doch knüpfte sich daran sogleich die Aufforderung, endlich einen finalisierenden Schluss-Strich zu ziehen, das Opfer-Gedenken als überholte Praxis einzustellen und einen ethisch unbelasteten Neuanfang zu wagen.[20]

---

19 Der Abgleich mit dem physischen Zustand der Fische, der, dem Angeschwemmt-Werden vorausgehend, eine Natur-Katastrophe bezeichnet, macht deutlich, dass die „Lupinen" dagegen paradoxe Züge aufweisen, die sich auf narrativer Ebene nicht aufschlüsseln lassen.
20 Ein „über seine politische Bedeutung" „hinaus"-gehender „existentielle[r] Sinn", der „auf den Horizont als ein zukünftiges Zeitlich-Räumliches, als Tod, Schicksal und Bestimmung", „zeigt", wie Laurent Cassagnau erörtert, wäre angesichts der hohen konzeptionellen Dichte und Stimmigkeit des Textes einzig als Rudiment einer einstigen Vorstufe denkbar; Laurent Cassagnau, „Am Horizont ... glanzvoll im Untergang". Horizont-Struktur und Allegorie in der Lyrik von Ingeborg Bachmann. In: Ingeborg Bachmann (= Text + Kritik; Heft 6). Hg. von Heinz L. Arnold. 5. Aufl. Neufassung. München 1995, S. 40–58, hier: S. 47.

Eine Anbindung des historischen Stoffes an ein privates Lebens-Dilemma, das mit dem angesprochenen Du als fiktiven Adressaten repräsentiert ist, vollzieht sich in der zweiten Strophe: „Drüben versinkt dir die Geliebte im Sand, / er steigt um ihr wehendes Haar, / er fällt ihr ins Wort, / er befiehlt ihr zu schweigen, / er findet sie sterblich / und willig dem Abschied / nach jeder Umarmung." (12–18) Das eingeforderte „[S]chweigen[s]" meint ein Sich-Eingestehen der Unumgänglichkeit des Todes, dessen Angesicht auch das Ich-Subjekt zu erblicken scheint, wie der Wechsel von der Du-Anrede auf die distanzierende Er-Form suggeriert. Das Entschwinden „im Sand", das den individualisierenden Fall einer „Geliebte[n]" betrifft, zeigt weder eine Lagerinsassin – nach dem Beispiel der *Todesfuge* – noch eine anderweitig dem Kriegsgeschehen zum Opfer gefallene Frau. Auch offenbart eine umfassende Beurteilung der allegorischen Primär-Konzeption, dass dieser keine aktive Beteiligung an den einstigen Akten der Kriegsverbrechen und -zerstörungen zugeschrieben ist, sondern lediglich ein Leiden am Restaurativen. Während das Schicksal der Sulamith für den Status eines weiblichen Lageropfers steht, handelt es sich bei dieser in ein Naturgrab entschwindenden Frau daher um eine nicht näher definierte Nachkriegs-Existenz, die in den ideellen Treibsand restaurativer Tendenzen gerät.

Trotz des Motivs des Haares bleibt eine individuelle Subjekt-Vitalität, die sich durch die Bewegung des Wehens assoziieren ließe, deshalb ausgeschlossen, weil das nachfolgende Versinken eine semantische Unterminierung bewirkt. Davon abgesehen, geht bei dieser Frau, die nicht im Wasser, sondern auf dem vermeintlich sicheren Land entschwindet, das Haar-Spiel auf das Naturphänomen des Windes zurück, das jene, dem Beispiel der Fische folgend, zu einem Opfer der Naturelemente macht.

Mit der dritten, abschließenden Strophe, in der das lyrische Ich in Aufforderungssätzen zu dem liebenden Du spricht, wiederholen sich die bislang ausgegebenen Befehle, die bereits entscheidend zur De-Struktion der Meeres-Idylle beigetragen haben: „Sieh dich nicht um. / Schnür deinen Schuh. / Jag die Hunde zurück." (19–21) Von diesen erstmalig in Vers vier und fünf artikulierten Aufforderungssätzen abgesehen, wird des Weiteren auf die Meer- sowie auf die Gewächs-Metapher Bezug genommen: „Wirf die Fische ins Meer. / Lösch die Lupinen!" (22–23) Während der „am Horizont" gelegene Visualisations-Punkt die jüngere Weltkriegs-Vergangenheit allegorisiert, zeigt der Strandbereich die dominierende Werte-Attitüde im Sinn des Zeitgeistes auf. Der meta-poetisch verbürgte Umstand, dass die einstige Distanzhaltung zur Kriegstreiberei – durch Ansätze eines Rückfalles in die alten, jüngst vergangenen Zeiten – inzwischen aufgegeben wurde, findet seinen abstrahierenden Ausdruck im zugehörigen Horizont-Bild. Die Kulissenszenerie aus „Horizont", „Marschhöfe[n]", „Sand"-Strand und „Meer" hat chronologischen Charakter und definiert so die Reihenfolge des Geschehens. Das

Gedicht schließt mit einem Vers, der treffend die erneuerte weltpolitische Gesinnungslage bezeichnet: „Es kommen härtere Tage" (24).

Bei zweitrangiger Lesart einer allegorischen Struktur, die zudem das Ende der Erinnerungskultur heraufzubeschwören vermag, eröffnet sich alternativ die Möglichkeit, das Gedicht als Absage an die deutsch-österreichische Gemeinschafts-Schuld zu lesen, die man in NS-Zeiten Nibelungen-bündlerisch auf sich geladen hatte.

So wie die Handlung der *Todesfuge* zwar eine lyrisch verkürzte ist, als solche aber rekonstruierbar, ermöglicht die *Gestundete Zeit*, mit der aufgrund der Allegorik noch eine exegetische Erschwernis hinzutritt, ebenfalls eine eingehende Deutung. Wenn auch ausschließlich der letztere Fall einen gedoppelten Aussagewert aufweist, erfordern beide Stücke eine umsichtige Exegese, die den abgewandelten Signifikaten und Bild-Entlehnungen angemessen Rechnung trägt.

Die unausbleibliche Frage nach der Art des biografischen Einflusses – als Nährboden der zeitgeschichtlichen Dimensionierung – führt zu folgender Schlussfolgerung: Während die *Todesfuge* den erlittenen Empirie-Horizont seines Autors übersteigt, ausgehend vom Initialtrauma, scheint Bachmanns Zeitstundung vornehmlich auf einer kollektiven Erfahrungswelt zu basieren, die den Vorstellungen der Täterseite entspricht. Ihre Gedichte, vor dem biografischen Hintergrund gelesen, dass diese zeit ihres Lebens unter den Todesarten einer zum Prinzip erhobenen Menschenverachtung litt, offenbaren nur mittelbar einen sozialkritischen Gehalt – einen, der sich als ein nicht unwesentlich um die Wunde des NS-Totalitarismus angesiedelter zeigt.

3 Fazit

Im Gegensatz zu Celan, der sich um ein Lebendig-Halten des Unaussprechlichen bemühte, nahm Bachmann die erwähnte Zwischenposition ein, die zum einen durch das Trauma der erlebten Täterschaft der Vätergeneration geprägt war und zum anderen durch einen ausgeprägten Hang zum Wahrgenommen-Werden in der Literatur-affinen westdeutschen Öffentlichkeit. Den Blick auf diese Kompromisshaltung gerichtet, gibt Sigrid Weigel zu bedenken, dass das „Verbanntsein in die Zeit in Bachmanns frühen Gedichten eher einer Schicksalsmetapher" „gleicht", die den „Status des Schuldhaften in ein Opfergefühl ein[ge]hüllt": „Das Titelgedicht des ersten Lyrikbandes bringt mit der ‚auf Widerruf gestundete[n] Zeit' einen für den Nachkriegsdiskurs symptomatischen Zusammenhang zur Sprache:

die beliebte und entlastende Konvertierung von Schuld in Schulden."[21] Weigel macht hierin eine Terminologie aus, die von der erwähnten Doppelung der Wirkungsabsicht herrührt: „Durch die Attributierung der Zeit als ‚gestundet' steht sie ja anstelle der Schulden und wird so in den Kontext einer Abwicklung der von den Eltern ererbten Schuld gestellt."[22] Im Fall von Bachmann, der Lyrikerin, die der öffentlichen Erwartungskonvention zu entsprechen gedachte, hatte die Kritik an der deutschen Nachkriegsgesellschaft im Geheimen zu erfolgen.

Eine adäquate Beurteilung der je eigenen zeitgeschichtlichen Positionierung stellt, neben den textgenetischen Belegen, die das Nachlass-Konvolut enthält,[23] die im Jahr 2008 veröffentlichte *Herzzeit*-Korrespondenz sicher. Infolge zweideutiger Formulierungen, die eine antijüdische Lektüre von Blöckers *Sprachgitter*-Rezension erlauben, sandte ein vorerst noch zurückhaltender, in seinen moralisch-ethischen Rechten allerdings bereits tief verletzter Celan am 17. Oktober 1959 einen ersten Brief an Bachmann, den diese am 9. November, teils ausweichend, teils um einen beschwichtigenden Kompromiss bemüht, beantwortete:

> Daß er [Blöcker] manchmal aufs Geratewohl und aufs Leichtfertigste beleidigen kann in seinen Kritiken weiß ich, seit mir das auch widerfahren ist von ihm nach meinem zweiten Gedichtband. Ob es diesmal einen anderen Grund hat, ob Antisemitismus der Grund ist? [...].[24]

Einige Wochen später, am 12. November 1959, formuliert Celan erstmals unmissverständlich Vorwürfe, die sich an Bachmann richten: „Du weisst – nein, Du wusstest – und so muss ich Dich jetzt daran erinnern –, dass die Todesfuge auch dies für mich ist: eine Grabschrift und ein Grab. Wer über die Todesfuge das schreibt, was dieser Blöcker darüber geschrieben hat, der schändet die Gräber."[25]

In dem denkwürdigen Briefentwurf, der im Jahr 1961 entstand, ist es dann schließlich Bachmann, die nicht länger einen um Ausgleich bemühten Ton anschlägt, sondern anklägerisch auftritt: „Du willst das Opfer sein, aber es liegt an Dir, es nicht zu sein [...]."[26] Der Vertrauensbruch, den selbst diese nicht abgesandte Fassung dokumentiert, lässt sich auf Bachmanns pragmatisch-moralische Zwi-

---

21 Weigel 1999, S. 239.
22 Weigel 1999.
23 Vgl. zur Rücknahme der „mythologischen Figuren ins Unbestimmbare" in *Die gestundete Zeit* und *Früher Mittag*: Hans Höller, Das Werk: Lyrik: *Die gestundete Zeit*. In: Albrecht und Göttsche 2002, S. 57 u. 63.
24 Ingeborg Bachmann und Paul Celan, „Herzzeit". Der Briefwechsel. Hg. von Bertrand Badiou, Hans Höller [u.a.]. Frankfurt a. M. 2008, S. 126.
25 Bachmann und Celan 2008, S. 127.
26 Bachmann und Celan 2008, S. 155.

schenposition zurückführen, die sie als auf dem westdeutschen Buchmarkt erfolgreiche Autorin mit österreichischer Gewissenslast einnahm. Über die Gründe des Zeitpunktes bleibt zu spekulieren – sicher ist immerhin, dass somit auch Bachmann – jedenfalls zwischenzeitlich – die Maske der Pseudokonventionen zur Erinnerungskultur abgelegt und eine Meinung artikuliert hatte, die nicht allein in Deutschland konsensfähig war.

Literaturverzeichnis

Bachmann, Ingeborg: Werke. Hg. von Christine Koschel, Clemens Münster und Inge von Weidenbaum. 4 Bde. München [u.a.] 1978.
Bachmann, Ingeborg und Paul Celan: „Herzzeit". Der Briefwechsel. Hg. von Bertrand Badiou, Hans Höller, Andrea Stoll und Barbara Wiedemann. Frankfurt a. M. 2008.
Bollack, Jean: Paul Celan. Poetik der Fremdheit. Übers. von Werner Wögerbauer. Wien 2000.
Cassagnau, Laurent: „Am Horizont ... glanzvoll im Untergang". Horizont-Struktur und Allegorie in der Lyrik von Ingeborg Bachmann. In: Ingeborg Bachmann (= Text + Kritik; Heft 6). Hg. von Heinz L. Arnold. 5. Aufl. Neufassung. München 1995, S. 40–58.
Celan, Paul: Gesammelte Werke in sieben Bänden. Hg. von Beda Allemann und Stefan Reichert. Frankfurt a. M. 2000.
Celan, Paul: Die Gedichte. Kommentierte Gesamtausgabe in einem Band. Hg. von Beda Wiedemann. Frankfurt a. M. 2005.
Felstiner, John: Paul Celan. Eine Biographie. Deutsch von Holger Fliessbach. München 1997.
Goßens, Peter: Dichtung: Das Frühwerk bis zu *Der Sand aus den Urnen* (1938–1950): Bukarester Gedichte 1945–1947. In: Celan-Handbuch. Leben – Werk – Wirkung. Hg. von Peter Goßens, Jürgen Lehmann und Markus May. Stuttgart [u.a.] 2008, S. 45–49.
Haumann, Heiko: Krise des Judentums in Osteuropa und neue Identität: „Luftmenschen". In: Geschichte der Ostjuden. 6. Aufl. München 2008, S. 101–103.
Hoell, Joachim: Ingeborg Bachmann. München 2001.
Höller, Hans: Das Werk: Lyrik: *Die gestundete Zeit*. In: Bachmann-Handbuch. Leben – Werk – Wirkung. Hg. von Monika Albrecht und Dirk Göttsche. Stuttgart [u.a.] 2002, S. 57–67.
Lubkoll, Christine: Kontexte und Diskurse: Literatur: Ingeborg Bachmann. In: Celan-Handbuch. Leben – Werk – Wirkung. Hg. von Peter Goßens, Jürgen Lehmann und Markus May. Stuttgart [u.a.] 2008, S. 317–319.
Weigel, Sigrid: Ingeborg Bachmann. Hinterlassenschaften unter Wahrung des Briefgeheimnisses. Wien 1999.

Ruven Karr
Ménage à trois
Die Liebesbeziehung als biographischer Ausgangspunkt des dialogischen Totengedenkens

1

Ende November 1947 gelang es Paul Celan, aus dem stalinistischen Rumänien zu fliehen. Nach einem kurzen Aufenthalt in Ungarn kam er am 17. Dezember in Wien an. Im Mai 1948 lernte er die damals 21-jährige Ingeborg Bachmann kennen.[1] Über diese Begegnung schrieb Bachmann euphorisch an ihre Eltern: „Der surrealistische Lyriker Paul Celan [...] hat sich herrlicherweise in mich verliebt [...]."[2] Doch hielt es den rastlosen Dichter nicht lange in Wien. Nur etwa einen Monat später fuhr er weiter nach Paris, wo er bis zu seinem Selbstmord 1970 lebte. Von 1950 bis 1960 trafen sich Celan und Bachmann noch etwa achtmal. Angesichts der Kürze der tatsächlich miteinander verbrachten Zeit überrascht die Tatsache, dass die Liebesbeziehung die Bedeutung gewann, die diese heute im kulturellen Gedächtnis hat – und nachgerade zum Inbegriff einer leidenschaftlich-verzweifelten Dichterliebe wurde. Schon lange schickte sich die Literaturwissenschaft an, noch bevor die Einzelheiten ihrer Beziehung durch die 2008 herausgegebene *Herzzeit* bekannt wurden, detektivisch den Spuren dieser extensiven, aber innigen Beziehung nachzugehen, die sich im literarischen Werk der beiden niedergeschlagen haben.[3]

Es ist oft darauf hingewiesen worden, dass sich das zeitlebens problematische Verhältnis vor einem völlig gegensätzlichen kulturellen wie lebensgeschichtlichen Hintergrund ereignete. Den Ostjuden aus Czernowitz, der Heimat und Familie durch die Shoah verlor, und die katholische Österreicherin, deren Vater ein Mitglied der NSDAP war, verband eine „Fremdheit, die leicht zur Entfremdung werden konnte".[4] Wie sehr die Beziehung von Missverständnissen, Ängsten und gegen-

---
[1] Ingeborg Bachmann – Paul Celan, „Herzzeit". Der Briefwechsel. Hg. von Bertrand Badiou, Hans Höller [u.a.]. Frankfurt a. M. 2008, S. 362 (Zeittafel).
[2] Bachmann und Celan 2008, S. 251.
[3] Siehe u. a. den von Bernhard Böschenstein und Sigrid Weigel herausgegebenen Sammelband: Ingeborg Bachmann und Paul Celan. Poetische Korrespondenzen. Vierzehn Beiträge. Frankfurt a. M. 1997.
[4] Vgl. Wolfgang Emmerich, Paul Celan. Reinbek bei Hamburg 1999, S. 77.

seitigen Beschuldigungen geprägt war, zeigen eindrücklich die knapp 200 überlieferten Briefe. In einem Brief vom März 1951 versuchte Bachmann diese besonderen Umstände ihrer Beziehung zu charakterisieren, scheute aber letztlich davor zurück und strich die entsprechende Stelle wieder: „Ob wir unsre Geleise zusammenlegen oder nicht, unsere Leben haben doch etwas sehr Exemplarisches, findest du nicht?"[5] Celan entging die Streichung nicht, und so schrieb er in seinem Antwortbrief, dass er „kein Auge [‚habe'] für das, was Du in jener sorgfältig durchgestrichenen, aber doch nicht bis zur Unleserlichkeit getilgten Stelle [...] das ‚Exemplarische' unserer Beziehung nennst". Celan lehnte solche Zuschreibungen ab, weil er dadurch seine Individualität gefährdet sah:

> Wie sollte ich auch an mir selber Exempel statuieren? Gesichtspunkte dieser Art sind nie meine Sache gewesen, mein Aug fällt zu, wenn es aufgefordert wird, nichts als e i n Auge, nicht aber m e i n Auge zu sein. Wäre dies anders, ich schriebe keine Gedichte.[6]

Celans Vorbehalten gegenüber solchen Verallgemeinerungen zum Trotz bildet der Konflikt zwischen seinem Judentum und seinen Liebesbeziehungen, die er zu nichtjüdischen Frauen pflegte (I. Bachmann, G. Celan-Lestrange, B. Eisenreich), ein zentrales Lebensthema, das sich auch in seiner Poesie deutlich bemerkbar macht.

Celans Leitfrage ist die folgende: Wie kann sein Judentum und das Totengedächtnis an die Opfer der Shoah – als sein wichtigstes poetologisches Anliegen – in Einklang gebracht werden mit der Liebe, diesem wesentlichen Thema seiner Poesie? Celans Antwort darauf lautet: Weil die Liebe nicht länger ein unschuldiges Thema der Poesie sein kann, weil darauf der gewaltige Schatten der Shoah lastet, hat diese sich deren Primat unterzuordnen. Somit wird die Liebe zur Folie des intersubjektiv bzw. dialogisch verstandenen Totengedenkens, bei dem zumeist drei Instanzen miteinander interagieren: das Dichter-Ich, die Toten und der Adressat. Nachfolgend wird zunächst die Gestalt des dialogischen Totengedenkens in Celans Dichtung sowie die Funktion der Liebesbeziehung als wichtigste Erscheinungsform davon zu erläutern sein, bevor eine Interpretation der Gedichte *In Ägypten* und *Ein Tag und noch einer* erfolgen kann.

Was mit ‚dialogischem Totengedenken' gemeint ist, lässt sich an einem aufschlussreichen, aber von der Forschung bislang kaum wahrgenommenen Prosatext aus dem Nachlass veranschaulichen, den Celan zwischen 1955 und 1957 schrieb. An keiner anderen Stelle, weder seines zu Lebzeiten veröffentlichten noch seines nachgelassenen Werkes, spricht Celan derart deutlich von den NS-Ver-

---

5 Bachmann und Celan 2008, S. 259.
6 Bachmann und Celan 2008, S. 25–26.

brechen und einem ihm daraus erwachsenen Erinnerungsauftrag. In jenem autobiographischen Bericht, der poetisch verfremdet wird, bemerkt der monologisierende und seinen Lebensweg reflektierende Erzähler, dass sein „Leben neu begonnen hatte, weil seine Weggenossen verschwunden waren".[7] Sogleich aber fügt er hinzu, dass sie in seinem Gedächtnis traumatisch anwesend bleiben:

> Wieso verschwunden? Die Toten: hast du denn kein Gedächtnis, in dem du sie aufbewahrst, in dem sie dir gegenwärtig bleiben, redend und schweigend, zu dir stehend und wider dich, Treue übend und Verrat, umworben und gemieden, nah und fern und überall auf den Wegen und Stegen zwischen Fern und Nah? Die Toten: hast du denn keine Träume, die dich heimsuchen, bei Nacht und bei Tag, Träume, die dir eine Arche zimmern, in der du die Flut überstehst, die heraufbrandet aus den Abgründen des Geschehens, röter und röter, durchschwommen von Leibern und Schatten von Leibern, durchschwommen von Rumpf und Kopf und Geschlecht, von Schatten von Rumpf, Kopf und Geschlecht, von Verwandt und Unverwandt, von Mensch, Halbmensch und Unmensch, von Gehenkt, Geköpft und Geschändet, durchwandert von den Schemen von Vergast, Verascht und In-den-Wind-gestreut, Träume, die dir diese Arche zimmern, und du hockst nun darin, ein Überstehender, geborgen, ein Aug nach außen, ein Aug nach innen gekehrt, und das nach außen gekehrte versagt dir den Dienst, es fällt zu, und dem andern verdeutlicht sich nun das Geschaute, Blicke werden getauscht, du bist nicht mehr allein, mit dir geborgen sind die Entschwundenen, die Toten, deine Toten?[8]

Für den Überlebenden der Shoah, der hier wörtlich zu einem „Überstehende[n]" wird, sind die im Gedächtnis aufbewahrten Toten zum einen bedrückend „nah", aufgrund ihres Totseins aber gleichzeitig auch „fern". Aber die „Träume", die ihn „heimsuchen, bei Nacht und bei Tag", sind nicht bloß Ausdruck der unkontrolliert in die Gegenwart einbrechenden Erinnerung – stellen diese doch die Arche her, die den gewaltigen Blutstrom, der die Leichen und Leichenteile der Ermordeten in sich trägt, zu überstehen hilft. Wenn zu erfahren ist, dass die Flut „heraufbrandet aus den Abgründen des Geschehens", heißt das, dass es Celan in seinem Erinnerungsauftrag nicht daran gelegen ist, das sogenannte ‚Geschehen' – in der Nachkriegszeit ein abstrakt-hilfloser Begriff für die Judenvernichtung – zu veranschaulichen; es geht ihm vielmehr um das Ausgelöschte und dennoch verborgen in den „Abgründen" Liegende.

Die Arche hat einerseits den Zweck, dieses Abgründige, die zersprengt im Wasser treibenden Toten, einzusammeln und zu bergen („mit dir geborgen"), andererseits dient sie dem Überlebenden zugleich als Zuflucht vor dem Andrang der Flut („in der du die Flut überstehst"). Celan, der die alttestamentliche Er-

---

7 Vgl. Paul Celan, „Mikrolithen sinds, Steinchen". Die Prosa aus dem Nachlaß. Kritische Ausgabe. Hg. von Barbara Wiedemann und Bertrand Badiou. Frankfurt a. M. 2005a, S. 77.
8 Celan 2005a.

zählung von der Sintflut aufruft, macht sich zum Fürsprecher des gesamten jüdischen Volkes. Sein Totalitätsanspruch ist daran abzulesen, dass er alle Toten – ob „Verwandt" oder „Unverwandt", „zu dir stehend" oder „wider dich", ob „Treue übend" oder „Verrat" – auf der Arche geborgen wissen will. Die Beschwörung der geisterhaften „Schemen von Vergast, Verascht und In-den-Wind-gestreut" sowie die Aufzählung nicht nur der Leichen bzw. Leichenteile, sondern auch ihrer „Schatten", dienen ihm der Vergewisserung, dass beim Bergen der Toten niemand verloren geht. Am Ende wird der Überlebende der Außenwelt entrückt und verharrt in völliger Introspektion („das nach außen gekehrte [Auge] versagt dir den Dienst"). Jetzt, wo die Toten geborgen sind, kommuniziert er mit ihnen, „Blicke werden getauscht", und er ist „nicht mehr allein". Im nächsten Satz verkündet der Überlebende selbst- und sendungsbewusst: „Du hast dieses Gedächtnis, das dir die Toten aufbewahrt, du hast den archezimmernden Traum."[9] Nur noch kurz hält er in der Ahnung inne, etwas Wichtiges vergessen zu haben: „Und die Lebenden? Sind sie denn so fern, so unerreichbar?", um schließlich zuversichtlich fortzufahren: „Mögen sie noch so fern sein, es muß Mittel und Wege geben, trotzdem zu ihnen zu gelangen, du weißt auch, daß es sie gibt."[10] Somit veranschaulicht dieser Prosatext die Unzulänglichkeit eines weltabgewandten, bloß privaten Totengedenkens sowie auch die Notwendigkeit bzw. Schwierigkeit, es Dritten gegenüber transparent zu machen. In einem anderen Nachlass-Text formuliert Celan, aphoristisch zugespitzt, einen ähnlichen Gedanken: „Ich schreibe auch nicht für die Toten, sondern für die Lebenden – freilich für jene, die wissen, dass es auch die Toten gibt."[11]

Das dialogische Totengedenken, das im Titel dieses Aufsatzes – unter Berücksichtigung der Liebesbeziehung – *ménage à trois* genannt wird, korreliert mit grundlegenden Einsichten aus dem Bereich der Erinnerungskultur, insbesondere mit Theoremen des Diskurses über Zeugenschaft. So überrascht es nicht, dass sich das deutsche Wort ‚Zeuge' nicht nur aus dem lateinischen *superstes* (‚Überstehender') herleitet, sondern auch aus *testis*, das etymologisch auf *terstis* zurückzuführen ist und den *Dritten* meint.[12] Tobias Tunkel weist auf einen „sehr alten juristischen Topos" sowohl der römischen als auch der jüdischen Rechtsprechung hin, demzufolge „erst das übereinstimmende Zeugnis *zweier* Personen die

---

9 Celan 2005a, S. 78.
10 Celan 2005a.
11 Celan 2005a, S. 122.
12 Vgl. Giorgio Agamben, Was von Auschwitz bleibt. Das Archiv und der Zeuge. Frankfurt a. M. 2003, S. 14.

Wahrheit einer Begebenheit im juristischen Sinne beweisen kann".[13] In einer poetologischen Notiz aus den *Meridian*-Konvoluten spricht Celan explizit vom Zeugen als dem Dritten. Hier kritisiert er sarkastisch das philosemitische, sich oberflächlich etwa an dem Einzelschicksal Anne Franks abarbeitende Totengedenken jener Personen, „die ihre Träne nur für das vergaste attraktive Prinzeßchen mit Mandelaugen und Unterleib bereit halten", um schließlich in einem ganz anderen, emphatischen Ton fortzufahren: „Es ist da noch ein Dritter dabei, le témoin, von Gnaden der Sprache."[14] Zeugenschaft ist in Celans Dichtung daher ein triadisches Konzept, das folgende Bestandteile umfasst: erstens den Zeugen im eigentlichen Wortsinn, den Shoah-Überlebenden, der sich in den Gedichten häufig als dichterische Instanz zu erkennen gibt; zweitens das zu Bezeugende, die inhaltliche Dimension des Zeugnisses, die bei Celan aber nicht die poetische Darstellung des Geschehenen umfasst, sondern die personale Evokation der Toten; drittens als Gesprächspartner das „ansprechbare[s] Du",[15] das Celans Poetik für sich beansprucht. Geoffrey Hartman nennt diesen zweiten Zeugen einen „intellektuelle[n] Zeuge[n]".[16] Dieser habe zwar das Geschehen nicht selbst erlebt, stehe jedoch insofern für den ersten Zeugen ein, als er „Verantwortung für die Worte der Überlebenden oder Augenzeugen übernimmt".[17]

Kommen wir zurück zur Liebesbeziehung als prominenteste Erscheinungsform. Wenn Celan in seinen Gedichten Liebesbeziehungen darstellt, die auf biographisch verbürgte Kontakte zu nichtjüdischen Frauen zurückgehen, ist die Eigentümlichkeit zu beobachten, dass die Darstellung keinem Selbstzweck dient, sondern vielmehr eine Projektionsfläche für die Toten bildet. Mit anderen Worten: Die nichtjüdische Geliebte, die weder die Shoah erlebt hat, noch eng mit jüdischem Traditions- und Gedankengut verbunden ist, fungiert insofern als ‚intel-

---

13 Vgl. Tobias Tunkel, Das verlorene Selbe. Paul Celans Poetik des Anderen und Goethes lyrische Subjektivität. Freiburg im Breisgau 2001, S. 294.
14 Paul Celan, Werke. Tübinger Ausgabe. Hg. von Jürgen Wertheimer. 9 Bde. Band: Der Meridian. Endfassung – Entwürfe – Materialien. Hg. von Bernhard Böschenstein und Heino Schmull. Frankfurt a. M. 1999, S. 129.
15 Vgl. Paul Celan, Gesammelte Werke in sieben Bänden. Hg. von Beda Allemann und Stefan Reichert. Band 3: Gedichte III, Prosa, Reden. Hg. von dens. Frankfurt a. M. 2000, S. 186 – Sigel: GW.
16 Vgl. Geoffrey Hartman, Intellektuelle Zeugenschaft und die Shoah. In: „Niemand zeugt für den Zeugen". Erinnerungskultur und historische Verantwortung nach der Shoah. Hg. von Ulrich Baer. Frankfurt a. M. 2000, S. 35–53, hier: S. 36.
17 Vgl. Hartman 2000, S. 52.

lektuelle Zeugin',[18] als sie im intimen Gespräch Anteil nimmt und das primäre Zeugnis des Überlebenden (des Dichter-Ich) letztlich legitimiert. Der Gedichtband *Von Schwelle zu Schwelle* zum Beispiel ist Celans katholischer Ehefrau Gisèle Celan-Lestrange gewidmet. Darin gibt es ein Gedicht, *Von Dunkel zu Dunkel*, das ein intimes (eheliches) Tête-à-Tête beschreibt. Der Blick des Ich in die Augen des Du bewirkt aber kein Vordringen in die Seele der Geliebten, sondern lediglich eine Spiegelung von Eigenem:

> Du schlugst die Augen auf – ich seh mein Dunkel leben.
> Ich seh ihm auf den Grund:
> auch da ists mein und lebt.[19]

Ähnlich wie im Gedicht *In Ägypten* wird etwas dem Betrachter-Ich Zugehörendes in die „Augen" bzw. in den geistigen Innenraum des Gegenübers projiziert. Damit möchte sich das Ich vergewissern, dass das „Dunkel" nicht nur an der Oberfläche, sondern auch auf dem „Grund" der fremden Augen „lebt". Dass in Übereinstimmung mit *In Ägypten* die Projektion am Ende aus dem Innenraum ausgelagert wird, verdeutlicht die Möglichkeit einer intersubjektiven Teilhabe. Selbiges vollzieht sich in der zweiten Hälfte des Gedichts *Von Dunkel zu Dunkel*, durch das Übersetzungsmedium „Licht" sowie die archetypische Figur des „Ferge[n]" (Fährmanns), der zwischen „Dunkel" und „Licht", Tod und Leben vermittelt:

> Setzt solches über? Und erwacht dabei?
> Wes Licht folgt auf dem Fuß mir,
> daß sich ein Ferge fand?[20]

Bloß bedingt als Liebes- bzw. Ehebeziehung ist auch das Gedicht *Schneebett* zu lesen, das in einer Vorfassung mit dem lateinischen Begriff für die Ehe, *matrimonium*, betitelt ist. Beschrieben wird darin ein orphischer Abstieg in ein geologisches Totenreich, ins „Sterbegeklüft", in dem nur noch vereinzelte Spuren der Toten zu finden sind („Strichweise Blut […] Wölkende Seele […] Zehnfingerschatten"). Die eheliche Gemeinschaft der Liebenden wird mit dem Vers „Wir sind ein Fleisch mit der Nacht" beschworen[21] – dieser bezieht sich auf die Stelle im

---

18 Vgl. die viel zitierten Verse aus dem Gedicht *Aschenglorie*, in denen gerade das Fehlen eines solchen intellektuellen Zeugen beklagt wird: „Niemand / zeugt für den / Zeugen."; GW, Band 2, S. 72.
19 GW, Band 1, S. 97.
20 GW.
21 Vgl. GW, Band 1, S. 168.

Buch Genesis, an der Gott die Ehe zwischen Mann und Frau einführt.[22] Hier zeigt sich erneut, dass der Liebesbeziehung zwischen Mann und Frau etwas Drittes beigegeben ist. Die ehelich Verbundenen sind nicht nur „ein Fleisch", sie sind auch „ein Fleisch *mit der Nacht*" [meine Hervorhebung, R.K.], die ein Symbol ist für das im Gedicht evozierte Totenreich.

Als weiteres Beispiel für die Weitergabe von Eigenem, hier explizit Jüdischem, an eine nichtjüdische Geliebte ist das Gedicht *Benedicta* aus der Sammlung *Die Niemandsrose* zu werten. Auch dieses geht auf eine reale Liebesbeziehung Celans zu einer nichtjüdischen Frau zurück – Brigitta Eisenreich. In ihren Erinnerungen, die im Jahr 2010 erschienen, schreibt sie, dass Celans Besuch in ihrer Pariser Wohnung die biographische Keimzelle des 1961 verfassten Gedichts ist.[23] Die erste Strophe von *Benedicta* lautet:

> Ge-
> trunken hast du,
> was von den Vätern mir kam
> und von jenseits der Väter:
> – – Pneuma.[24]

Da, wo in der Endfassung gleichsam als Zensur zwei Gedankenstriche stehen, stand in einer früheren Fassung noch das Wort „Sperma".[25] Damit erscheint die erste Strophe der Vorfassung unverhohlen als Beschreibung einer Fellatio. Das Du hat das „Sperma" „[g]e/-trunken", das dem Ich von den „Vätern" her-„kam" – den über die männliche Abstammungslinie weitergegebenen Samen. Celan hat das verräterische Wort „Sperma" getilgt, weil seine Diskretion es verbot, darüber zu

---

22 Vgl. 1. Mose 2, 24: „Darum wird ein Mann seinen Vater und seine Mutter verlassen und seiner Frau anhängen, und sie werden sein ‚ein' Fleisch." (Übersetzung nach Martin Luther). Vgl. hierzu: Jürgen Lehmann (Hg.), Kommentar zu Paul Celans *Sprachgitter*. Heidelberg 2005, S. 231–232.
23 Vgl. Brigitta Eisenreich, Celans Kreidestern. Ein Bericht. Mit Briefen und anderen unveröffentlichten Dokumenten. Unter Mitwirkung von Bertrand Badiou. Frankfurt a. M. 2010, S. 113–114.
24 GW, Band 1, S. 249–250 – Der Text der Werkausgabe entspricht dem Erstdruck, in dem im fünften Vers nach den beiden Gedankenstrichen unmittelbar das Wort „Pneuma" folgt. Allerdings hat Celan später darauf hingewiesen, dass vor „Pneuma" ein Komma stehen muss. In der einbändigen kommentierten Gedichtausgabe wurde dies berücksichtigt; Paul Celan, Die Gedichte. Kommentierte Gesamtausgabe. Hg. von Barbara Wiedemann. Frankfurt a. M. 2005b, S. 145 u. 691.
25 Vgl. Paul Celan, Werke. Tübinger Ausgabe. Hg. von Jürgen Wertheimer. 9 Bde. Band: Die Niemandsrose. Vorstufen – Textgenese – Endfassung. Hg. von Heino Schmull. Frankfurt a. M. 1996, S. 74.

schreiben, aber auch deshalb, weil ihm die intime Begegnung, deren krude Erotik noch in der selbst-zensierten Endfassung durchscheint, letztlich abermals als Folie dient für die Vermittlung von jüdischem Geist („Pneuma", die „Väter" als Stammväter) und für den Vollzug des Totengedenkens, gerichtet an ein nichtjüdisches Du.[26] Hinsichtlich seiner Beziehung zu Bachmann ist unter anderen das Gedicht *Allerseelen* aus *Sprachgitter* aufschlussreich, das Celan nicht, wie im Fall von *Ein Tag und noch einer*, nach, sondern einen Monat vor seinem Besuch in München 1957 schrieb. Ein erster, kurzer Entwurf weist bereits deutlich sexuelle Konnotationen und eine rätselhafte moralische Selbstanklage auf: „Was haben wir getan? [...] Die Nacht besamt, als könnte / sie nächtiger werden".[27] Aber schon in der nächsten Fassung, die Celan am 2. November 1957 an Bachmann schickte, verliert die Erotik diese leitmotivische Relevanz. Nun spricht Celan nicht mehr von einem Wir, sondern von einem Ich, das „[d]ie Nacht besamt" hat.[28] Das Sexuelle wird explizit mit dem Totengedächtnis verknüpft – das wesentlich erweiterte Gedicht heißt somit, passend zum Datum, *Allerseelen*. Hierin beschreibt das Dichter-Ich seinen Erinnerungsauftrag, der sich in dem durch den Titel evozierten Anspruch, *aller* toten Seelen zu gedenken, aber als illusorisch erweist. Ein besonders markantes Beispiel dafür, wie gewaltig die traumatische Vergangenheit in gegenwärtige Liebesbeziehungen hineinragt, ist schließlich das Gedicht *Die Welt*, das Celan kurz vor seinem Selbstmord an seine (diesmal jüdische) Geliebte Ilana Shmueli schickte:

> DIE WELT, Welt
> in allen Fürzen gerecht,
>
> ich, ich,
> bei dir, dir, Kahl-
> geschorne.[29]

---

[26] In diesem Gedicht sind die Verweise auf das Totengedenken subtil. Man kann etwa die „Väter" insofern als Verweis darauf lesen, als hierdurch die ursprünglich biblische Wendung „zu seinen Vätern versammelt werden" im Sinn von „sterben" anklingt. Auch der später auftauchende „Teneberleuchter" (GW, Band 1, S. 249), dessen nacheinander verlöschende Kerzen in katholischen Gottesdiensten zuweilen den Tod Jesu anzeigen, deutet darauf hin. Schließlich können die „Auen" (GW) als diskreter Verweis auf die Konzentrationslager, die häufig in der Nähe von Sumpf- und Moorgebieten errichtet wurden, gelesen werden.
[27] Paul Celan, Werke. Tübinger Ausgabe. Hg. von Jürgen Wertheimer. 9 Bde. Band: Sprachgitter. Vorstufen – Textgenese – Endfassung. Hg. von Heino Schmull. Frankfurt a. M. 1996, S. 66 – Sigel: TCA/SG.
[28] Vgl. Bachmann und Celan 2008, S. 66.
[29] Paul Celan – Ilana Shmueli, Briefwechsel. Hg. von Ilana Shmueli und Thomas Sparr. Frankfurt a. M. 2004, S. 98.

Fast befremdlicher noch als der skatologische Bezug ist die Bezeichnung der Geliebten als „Kahl-/geschorne", die unweigerlich Assoziationen an eine KZ-Gefangene weckt. Celan war sich des zutiefst Befremdlichen dieses Gedichts bewusst. In seinem nächsten Brief an Ilana Shmueli schrieb er, sich rechtfertigend: „[...] alle diese Tage warf ich mir vor, Dir dieses fürchterliche ‚Welt, Welt'-Gedicht geschickt zu haben; heute weiß ich, daß ich es durfte, daß Du's verstehst in seinem ganzen Schmerz, in seiner ganzen Liebesdimension."[30] So kann nur jemand sprechen, der weiß, dass er zwischen Vergangenheit und Gegenwart nicht immer scharf zu trennen vermag, dass die Vergangenheit alle Gegenwart beständig bedroht. Es ist keine kühne Spekulation, zu behaupten, dass nicht zuletzt diese Bedrohung, die in seinem letzten Lebensjahrzehnt immer akuter wurde, keine drei Monate danach den Freitod auslöste.

2

Das 1948 verfasste Gedicht *In Ägypten* ist Celans früher, neuromantisch und teilweise noch surrealistisch geprägter Schaffensphase zuzuordnen. Die Gedichtbände aus dieser Zeit, *Der Sand aus den Urnen* und *Mohn und Gedächtnis*, scheinen auf den ersten Blick nicht wenige Liebesgedichte zu beinhalten; doch trügt der Eindruck, denn auch hier untersteht das Liebes-Motiv dem Totengedächtnis. Dies geschieht auf zweierlei Weise: Entweder werden die Toten selbst – bzw. eine einzelne Tote, etwa die tote Mutter – als Liebespartner vorgestellt, oder aber das lyrische Ich wendet sich einer Geliebten zu und versucht ihr, im intimen Gespräch, die Toten zu vergegenwärtigen. Exemplarisch für den ersten Fall ist das bekannte Gedicht *Corona*, bei dem man zunächst versucht ist, den Vers „Mein Aug steigt hinab zum Geschlecht der Geliebten" als pikante erotische Anspielung zu lesen[31] – dieser ist im Kontext des gesamten Gedichts allerdings vielmehr als orphischer Abstieg zu den jüdischen Toten zu verstehen (das „Geschlecht der Geliebten" als ihr Volk).[32] Für den zweiten Fall, jenen des intimen Gesprächs, ist das Gedicht *In Ägypten* maßgeblich, dessen biographischer Ausgangspunkt unzweifelhaft in einer Begegnung mit Bachmann liegt. Nur wenige Tage nachdem sich beide in Wien kennengelernt hatten, schenkte Celan es ihr zum Geburtstag; noch 1957 schrieb er an Bachmann: „Denk an ‚In Ägypten'. Sooft ichs lese, seh ich Dich in dieses Gedicht treten [...]."[33] Mit einem Titel, der das ägyptische Exil der

---

30 Celan und Shmueli 2004, S. 100–101.
31 Vgl. GW, Band 1, S. 37.
32 Vgl. Peter Mayer, Paul Celan als jüdischer Dichter. Landau 1969, S. 65.
33 Bachmann und Celan 2008, S. 64.

Israeliten evoziert, thematisiert es eine Liebesbeziehung zu einer nichtjüdischen „Fremden", die mit den vergangenen Beziehungen zu drei jüdischen Geliebten – in denen metonymisch die Opfer der Shoah repräsentiert sind – in Konkurrenz tritt:

> Du sollst zum Aug der Fremden sagen: Sei das Wasser.
> Du sollst, die du im Wasser weißt, im Aug der Fremden suchen.
> Du sollst sie rufen aus dem Wasser: Ruth! Noëmi! Mirjam!
> Du sollst sie schmücken, wenn du bei der Fremden liegst.
> Du sollst sie schmücken mit dem Wolkenhaar der Fremden.
> Du sollst zu Ruth und Mirjam und Noëmi sagen:
> Seht, ich schlaf bei ihr!
> Du sollst die Fremde neben dir am schönsten schmücken.
> Du sollst sie schmücken mit dem Schmerz um Ruth, um Mirjam und Noëmi.
> Du sollst zur Fremden sagen:
> Sieh, ich schlief bei diesen![34]

Die neunmalige „Du sollst"-Aufforderung verweist auf die Form des Dekalogs, den Gott den Israeliten bei ihrem Auszug aus Ägypten in der Wüste durch Moses offenbarte. Warum aber nennt Celan neun und nicht zehn Gebote? John Felstiner spekuliert: „Vielleicht mußte er einfach irgendwie seine Distanz zum religiösen Dogma wahren."[35] Man kann das Fehlen eines Gebots jedoch wesentlich genauer erklären – es fehlt nämlich das erste Gebot,[36] das den jüdischen Monotheismus bzw. die Befreiung der Israeliten aus ägyptischer Knechtschaft proklamiert und das als einziges mit einer Ich-Aussage einsetzt: „Ich bin der HERR, dein Gott, der ich dich aus Ägyptenland, aus der Knechtschaft, geführt habe. Du sollst keine anderen Götter haben neben mir." (2. Mose 19, 20) Dass gerade auf dieses Gebot verzichtet wird, verwundert keineswegs: Denn erstens ist die Gedichthandlung noch im ägyptischen Exil situiert, das im Hinblick auf Celans Lebensgeschichte sein dauerhaftes, lebenslanges Exil symbolisiert – seine Heimat ging durch die Shoah unwiderruflich verloren, „diese[r] nun der Geschichtslosigkeit anheimgefallene[n] ehemalige[n] Provinz der Habsburgermonarchie"[37] –, und zweitens lässt Celan als ‚ungläubiger' Jude bewusst den Monotheismus, den Gott im ersten Gebot ausspricht, beiseite, um sich ausschließlich der weltlich-ethischen Dimension zu widmen, die in den übrigen neun Geboten zum Ausdruck kommt. Das Skandalon des Gedichts besteht nun darin, dass mit dieser Auslassung der Eingottglaube

---

34 GW, Band 1, S. 46 – Das Gedicht weicht in der Werkausgabe, von dem Fehlen der Widmung „Für Ingeborg" abgesehen, lediglich in der Interpunktion und der Schreibung einzelner Wörter von der Brieffassung ab; Bachmann und Celan 2008, S. 7.
35 John Felstiner, Paul Celan. Eine Biographie. München 1997, S. 91.
36 Für diesen Hinweis bedanke ich mich bei Barbara Wiedemann.
37 Vgl. GW, Band 3, S. 185.

verworfen wird zugunsten der ‚Vielweiberei' des Ich, das erotische Kontakte zu vier verschiedenen Frauen unterhält: zu der nichtjüdischen „Fremden" auf der einen Seite und drei jüdischen Frauen auf der anderen. Doch wie erwähnt, ist die Erotik auch hier kein Selbstzweck, sondern ein zum Zweck des dialogischen Totengedenkens eingesetztes Mittel.

Wie es bei Celan häufig der Fall ist, kann die Du-Anrede als Selbstansprache des impliziten Ich gelesen werden. Die Vergegenwärtigung der jüdischen Toten, repräsentiert durch die drei alttestamentlichen Frauennamen Ruth, Noëmi und Mirjam (V 6),[38] wird durch die Anwesenheit der Geliebten ermöglicht. Allerdings muss der Sprecher motivisch weit ausholen, denn diese Vergegenwärtigung gelingt in den ersten drei Versen nur durch eine doppelte dichterische Beschwörung: mittels des Schöpferworts im ersten Vers, das die beiden getrennten Elemente ‚Wasser' und ‚Auge' über ihr *tertium comparationis* ‚Tränen' zusammenführt („Du sollst zum Aug der Fremden sagen: Sei das Wasser"), sowie durch das Aufspüren jener Personen, von denen der Dichter weiß, dass sie sich in diesem imaginären „Wasser" aufhalten: „Du sollst, die du im Wasser weißt, im Aug der Fremden suchen. / Du sollst sie rufen aus dem Wasser: Ruth! Noëmi! Mirjam!" (V 2–3).[39] Celan hält es für geboten, der drei im wahrsten Wortsinn ‚Verflossenen' selbst dann noch eingedenk zu sein, wenn er seiner jetzigen Geliebten beiliegt: „Du sollst sie schmücken, wenn du bei der Fremden liegst." (V 4) Weiterhin wird gefordert, die drei in seiner Erinnerung gegenwärtigen Frauen mit etwas zu schmücken, das eigentlich der aktuell anwesenden „Fremden" zugehört: „Du sollst sie schmücken mit dem Wolkenhaar der Fremden." (V 5) Daraufhin setzt es sich der Dichter zum Ziel, den drei jüdischen Frauen zu erklären, dass er nun, im ägyptischen Exil, eine Nicht-Jüdin liebt: „Du sollst zu Ruth und Mirjam und Noëmi sagen: / Seht, ich schlaf bei ihr!" (V 6–7) In den letzten vier Versen des Gedichts ist es genau umgekehrt: Dort wird dazu aufgefordert, die „Fremde" zu „schmücken" (V 8), und zwar mit einem den drei jüdischen Frauen zugeordneten Attribut („dem Schmerz um Ruth, um Mirjam und Noëmi", V 9). Und in den beiden Schlussversen mahnt das Dichter-Ich selbstbezüglich an, die „Fremde" auf jene vergangenen Lieb-

---

[38] Die drei Namen gewinnen durch ihre Stellung im Alten Testament einen besonderen Bezug zum dominanten Problem von Fremde und Heimat; Timothy Boyd, „dunkeler gespannt". Untersuchungen zur Erotik der Dichtung Paul Celans. Heidelberg 2006, S. 172. Außerdem lassen sich die Namen auf Jugendfreundinnen Celans zurückführen; Felstiner 1997, S. 91.

[39] Man denke hier an das prominente Motiv des Wassers bzw. des Meeres, das Celan häufig für die Verborgenheit der Toten gebraucht, die für die Erinnerung schwer zugänglich sind. Vgl. auch das Motiv der „Tiefsee" in dem frühen poetologischen Text *Edgar Jené und der Traum vom Traume*; GW, Band 3, S. 155–161.

schaften aufmerksam zu machen: „Du sollst zur Fremden sagen: / Sieh, ich schlief bei diesen!" (V 10–11)

Wenn es heißt, dass die Toten mit dem Haar der „Fremden" geschmückt werden sollen, so mag das scheinbar bedeuten, dass die ursprünglich nur in der Erinnerung des Ich gegenwärtigen Toten an etwas Reales und gleichsam Unverwesliches zu knüpfen sind, was zur Ausstellung („schmücken") dieser neu gewonnenen Wesenhaftigkeit führte. Doch handelt es sich um „Wolkenhaar", das flüchtig und von unkörperlichem Wesen ist. Die imaginäre Sphäre der Toten, die im „Wasser" des „Aug[es]" leben, greift insofern über in die reale Sphäre der „Fremden", als sich erstere in Gestalt von Wasserdampf als „Wolkenhaar" verdichtet. So werden beide Bereiche – die im „Wasser" wohnenden Toten sowie die aktuelle Gegenwart der Geliebten – untrennbar miteinander verwoben. Die ‚verflossene' Vergangenheit scheint dabei höher als die Gegenwart gewertet zu werden, denn das „Aug der Fremden" wird – ganz ähnlich wie im Gedicht *Von Dunkel zu Dunkel* – nicht als liebreizendes Merkmal vorgestellt, sondern als Projektionsfläche, die der Vergegenwärtigung der Toten dient.

Das viermal genannte Schmücken (V 4/5 u. V 8/9) lässt sich einerseits auf den rhetorischen ‚Ornatus' des Dichters beziehen, doch schwingt noch eine weitere Bedeutung mit: Im achten und neunten Vers heißt es, dass die „Fremde neben dir" mit dem „Schmerz" um die Toten „am schönsten" geschmückt werden soll. Während das erstgenannte Schmücken – der Toten mit dem „Wolkenhaar der Fremden" – als Sichtbarmachung der imaginären und ephemeren Wasserwesen zu lesen ist, lässt sich zweiteres Schmücken – jenes mit dem „Schmerz" – als Mahnung verstehen, beim Anblick der nichtjüdischen Geliebten stets auch der jüdischen Toten eingedenk zu sein. Im Übrigen ist das Verb „schmücken" etymologisch mit „schmiegen" bzw. „eng anliegen" verwandt,[40] wodurch die erotische Dimension des Gedichts unterstrichen wird, in erster Linie aber die von Celan angestrebte ‚Engführung' der „Fremden" mit den Toten.

Wie gesehen, ist dieses Gedicht deshalb kaum noch als klassisches Liebesgedicht zu verstehen, weil die „Fremde", die selber das Unkörperliche der Toten („Wolkenhaar") annimmt, lediglich als Projektionsfläche fungiert. Im Zusammenhang mit Celans Lebenssituation im Wien der Nachkriegszeit stellt das Gedicht eine Antwort dar auf die Frage, wie sich die Erinnerung an die jüngsten, zeitgeschichtlich bedingten Verluste mit einer Liebesbeziehung zu einer „Fremden" moralisch vereinbaren lässt. Allerdings sagt uns das Gedicht auch mehr als das: Die beiden letzten Zeilen legen eine poetologische Lesart nahe, mit der die

---

[40] Vgl. Schmücken. In: Kluge. Etymologisches Wörterbuch der deutschen Sprache. Bearbeitet von Elmar Seebold. Berlin 2002, S. 816.

„Fremde" zu einem „ansprechbare[n] Du" wird,⁴¹ dem das Vergangene erfahrbar gemacht werden soll. Der letzte Vers, in dem davon die Rede ist, dass sich an die „Fremde" die Worte „Sieh, ich schlief bei diesen" richten sollen, antwortet auf den ersten, mit dem das „Aug der Fremden" genannt ist. Indem die „im Wasser" Gewussten nach oben geholt und aus dem Inneren der „Fremden" ausgelagert werden sollen, und zwar in Gestalt des „Wolkenhaar[s]", ist eine Möglichkeit bezeichnet, mit der die „Fremde" tatsächlich sehend erfassen könnte, was der letzte Vers einfordert: Der Anspruch eines dialogischen Totengedenkens hätte sich erfüllt.

3

Das Gedicht *Ein Tag und noch einer* aus dem Band *Sprachgitter* kann als direkte Rede der Toten gelesen werden. Aus dieser kollektiv vollzogenen Rede tritt vereinzelt ein dem Wir zugehöriges und die Textentstehung reflektierendes Dichter-Ich hervor, um auf einen Adressaten zuzuhalten, der zum Zeitpunkt des Schöpfungsakts noch konkret mit Ingeborg Bachmann assoziiert war, der sich aber im Verlauf der Textgenese vom biographischen Ausgangspunkt löste und vielmehr zu einer eigenen poetologischen Instanz wurde:

> Föhniges Du. Die Stille
> flog uns voraus, ein zweites,
> deutliches Leben.
>
> Ich gewann, ich verlor, wir glaubten
> an düstere Wunder, der Ast,
> rasch an den Himmel geschrieben, trug uns, wuchs
> durchs ziehende Weiß in die Mondbahn, ein Morgen
> sprang ins Gestern hinauf, wir holten,
> zerstoben, den Leuchter, ich stürzte
> alles in niemandes Hand.⁴²

Der Briefwechsel Celans mit Bachmann legt den biographischen Hintergrund frei. Nach dem Besuch bei Bachmann, der im Dezember 1957 im oft ‚föhnigen' (V 1) München erfolgte,⁴³ schickte er ihr eine frühere Fassung des Gedichtes zu.⁴⁴ Bereits vor seinem Besuch schrieb ihr Celan, den Titel des Gedichtes antizipierend:

---

41 Vgl. GW, Band 3, S. 186.
42 GW, Band 1, S. 179.
43 Vgl. Lehmann 2005, S. 312.
44 Vgl. Bachmann und Celan 2008, S. 77–78.

„Nun komm ich ja bald, nicht für lange, für einen Tag, für einen zweiten – wenn Du's willst und erlaubst."[45] Schließlich taucht in den Briefen auch mehrmals ein „Leuchter" (V 9) bzw. eine „Lampe" als private Chiffre auf;[46] die „Lampe" war ein Geschenk Celans für ihre Münchner Wohnung.[47] Das sei hier nur konstatiert – die Interpretation des Gedichtes beeinflussen diese Realien nicht. Celan flicht jene konkreten lebensweltlichen Elemente in sein Gedicht zwar ein, unterzieht sie aber einer tiefgreifenden poetisch-semantischen Transformation, wodurch ihr ursprünglicher Bezugspunkt verloren geht. Während mit *In Ägypten* die Liebesbeziehung ausdrücklich thematisiert wurde und Bachmann in der „Fremden" mühelos wiederzuerkennen war, ist hier die Beziehung zu ihr bestenfalls noch zu erahnen. Denn obwohl deren Verbindung erneut der Darstellung des dialogischen Totengedenkens dient, kommen die Toten nun selbst zu Wort; und darüber hinaus wird das Dialogische wesentlich abstrakter gefasst und – was typisch für diese spätere Werkphase ist – zugleich poetologisch reflektiert.

Es ist bezeichnend für das grundlegende Missverstehen vieler Interpreten, die Celan als Hermetiker lesen, dass Jürgen H. Petersen in seiner Abhandlung zum hermetischen Gedicht der Nachkriegszeit erklärt, die Eingangswendung „Föhniges Du" sei schlechthin „nicht aufzuschlüsseln": Es gebe „keine Vergleiche [...], die dem Gesagten nahekommen, so dass die sprachlichen Phänomene nicht in unsere Verständnisstrukturen übertragen werden können".[48] Im Gegenteil ist die Rede vom „Föhnige[n] Du" durchaus entschlüsselbar – dieses weist gleich zwei spezifische Bedeutungen auf, die in der ersten Strophe thematisiert werden und dabei die Bildlichkeit des Gedichts maßgeblich definieren.

Bislang ist noch nicht bemerkt worden, dass die Adjektivform „Föhniges" neben ihrem wörtlichen Bezug auf den Föhnwind auch den mythischen Vogel Phönix evoziert.[49] Die einzige Stelle, in der Celan den Phönix explizit erwähnt, ist in einer vermutlich 1963 entstandenen aphoristischen Notiz aus dem Nachlass zu finden. Hierin wird der aus seiner eigenen Asche wiedergeborene Vogel zum Symbol der ermordeten und verbrannten Juden: „Mit jeder Asche, jedem wirkli-

---

45 Bachmann und Celan 2008, S. 72.
46 Vgl. Bachmann und Celan 2008, S. 72, 76 u. 78.
47 Vgl. Bachmann und Celan 2008, S. 69.
48 Jürgen H. Petersen, Absolute Lyrik. Die Entwicklung poetischer Sprachautonomie im deutschen Gedicht vom 18. Jahrhundert bis zur Gegenwart. Berlin 2006, S. 180.
49 Beim Vortragen des Gedichts assoziieren jene Zuhörer, denen die Kenntnis des Graphematischen fehlt, oftmals sogleich „Phönix". Gerade im Band *Sprachgitter* hat Celan dem gesprochenen Wort, dem Stimmhaften und Hörbaren, eine gewichtige Bedeutung zugemessen. Der vierte Zyklus des Bandes, in dem das Gedicht *Ein Tag und noch einer* zu finden ist, hieß in einer früheren Konzeption „Stimmhaft"; TCA/SG, S. 104.

chen Gedicht ist uns immer der Phoenix zurückgegeben."⁵⁰ Nun wird sowohl die wörtliche als auch die uneigentliche Bedeutung von „Föhniges" an die darauffolgende Wendung „ein zweites, / deutliches Leben" weitergegeben (V 2–3): Das „zweite[s]" Leben rekurriert auf den Phönix, das „deutliche[s]" dagegen auf den Föhn – ist doch die uneingeschränkte Fernsicht eine der charakteristischen Eigenschaften dieser Wetterlage.

Noch vor der Deutung dieser ersten Strophe muss – und das scheint die Kardinalfrage zu sein – geklärt werden, ob das einleitende „Föhnige[s] Du" sich mit dem in der zweiten Strophe sporadisch sprechenden Ich (V 4 u. V 9) zum durchgängig sprechenden Wir verbindet oder ob hingegen das Du außerhalb des Wir steht. Die erste Möglichkeit scheint zunächst die naheliegende zu sein und wurde auch von den wenigen Interpreten des Gedichtes als Lösungsweg gewählt.⁵¹ In der Vorfassung, die Celan nach seinem Besuch versendete, scheint sich das Wir tatsächlich aus dem Ich und einem direkt angesprochenen Du („ich weinte / in deine Hand"⁵²) zusammenzusetzen. Allerdings ist das bei der Endfassung nicht mehr der Fall: Hier gewinnt der biographische Ausgangspunkt einen poetischen Mehrwert, indem Celan ihn dem Totengedächtnis unterordnet – zumal die direkte Rede der Toten in der ersten Person Plural ein zentrales Strukturelement seiner Poesie ist.⁵³ Einen letztlich entscheidenden Hinweis, der für diese Lesart spricht, liefert das Partizip „zerstoben", das in der Endfassung dem Wir zugeordnet ist, in der Vorstufe jedoch fehlt. Diese Zuschreibung ist innerhalb des dichten Referenzsystems des Werks als Reizwort zu lesen, das der kundige Leser sogleich mit der Judenvernichtung in Verbindung bringt. Bedenkt man außerdem, dass in der Endfassung das Du nirgends direkt angesprochen, sondern gleichsam aus dem Nichts beschworen wird, und dass es aufgrund der gezeigten semantischen Nähe zum „zweite[n], / deutliche[n] Leben"⁵⁴ gerade nicht als ein dem Wir zugehörendes Du gedacht wird, kann es nicht im Wir enthalten sein. Obwohl eine Lesart, die das Du als außerhalb des Wir stehend betrachtet, unbestreitbar kühn und durchaus

---

50 Celan 2005a, S. 48.
51 Vgl. Lehmann 2005, S. 312 u. Joachim Seng, Auf den Kreis-Wegen der Dichtung. Zyklische Komposition bei Paul Celan am Beispiel der Gedichtbände bis *Sprachgitter*. Heidelberg 1998, S. 33.
52 Vgl. Bachmann und Celan 2008, S. 78.
53 Lamping spricht von einem „Chor oder, vielleicht besser: ein[em] Kanon jüdischer Stimmen"; Dieter Lamping, Gedichte nach Auschwitz, über Auschwitz. In: Poesie der Apokalypse. Hg. von Gerhard R. Kaiser. Würzburg 1991, S. 237–257, hier: S. 241.
54 Dieses verdichtet sich metaphorisch mit der vorausfliegenden „Stille" (V 1–2), während in der ersten Fassung des Gedichts noch lediglich ein Vergleich vorlag: „wie ein zweites, / deutliches Leben"; TCA/SG, S. 58.

anfechtbar ist, soll im Folgenden der Versuch unternommen werden, diese zu erproben.

Folgendes Szenario bietet sich an: Die im Gedicht sprechenden Toten halten auf ein ihnen vorausfliegendes, „deutliches" (föhniges) Du zu, das ihnen zu einem „zweite[n] [...] Leben" (Phönix), nämlich innerhalb des Gedichts, verhelfen kann.[55] Dieses noch ferne Du nimmt erst am Ende Gestalt an – die indes als eine noch abwesende dargestellt wird: „niemandes Hand" (V 10). Dem Du, das durch seine implizierte Nähe zum Phönix nachdrücklich mit Lebendigem assoziiert ist, kommt nicht bloß die Rolle des Adressaten der beschriebenen Totenrede zu, sondern es bildet ebenso deren Voraussetzung. Im einleitenden Satz des Gedichtes *Die Silbe Schmerz*, den Celan leicht variiert auch in poetologischen Notizen verwendet, wird dieser Gedanke gnomisch pointiert: „Es gab sich Dir in die Hand: / ein Du, todlos, / an dem alles Ich zu sich kam."[56] Die Anwesenheit eines Du bedingt die Ich-Konstitution, die Anwesenheit des Ich wiederum die Totenrede, die diesem Du folgt. In der zweiten Strophe sprechen nun zwar weiterhin die Toten in der ersten Person Plural; zweimal allerdings, zu Beginn und am Ende (V 4 u. V 9), schaltet sich das Ich des Dichters ein, das sich aus dem kollektiven Wir separiert und den Prozess reflektiert, der die Gestaltwerdung des Adressaten und damit zugleich jene der Toten beschreibt.

Am Anfang der Strophe meldet sich das Ich zum ersten Mal zu Wort: „Ich gewann, ich verlor" (V 4). Die Symbolik des Spielens, des Gewinnens und Verlierens, macht Celan oftmals für poetologische Überlegungen fruchtbar, so etwa im frühen Gedicht *Chanson einer Dame im Schatten*, mit dem sich ein Gewinnen und Verlieren leitmotivisch wiederholt.[57] Jean Firges deutet die Dialektik von Gewinn und Verlust unter Bezugnahme auf eine Flaubert-Interpretation Jean-Paul Sartres, bei dem die Formel „Wer gewinnt, der verliert" auf eine Aufgabe der realen Welt und ein „Hinüberretten in die Welt der Imagination" verweise.[58] Aber diese Dialektik von Gewinn und Verlust bezieht sich auch auf eine von Leben und Tod im Mythos des Phönix: Dem Gewinn (V 4) eines „zweite[n] [...] Leben[s]" (V 2–3), der sich innerhalb der Dichtung vollzieht, hat zwangsläufig ein realer Verlust (V 4)

---

[55] Vgl. zur poetologischen, auf die Toten bezogenen Bedeutung des Adjektivs „deutlich" den folgenden Aphorismus: „,Du redest so unverständlich', meinte der Tote zum Sterbenden, ,du lallst ja nur, du lallst wie ein Neugeborenes. Sprich deutlicher, sprich tödlicher!'"; Celan 2005a, S. 20.
[56] GW, Band 1, S. 280 – Vgl. auch Celan 1999, S. 140.
[57] Vgl. Lehmann 2005, S. 313–314.
[58] Vgl. Jean Firges, Den Acheron durchquert ich. Einführung in die Lyrik Paul Celans. Vier Motivkreise der Lyrik Paul Celans: die Reise, der Tod, der Traum, die Melancholie. Tübingen 1998, S. 250.

vorausgegangen zu sein. Dieser Gewinn, der sich allein vor dem Hintergrund eines traumatischen Verlusts begreifen lässt, wird in einem späteren Gedicht, in *Fahlstimmig*, treffend in seiner ganzen Ambivalenz beschrieben: „wunder Gewinn / einer Welt".[59] Vom Wir, das nach dieser lakonischen Selbstreflexion des Dichter-Ich wieder die Rede führt, heißt es zunächst noch, dass es „an düstere Wunder" (V 5) lediglich glaubt – an den Gewinn eines zweiten Lebens; in dem Maße aber, in dem das Gedicht Gestalt annimmt, nehmen auch die Toten Gestalt an, wird ihr unbestimmt geäußerter Wunderglaube eingelöst. So wie der Vogel Phönix zu seiner Auferstehung eines Nestes bedarf, in dem er verbrennt und wieder zum Leben erwacht, so bedürfen auch die vormals gestaltlosen Toten eines sie tragenden „Ast[es]", der sich durch die Apposition „rasch an den Himmel geschrieben" auto-referentiell als das Gedicht selbst ausweist (V 5–6). Hierbei scheint sich das Geschriebene, der Ast, nach seiner flüchtigen Niederschrift vom Einfluss des Schreibenden befreit zu haben – wild wächst es bis in kosmische Sphären hinein („wuchs / durchs ziehende Weiß in die Mondbahn", V 6–7). Das „ziehende Weiß" lässt hinsichtlich des Eingangsbildes einerseits an die charakteristische Dynamik von Föhnwolken denken, andererseits ist damit auf der autoreferentiellen Ebene ein Transzendieren der Schrift gemeint: Der an den Himmel geschriebene Ast durchstößt wachsend das „Weiß" (V 7) des Papiers.[60] Dieser bemerkenswerte Vorgang bewirkt erst das „Wunder" (V 5) eines zweiten Lebens (V 2–3), das nicht nur die Grenzen zwischen Text und Welt, sondern auch die zwischen Vergangenheit und Zukunft aufhebt und in dem zentralen Satz gipfelt, der auf den Titel des Gedichts zurückweist: „ein Morgen / sprang ins Gestern hinauf" (V 7–8).

Jener paradoxe Satz findet sein genaues Äquivalent in einer von Shmuel Huppert überlieferten Äußerung Celans, die deutlich macht, dass die utopische Ausrichtung seiner Dichtung in einem wesentlichen Bezug zur Vergangenheit steht: „Dichtung verewigt den Sprung zwischen dem, was noch nicht ist, und dem, was nicht mehr existiert."[61] Liest man indes mit Werner Hamacher nicht „Ges-

---

59 Vgl. GW, Band 2, S. 307.
60 Der autoreferentielle Bezug ist besonders deutlich ausgeprägt in der Konzeption *Das Gedicht als Sprach-Gitter*, in der ‚weiß' mit einem existentiellen Schweigen assoziiert wird – denn die „Form des Gedichts ist längst nicht mehr die [...] seiner Verse und Strophen; [...] ein viel weißeres Weiß als die seines Satzspiegels bestimmt die Konturen"; Celan 1999, S. 99 (vereinfachte Darstellung des edierten Textes). Das Weiß des Papiers impliziert demnach den realen historischen Hintergrund, der von einer Dichtung, die das Wunder eines zweiten Lebens ins Werk setzt, transzendiert wird. Man könnte das „ziehende Weiß" auch mit dem Rauch der Krematorien in den Vernichtungslagern assoziieren („zerstoben", V 9).
61 Von Huppert überlieferte Äußerung Celans, zitiert nach Lydia Koelle, Paul Celans pneumatisches Judentum. Gott-Rede und menschliche Existenz nach der Shoah. Mainz 1997, S. 99 –

tern", sondern „Ge-Stern" (solche Wortspiele sind bei Celan keine Seltenheit),[62] so ist neben dem Vergangenheitsbezug auch die semantische Verbindung zur kosmischen, text-transzendenten Sphäre des vorangehenden Verses gegeben.

Hierauf werden die Toten zwar immer noch als „zerstoben" (V 9) bezeichnet – was sie wiederum der Luft- und Windsphäre (Phönix und Föhn) zuordnet –, doch haben sie bereits so weit Gestalt angenommen, dass erstmals von einer aktiven Tätigkeit des Wir die Rede sein kann: „wir holten [...] den Leuchter" (V 8 u. 9). Der Leuchter, dessen plötzliches Erscheinen mit den „düstere[n] Wunder[n]" (V 5) kontrastiert, verweist auf die jüdische Menora und hat in Celans Werk eine ungebrochen positiv besetzte Bedeutung. In einem frühen, in rumänischer Sprache verfassten Prosatext, dessen Handlung in der Nacht einsetzt, bevor „die Deportationen beginnen sollten",[63] fungiert ein riesiger goldener Leuchter als Symbol der Rettung des jüdischen Volkes. Jean Firges weist auf die in der jüdischen Ikonographie gründende Analogie zwischen der Menora und dem Lebensbaum hin,[64] die im vorliegenden Gedicht durch den „Leuchter" (V 9) und den „Ast", „rasch an den Himmel geschrieben" (V 5–6), aktualisiert wird.

Das letzte Wort aber haben nicht die Toten, sondern hat das Dichter-Ich, das sein „rasch" (V 6) geschriebenes Gedicht buchstäblich überstürzt einem noch abwesenden Adressaten in die Hand gibt: „ich stürzte / alles in niemandes Hand" (V 9–10).[65] Während sich einige Verse zuvor das Geschehen noch hinauf zu kosmischen Höhen schwang, kehrt das Ich, wenn es um die Vermittlung seines Gedichts („alles") geht, auf den Boden der Tatsachen zurück; der dort zu erreichende Adressat, dessen Unbestimmtheit („niemandes") auf die Jahre später entstandene *Meridian*-Poetik vorausweist,[66] wurde in einer Vorstufe des Stücks noch direkt

---

Vgl. zu dieser paradoxen Verschränkung von Vergangenheit und Zukunft auch den Aphorismus: „Nichts ist schwärzer als der leuchtende Morgen der Erinnerung."; Celan 2005a, S. 17.
62 Vgl. Werner Hamacher, Die Sekunde der Inversion. Bewegungen einer Figur durch Celans Gedichte. In: Paul Celan. Hg. von Werner Hamacher und Winfried Menninghaus. Frankfurt a. M. 1988, S. 81–127, hier: S. 122 – Hamacher entdeckt im semantischen Kontext des ‚Ge-Sterns' noch ein weiteres Wortspiel, denn „die Wendung ‚der Ast, / rasch an den Himmel geschrieben' enthält, auseinandergeschrieben und durch Komma und Versbruch getrennt, das Wort ‚Astra', das [...] im ‚Leuchter' ein semantisch relativ unzweideutiges Äquivalent findet"; Hamacher 1988, S. 122.
63 Vgl. GW, Band 6, S. 231.
64 Vgl. Firges 1998, S. 157.
65 Vgl. Martine Broda, „An Niemand gerichtet". Paul Celan als Leser von Mandelstamms „Gegenüber". In: Hamacher und Menninghaus 1988, S. 209–221, hier: S. 216 – Die Schnelligkeit und Abruptheit des dargestellten Geschehens („rasch", „sprang", „stürzte") spiegelt sich formal in den zahlreichen Enjambements und finiten Verben, die der zweiten Strophe des Gedichts einen überaus getriebenen Duktus verleihen; Lehmann 2005, S. 309.
66 Vgl. Broda 1988, passim.

angesprochen: „ich weinte / alles in deine Hand".[67] In dieser früheren Fassung erfolgt die Beschreibung der Befindlichkeit des Ich („weinte") gleich in der ersten Strophe, in der Celan überdies erwog, statt „Stille" (V 1) „Verzweiflung" zu setzen.[68]

Mit Bezug auf die *Meridian*-Poetik lässt sich schließlich auch eine Brücke schlagen zwischen dem Ende des Gedichtes und der bislang noch nicht untersuchten Anfangsstelle: „Die Stille / flog uns voraus" (V 1–2). Es sind in diesem Gedicht nämlich zwei ineinander verschachtelte Zeit- und Darstellungsebenen zu unterscheiden: die poetologische Reflexion des Ich, die nichts anderes als die Entstehung und Vermittlung des Gedichts thematisiert, sowie die Totenrede, die es überhaupt nur geben kann, weil das Ich durch sein Gedicht den Toten eine Stimme verleiht. Wenn nun das Wir in der ersten Strophe von einer vorausfliegenden „Stille", die vormals „Verzweiflung" war, spricht, so impliziert das nicht nur das Befinden des Ich, sondern auch das Schweigen,[69] das gemäß Celans Poetik der Gedichtentstehung vorausgeht. Eine poetologische Notiz im Umfeld des *Meridian* spricht exakt diesen Gedanken aus:

> Erst wenn du mit deinem allereigensten Schmerz bei den [...] Toten von Auschwitz und Treblinka und anderswo gewesen bist [...] stehst du mit deinem verstummenden Denken in der Pause, die dich an dein Herz erinnert, und sprichst nicht davon. Und sprichst, später, von dir. In diesem „Später", in dort erinnerten Pausen, in den Kolen und Moren gipfelt dein Wort.[70]

Indem die Toten der vom Dichter herbeigerufenen „Stille" (V 1) folgen, machen sie sich auf den Weg zum Du, das ihnen erst ein „zweites, / deutliches Leben" (V 2–3) gewährt – es ist das ein Du, das der Dichter durch die Reflexion über den Prozess der Gedichtentstehung als ein bereits erreichtes und dennoch abwesend-unbestimmtes vorstellt: „niemandes Hand" (V 10).

Celans kurzer Besuch bei Bachmann in München war zwar der unmittelbare Anlass für dieses Gedicht, doch ist darin, anders als mit *In Ägypten*, keine Rede mehr von Liebe bzw. einem Gespräch von Liebenden. Wo in der früheren Fassung noch stand „ich weinte / alles in deine Hand" und damit auf Intimität und Emotionalität abgezielt wurde, ist am Ende nur noch vage von „niemandes Hand" die Rede. Bekanntlich ist aber bei Celan der ‚Niemand' oftmals nur eine Umschreibung für einen noch unbestimmten ‚Jemand'. An einer prominenten Stelle

---

67 Vgl. TCA/SG, S. 59.
68 Vgl. TCA/SG.
69 In der ersten Fassung findet sich statt „Stille" das durchgestrichene Wort „Schweigen"; TCA/SG, S. 58.
70 Celan 1999, S. 127 (vereinfachte Darstellung des edierten Textes).

seines Werks, im Gedicht *Psalm*, sprechen die Toten einen solchen Jemand an, von dem sie sich ein zweites, poetisches Leben erhoffen: „Niemand knetet uns wieder aus Erde und Lehm, / niemand bespricht unsern Staub. / Niemand."[71] Damit ist letztlich der Leser von Celans Gedichten selbst gemeint.

Literaturverzeichnis

Agamben, Giorgio: Was von Auschwitz bleibt. Das Archiv und der Zeuge. Frankfurt a. M. 2003.

Bachmann, Ingeborg – Paul Celan: „Herzzeit". Der Briefwechsel. Hg. von Bertrand Badiou, Hans Höller, Andrea Stoll und Barbara Wiedemann. Frankfurt a. M. 2008.

Boyd, Timothy: „dunkeler gespannt". Untersuchungen zur Erotik der Dichtung Paul Celans. Heidelberg 2006.

Böschenstein, Bernhard und Sigrid Weigel (Hg.): Ingeborg Bachmann und Paul Celan. Poetische Korrespondenzen. Vierzehn Beiträge. Frankfurt a. M. 1997.

Broda, Martine: „An Niemand gerichtet". Paul Celan als Leser von Mandelstamms „Gegenüber". In: Paul Celan. Hg. von Werner Hamacher und Winfried Menninghaus. Frankfurt a. M. 1988, S. 209–221.

Celan, Paul: Werke. Tübinger Ausgabe. Hg. von Jürgen Wertheimer. 9 Bde. Frankfurt a. M. 1996 ff.

Celan, Paul: Gesammelte Werke in sieben Bänden. Hg. von Beda Allemann und Stefan Reichert. Frankfurt a. M. 2000.

Celan, Paul: „Mikrolithen sinds, Steinchen". Die Prosa aus dem Nachlaß. Kritische Ausgabe. Hg. von Barbara Wiedemann und Bertrand Badiou. Frankfurt a. M. 2005a.

Celan, Paul: Die Gedichte. Kommentierte Gesamtausgabe. Hg. von Barbara Wiedemann. Frankfurt a. M. 2005b.

Celan, Paul – Ilana Shmueli: Briefwechsel. Hg. von Ilana Shmueli und Thomas Sparr. Frankfurt a. M. 2004.

Eisenreich, Brigitta: Celans Kreidestern. Ein Bericht. Mit Briefen und anderen unveröffentlichten Dokumenten. Unter Mitwirkung von Bertrand Badiou. Frankfurt a. M. 2010.

Emmerich, Wolfgang: Paul Celan. Reinbek bei Hamburg 1999.

Felstiner, John: Paul Celan. Eine Biographie. München 1997.

Firges, Jean: Den Acheron durchquert ich. Einführung in die Lyrik Paul Celans. Vier Motivkreise der Lyrik Paul Celans: die Reise, der Tod, der Traum, die Melancholie. Tübingen 1998.

Hamacher, Werner: Die Sekunde der Inversion. Bewegungen einer Figur durch Celans Gedichte. In: Paul Celan. Hg. von Werner Hamacher und Winfried Menninghaus. Frankfurt a. M. 1988, S. 81–127.

Hartman, Geoffrey: Intellektuelle Zeugenschaft und die Shoah. In: „Niemand zeugt für den Zeugen". Erinnerungskultur und historische Verantwortung nach der Shoah. Hg. von Ulrich Baer. Frankfurt a. M. 2000, S. 35–53.

---

71 GW, Band 1, S. 225.

Koelle, Lydia: Paul Celans pneumatisches Judentum. Gott-Rede und menschliche Existenz nach der Shoah. Mainz 1997.

Kluge. Etymologisches Wörterbuch der deutschen Sprache. Bearbeitet von Elmar Seebold. Berlin 2002.

Lamping, Dieter: Gedichte nach Auschwitz, über Auschwitz. In: Poesie der Apokalypse. Hg. von Gerhard R. Kaiser. Würzburg 1991, S. 237–257.

Lehmann, Jürgen (Hg.): Kommentar zu Paul Celans *Sprachgitter*. Heidelberg 2005.

Mayer, Peter: Paul Celan als jüdischer Dichter. Landau 1969.

Petersen, Jürgen H.: Absolute Lyrik. Die Entwicklung poetischer Sprachautonomie im deutschen Gedicht vom 18. Jahrhundert bis zur Gegenwart. Berlin 2006.

Seng, Joachim: Auf den Kreis-Wegen der Dichtung. Zyklische Komposition bei Paul Celan am Beispiel der Gedichtbände bis *Sprachgitter*. Heidelberg 1998.

Tunkel, Tobias: Das verlorene Selbe. Paul Celans Poetik des Anderen und Goethes lyrische Subjektivität. Freiburg im Breisgau 2001.

Bernhard Böschenstein
Celans Gedichte aus *Sprachgitter* in Briefen an Ingeborg Bachmann

Eine Skizze

Der Briefwechsel zwischen Ingeborg Bachmann und Paul Celan enthält ganz zu Anfang, am 24. Juni 1948, das Bachmann gewidmete Gedicht *In Ägypten* aus dem Band *Mohn und Gedächtnis*.[1] Danach werden von Celan keine seiner Gedichte mehr an die österreichische Freundin gesandt, bis zum 17. Oktober 1957. Von da an erreichen Ingeborg Bachmann in kleinen Intervallen einzelne Gedichte aus *Sprachgitter* in Briefform, bis zum 7. Januar 1958, und zuletzt eine Übersetzung von Paul Éluard: *Nous avons fait la nuit*.[2]

Dazwischen überreichte er Bachmann in München, zwischen dem 7. und 9. Dezember, ein Konvolut aus *Sprachgitter*, das sich zum Teil mit den vorher einzeln zugesandten Gedichten deckt. Gleichzeitig werden Ingeborg Bachmann 23 Gedichte aus *Mohn und Gedächtnis* gewidmet.[3]

Nun hat es den Anschein, als hätten die einzeln als Brief an Ingeborg Bachmann gesandten Gedichte mehr Bedeutung für diese Beziehung als die Gedichte des größeren Konvoluts aus *Sprachgitter*. Gelegentlich wird die mit den Sendungen bedachte Geliebte darin als solche greifbar – vorausgesetzt, dass sich die Texte auch als Liebesgedichte verstehen lassen. Möglicherweise liegt eine gewisse Verwandtschaft zwischen den einzeln abgesandten Stücken vor, die mit der Beziehung zu Ingeborg Bachmann zusammenhängt. Jedenfalls ist es diese Ausgangsthese, die zu dem Versuch ermutigt, diese Einzelstücke einmal als Gruppe zu untersuchen.

Bereits das erste Gedicht, *Weiß und Leicht*,[4] wird von Themen bestimmt, die in den nachfolgenden Texten in Variationen wiederkehren. Zu diesen thematischen Feldern gehört schon das erste Wort „Sicheldünen" (V 1): Es weist auf die Mondsichel hin. Und später kehrt das Mond-Motiv wieder: „Die Fernen, mondnah,

---

[1] Vgl. Paul Celan, Die Gedichte. Kommentierte Gesamtausgabe in einem Band. Hg. von Barbara Wiedemann. Frankfurt a. M. 2003, S. 42 – Sigel: KG.
[2] Paul Celan, Gesammelte Werke in fünf Bänden. Hg. von Beda Allemann und Stefan Reichert. Band 4: Übertragungen I. Hg. von dens. Frankfurt a. M. 1983, S. 812–813.
[3] Vgl. Christine Koschel, „*Malina* ist eine einzige Anspielung auf Gedichte". In: Ingeborg Bachmann und Paul Celan. Poetische Korrespondenzen. Hg. von Bernhard Böschenstein und Sigrid Weigel. Frankfurt a. M. 2000, S. 17–22.
[4] KG, S. 98–99.

wie wir." (V 14) Dabei ist zu bedenken, dass die Dünen aus Sand sind: Sie erinnern an das „Sandvolk" (V 4), die „Sandstadt" (V 7) aus *Oben, geräuschlos*[5] und damit an die adjektivischen und adverbialen Bestimmungen „ungezählt" (V 1), „tausendfach" (V 2), „zuhauf" (V 6) aus *Weiß und Leicht*. Lauter Hinweise sind dies auf die getöteten Juden, die mit dem Sand gemeint sind – daher die Gewichtslosigkeit, die Leichtigkeit des dichterischen Bildes.

Die Richtung aller Wanderbewegungen weist stets auf das Meer. Hinzu treten der „Gegentakt" (V 19), den *Allerseelen*[6] nennt, und die „Klippe" (V 15) aus *Weiß und Leicht*, an der „sich das Wandernde bricht" (V 16). Das Licht wird zu Schaum, die Welle zu Staub. Der Vorgang des baulichen sich Konstituierens bezeichnet hier zugleich einen der Auflösung. Die – losgetrennten – Stirnen ersetzen die Felsen: geliehen, rollend, ein Gestade bildend. Man sieht ihre Schläfen, wie der Vers „Schläfst du?" (V 28) signalisiert. Wie bei Trakl gehen Schläfe und Schlaf ineinander über. Mit der „Meermühle" (V 30) sind wir nahe den „Mühlen des Todes" (V 16), die *Spät und Tief*[7] aufweist. Im gleichen Gedicht steht auch: „Wir schwören der Welt die heiligen Schwüre des Sandes" (V 9). Der Bau erlangt in *Weiß und Leicht* dadurch Bedeutsamkeit, dass dieser aus dem gebaut wird, was „ohne Gewicht" (V 10) ist. So wird zwar gebaut, aber gleichzeitig wird der Bau seines Gewichts enthoben, geliehen, gespiegelt, gerollt.

Fast alle Gedichte, die Ingeborg Bachmann erhielt, sind aus solchem Stoff gemacht: Im *Schuttkahn*[8] sind wir wieder mit dem Wasser und mit der Zeit verbunden, die Hinführung zum „Abend" (V 2) und die aufeinanderstoßenden Versteile „totes / Warum" (V 3-4) geben die zeitliche bzw. existentielle Richtung an. Dem „braune[n] / Seelenfortsatz" (V 7-8) – man kann ihn phallisch deuten – widersetzt sich „das hellgeatmete Nein" (V 9), das hier den freien, wahren Raum bezeichnet. Seinen Titel verdankt dieses Gedicht der Freundin Brigitta Eisenreich, die berichtet, dass sie Celan das Wort „Schuttkahn" für die Kähne auf der Seine vermittelt hat, die sie unter ihrem Fenster beobachtete, als sie von Lastwagen mit Schutt beladen wurden.[9]

In *Köln, Am Hof*[10] ist der Anfang, mit seinen Wortbildungen der „Herzzeit" (V 1) und der „Mitternachtsziffer" (V 3), zeit-thematisch unmittelbar mit der Formulierung „ihr Uhren tief in uns" (V 11) verbunden, die am Ende vorliegt. Ein

---

5 KG, S. 109–110.
6 KG, S. 107.
7 KG, S. 38.
8 KG, S. 103.
9 Vgl. Brigitta Eisenreich, Celans Kreidestern. Ein Bericht. Unter Mitwirkung von Bertrand Badiou. Berlin 2010, S. 57–58.
10 KG, S. 104.

Paradox, bestehend aus den Gegensätzen des „Verbannt und Verloren"- (V 6) sowie des „[D]aheim"-Seins (V 7), exemplifiziert vielerorts die angepeilte Aussage: jene, dass aus der Entfernung, aus der Entgegnung Wahrheit entspringt. Die Formulierung „einiges ging seiner Wege" (V 5) ist eine für Celan allgültige Formel, weil sie Richtungsbedürftigkeit zum Ausdruck bringt, zugleich aber gegen jeden Zwang gefeit ist.

Die Darstellung einer Paradoxie wie in *Köln, Am Hof* – „Verbannt und Verloren / waren daheim" (V 6-7) – findet sich später zweimal in *Ein Tag und noch einer*[11] wiederholt: mit „Ich gewann, ich verlor" (V 4) und „ein Morgen / sprang ins Gestern hinauf" (V 7-8). Auch der Schluss drückt nochmals das Zusammentreffen eines Auseinanderliegenden aus: „ich stürzte / alles in niemandes Hand" (V 9-10). Versteckt sich hinter dem Titel *Ein Tag und noch einer* keine bloße Abfolge, sondern eine auseinanderdriftende Unterscheidung? Wie weit ist hier eine Übereinkunft, wie weit deren Unmöglichkeit zum Ausdruck gebracht? Ein Blick auf die textgenetische Vorstufe des Schlusses gibt einen wegweisenden Hinweis: „ich weinte / alles in deine Hand" (V 9-10).[12] Indem der Leuchter, dessen kultische Bedeutung in der jüdischen Religion zentral ist, als „zerstoben" (V 9) gekennzeichnet wird, gelangt ein weiteres Indiz zum Vorschein. Der Versuch, dieses Glaubenssymbol zu erlangen, ist wohl ein vergeblicher. Was hier im Einzelnen aufeinanderfolgt, bringt keine Bestätigung, vielmehr eine Entgegensetzung.

Eine weitere Analogie, wenngleich zu einem anderen Gedicht, ist zu bemerken: Dem phallisch deutbaren „Arm", „mit dem ich nackt zu dir hinwuchs" (V 3-4), aus *Weiß und Leicht* entsprechen die folgenden Verse aus *Ein Tag und noch einer*: „der Ast, / rasch an den Himmel geschrieben, trug uns, wuchs / durchs ziehende Weiß in die Mondbahn" (V 5-7), zumal in beiden Gedichten das Weiß und der Mond gegenwärtig sind.

Das Gedicht *In Mundhöhe*[13] birgt gleichfalls Paradoxales, Ungelöstes, das zum einen als Düsteres, als „Finstergewächs" (V 2), als Schuldhaftes, als dem Tod Geweihtes erscheint, das gleichzeitig aber dort, wo eine Hülle erwähnt wird, knospend, „wahr und offen" (V 12) ist: „Schelfe" (V 12). Das adjektivische Gegensatz-Paar „Berührt und Unberührt" (V 7) stellt ein weiteres ungelöstes Paradoxon dar, ebenso das wissende Schweigen der Lippe, das als dem Schluss zugehörig thematisch an den Anfang anknüpft: an die „Mundhöhe" (V 1).

---

11 KG, S. 105.
12 Vgl. Paul Celan, Werke. Tübinger Ausgabe. Hg. von Jürgen Wertheimer. 9 Bde. Band: Sprachgitter. Vorstufen – Textgenese – Endfassung. Hg. von Heino Schmull. Frankfurt a. M. 1996, S. 59.
13 KG, S. 105.

Diese Wort-Konstellationen sind hier Anzeichen eines sich der Aussage Entziehenden. All diese Gedichte bezeugen Hindernisse, deuten den Einklang Verwehrendes an. Eine Unerfülltheit ist dies, die sich wiederholt. Selbst die Negativität bleibt oftmals in der Schwebe, ist nicht deutlich fassbar. Verhindert der Grund des Verschweigens doch eine Deutlichkeit in der Aussage. Eine schmerzhafte Ambivalenz widerspricht klaren Verhältnissen. Was in der Schwebe bleibt, wird von keiner Hoffnung gesteuert.

Im folgenden Gedicht, in *Eine Hand*,[14] wiederholt sich das Schweigen aus dem vorangegangenen, und zwar im kulturellen Umfeld des Judentums, wenngleich statt des „zerstoben[en]" (V 9) Leuchters nun die Hand, die auch den Titel abgibt, als ein solcher fungiert: „Eine Hand, die ich küßte, leuchtet den Mündern." (V 5–6) Das Ephemerste ist hiermit auch das Bleibendste und das Feste des Tisches dabei der Zeit untertan. So kurze Gedichte verwandeln Vorgänge in Notate, was dem „Stundenholz" (V 1) angemessen ist, das wiederum zum augenblicklichen Charakter der Mahlzeit passt.

Das letzte der einzeln zugesandten Gedichte, *Allerseelen*, Totensonntag, muss – der religiösen Thematik wegen – der Nacht, der Finsternis, der Blindheit, der Schwärze sich öffnen. Wichtig ist aber auch der „Gegentakt" (V 19): was fliegt, was „gekostet" (V 9) wird, was spricht. Diese Gegenvorgänge sind indessen aus weggegebener Zeit gestaltet, aus dem Vorbeigehenden, Verlorenen, „[Z]erschwiegene[n]" (V 16), und das heißt wiederum aus dem, was untergeht und sich verliert. Der Auftakt mit der Besamung der Nacht erinnert uns an die in der Korrespondenz angedeutete Liebesnacht.

Obwohl nun zusammenraffend die Grundzüge dieser sieben Gedichte skizziert wurden, fehlt durchaus das Zwingende im Gang entlang der Verse. Es ging jedoch zunächst darum, Vergleichbares in diesen Gedichten hervorzuheben, Andeutungen zu verdeutlichen und die unauflöslichen Paradoxien wahrzunehmen. Insgesamt ist eine Loslösung von aller Beschwernis festzustellen, so etwa im Stück *Weiß und Leicht*, das eine Thematisierung des Leichtgewichtigen, des Wandernden zeigt – anhand der Bilder des Sands oder der Meereswellen –, und damit das Fehlen fester Bezeugungen, expliziter Martyrien.

In ihrer *Anrufung des Großen Bären*, um einen Kontrast herzustellen, ist Ingeborg Bachmanns Stimme oft kämpferischer – manchmal anknüpfend an geographische und geschichtliche Daten –, weniger entschwert, eine weniger zur Entwerdung neigende. Im Fall von Celan dagegen begegnen sich Sphären, die sich kaum miteinander vereinbaren lassen.

---

14 KG, S. 106.

Celans Aussagen entziehen sich hier vielfach direkter sprachlicher Vergegenwärtigung. Umschreibungen, Verschweigungen, auch mitten in der Enthüllung, sind es, die den Gehalt der Aussage definieren. Jene Abwehr jeglicher Affirmation konstituiert so manche Gedichte, aus denen hier einige Beispiele angeführt seien: „Meermühle geht, / eishell und ungehört, / in unsern Augen" (V 30–32) (*Weiß und Leicht*); „ein totes / Warum steht am Heck" (V 3–4) (*Schuttkahn*); „einiges schwieg" (V 4), „Ihr Dome ungesehn, / ihr Ströme unbelauscht" (V 9–10) (*Köln, Am Hof*); „ich stürzte / alles in niemandes Hand" (V 9–10) (*Ein Tag und noch einer*); „beides will dasein und sterben" (V 9), „tagfremd" (V 11), „Lippe schweigt es zu Ende" (V 14) (*In Mundhöhe*); „Es wird / geschwiegen" (V 3–4) (*Eine Hand*); „Andere, viele, / ortlos und schwer aus sich selbst: erblickt und umgangen" (V 12–13) (*Allerseelen*). Es gibt hier eine Folge von Affirmationsabwehr.

Jedoch möchte sich dieser Versuch einer Deutung nicht mit lauter Unauflösbarem begnügen, weshalb im Folgenden das Ziel verfolgt wird, in die Gegenrichtung zu gehen, um zu sehen, was an Aussagen verantwortet werden kann. In diesem Sinn wendet sich ein zweiter Lektüre-Durchgang erneut dieser Gedichtgruppe zu, jedoch unter umgekehrten Vorzeichen, die auf die Frage nach der thematischen Zurechenbarkeit hin ausgerichtet sind.

Das Gedicht *Weiß und Leicht* ist auch das einer großen zeitlichen Bewegung, die mehr und mehr einen Prozess der Anreicherung mit dem beschreibt, was in der dreiteiligen Formel von „Schein", „Schmerz" und „Namen" (V 7) überlebt: mit Zeugnissen einer gewaltigen Vernichtung, die sich im Medium einer Meereslandschaft vernehmen lässt. Solch indirektes Sprechen verleiht diesen Gedichten das Signum des letztlich Unaussprechlichen und zugleich des vielfältig Bezüglichen. Daher bleibt diesen Texten eines gemeinsam: der Fortgang der Zeit, die – so deuten es viele Stellen des *Meridian* und seiner Materialien – zum Tode hinstrebt.

In Entsprechung zum Stück *Schuttkahn*, das mit der „Wasserstunde" (V 1) zeitmotivisch seinen Anfang nimmt, beginnt auch *Eine Hand* mit dem „Stundenholz" (V 1) sowie *Köln, Am Hof* mit der „Herzzeit" (V 1) und mit der „Mitternachtsziffer" (V 3). Daneben ist in *Schuttkahn* auch im „Seelenfortsatz" (V 8) Zeitlichkeit wahrzunehmen sowie im Fall des *Köln*-Gedichts mit der Stelle „einiges ging seiner Wege" (V 5), in *Allerseelen* mit „Vogelflug, Steinflug, tausend / beschriebene Bahnen" (V 6–7), „einem blinden / Gefühl, das des Wegs kam" (V 11–12) und nicht zuletzt mit den Zeitangaben „Morgen" (V 7) und „Gestern" (V 8), die *Ein Tag und noch einer* kennt.

Ein anderes mehrfach erscheinendes Thema ist die Verlorenheit, die in folgenden Teilen auszumachen ist: „Du […] Verlorne" (V 3 u. 5) (*Weiß und Leicht*); „Verbannt und Verloren / waren daheim" (V 6–7) (*Köln, Am Hof*); „Ich gewann, ich verlor" (V 4) (*Ein Tag und noch einer*); „gekostet, vertrunken, verträumt" (V 9) (*Allerseelen*).

Auch eine Lichtquelle, die motivisch mit dem Leuchter korrespondiert, ist in manchen Versen präsent: „Die Strahlen" (V 6); „Die Fernen, mondnah" (V 14); „Lichtschaum" (V 19); „eishell" (V 31) (*Weiß und Leicht*). Auch hier bestimmt ein Maß an Entwirklichung diese Vorstellungen.

In manchen Versen waltet dagegen ein Nächtiges: „Mitternachtsziffer" (V 3) (*Köln, Am Hof*); „Mondbahn" (V 7) (*Ein Tag und noch einer*); „Finstergewächs" (V 2) (*In Mundhöhe*); „[d]ie Nacht besamt" (V 3), „nächtiger als / diese" (V 4–5) (*Allerseelen*). Deshalb ist es kein Zufall, wenn an die Gedichtsendungen sich die Übersetzung von Paul Éluards *Nous avons fait la nuit* anschließt, in der das Nacht-Motiv als mehrfach aufgegriffenes vorliegt: „Die Nacht ist begangen" (V 1); „du bringst / den Umnachteten Ehrfurcht entgegen" (V 12–13) (Celan übersetzt „fou" durch „umnachtet"); „stimm ich die Stirn [...] in eins mit der Nacht" (V 16–17). Der Sinn des erwähnten Motivs aus dem Liebesgedicht von Éluard lässt sich mit der Bedeutung des Nächtigen in Celans eigenen Gedichten verbinden.

Bis jetzt unbeachtet blieb die Ansprache an ein Du, die in *Weiß und Leicht* folgende Form annimmt: „tausendfach: du. / Du und der Arm, / mit dem ich nackt zu dir hinwuchs" (V 2–4). Zuletzt folgt die Frage: „Schläfst du?" (V 28) Und stets tritt darin ein ‚Wir' auf, das das Du einbegreift. Dasselbe ‚Wir' erscheint auch in *Schuttkahn*, in *Köln, Am Hof*, in *Ein Tag und noch einer*, nicht aber mit *In Mundhöhe*, nicht in *Eine Hand* und auch nicht in *Allerseelen*.

Auffallend ist daran, dass in zwei Gedichten aus der letzten Gruppe dagegen der „Mundhöhe" (V 1), der „Lippe" (V 13) (*In Mundhöhe*), also den „Mündern" (V 6) (*Eine Hand*) die Aufmerksamkeit gilt. In diesen Abweichungen, wie auch im Fall der Betonung des ‚Nächtigen', ist der Liebesbezug vordringlich. Und deswegen braucht es in diesen drei letzten Gedichten weder ein Du noch ein ‚Wir'. Der Liebende kommt auf die Geliebte zu, der Vorgang ist so dominant, dass keine im Personalpronomen konkretisierte Eigenbetonung der Beteiligten mehr nötig ist. Aus der Gegenwärtigkeit des Liebesthemas in diesen Texten erklären sich auch die Verschwiegenheiten, die Umschreibungen, die Verknappungen.

Möglicherweise geht es zu weit, wenn man nun Éluards Gedicht auch als eines, das an Bachmann gerichtet ist, verstehen wollte: „du wirst mir / zur Unbekannt-Fremden, du gleichst dir, du gleichst / allem Geliebten, du bist / anders von Mal zu Mal" (V 18–21). Diese ‚Unbekannt-Fremde' ist dabei auch eine „Verlorne" (*Weiß und Leicht*, V 5).

Für die Deutung ist es hilfreich, einerseits die thematische Nähe zu beschreiben, die diese Gedichte miteinander verbindet, andererseits den möglichen, aber auch sehr verschwiegenen Bezug zur Briefpartnerin anzudeuten, unter Verzicht auf eindeutige Gewissheiten biographischer Natur allerdings, die hier eine Verengung darstellten. Festzustellen bleibt immerhin, dass die nach neun Jahren wieder aufgeflammte Liebesbeziehung zu Ingeborg Bachmann in diesen Gedichten immer wieder wahrnehmbar ist.

Solche Gedichte bleiben auf die Zukunft hin wirksam – dies deshalb, weil sie eine unausschöpfbare Deutbarkeit bergen, die hier freilich nur in konturierenden Versuchen angepeilt wurde. Ist doch Celan darin der Mittelpunkt einer Sphäre, in der die dominierenden Leiden an der jüngsten Vergangenheit und der davon geprägten Gegenwart keine festen Aussagen zulassen, sondern lediglich ein Geflecht von Annäherungen an etwas Unsagbares erlauben.

Literaturverzeichnis

Celan, Paul: Gesammelte Werke in fünf Bänden. Hg. von Beda Allemann und Stefan Reichert. Frankfurt a. M. 1983.
Celan, Paul: Werke. Tübinger Ausgabe. Hg. von Jürgen Wertheimer. 9 Bde. Frankfurt a. M. 1996 ff.
Celan, Paul: Die Gedichte. Kommentierte Gesamtausgabe in einem Band. Hg. von Barbara Wiedemann. Frankfurt a. M. 2003.
Eisenreich, Brigitta: Celans Kreidestern. Ein Bericht. Unter Mitwirkung von Bertrand Badiou. Berlin 2010.
Koschel, Christine: „*Malina* ist eine einzige Anspielung auf Gedichte". In: Ingeborg Bachmann und Paul Celan. Poetische Korrespondenzen. Hg. von Bernhard Böschenstein und Sigrid Weigel. Frankfurt a. M. 2000, S. 17–22.

Autorenverzeichnis

Bernhard Böschenstein, geb. 1931 in Bern, studierte ab 1950 Germanistik, französische und griechische Literatur in Paris, Köln und Zürich; 1958 Promotion bei Emil Staiger mit einer Dissertation über Hölderlins Rheinhymne; von 1958 bis 1964 Assistent bei Walther Killy an der Freien Universität Berlin und in Göttingen; 1964 als Gastwissenschaftler und Lehrbeauftragter an der Harvard University; ab 1964 als Professor für Neuere deutsche Literaturgeschichte in Genf tätig, seit 1994 dort zugleich für Vergleichende Literaturwissenschaft. Arbeitsschwerpunkte: Hölderlin und die Lyrik des 20. Jahrhunderts.

Ruven Karr, geb. 1982 in Illingen, Studium der Germanistik und Komparatistik in Saarbrücken; Promotionsprojekt zum Totengedenken bei Paul Celan (bei Prof. Dr. Bernd Auerochs); Promotionsstipendiat und Lehrbeauftragter an der Universität des Saarlandes. Arbeitsschwerpunkte: Literatur des 20. Jahrhunderts und Popkultur.

Linda Maeding, Studium der Komparatistik, Philosophie und Theaterwissenschaft in Mainz, Paris und Bogotá; Promotion an den Universitäten Mainz und Barcelona mit einer Arbeit über Exilautobiographien; von 2008 bis 2013 DAAD-Lektorin an der Sektion für Deutsche Philologie der Universität Barcelona. Arbeitsschwerpunkte: deutsch-spanische Literaturbeziehungen, Exil, Gedächtnistheorien und Autobiographik.

Madlen Reimer, geb. 1987, Studium der Germanistik, Literaturvermittlung und Politikwissenschaft in Bamberg, Arhus (Dänemark) und Gent (Belgien); Promotionsprojekt zur Prosa Ingeborg Bachmanns und Thomas Bernhards; wissenschaftliche Mitarbeiterin am Lehrstuhl für Neuere deutsche Literaturwissenschaft an der Universität Bamberg.

Cindy K. Renker, Studium der Germanistik und 2011 Promotion in Interdisziplinäre Geisteswissenschaften (Schwerpunkt: Literaturwissenschaften) mit einer Dissertation zu Paul Celan; Dozentin an der University of Texas at Dallas und Gastdozentin an der University of North Texas. Arbeitsschwerpunkte: Holocaustliteratur, Exillyrik und Frauenliteratur des 18. und 19. Jahrhunderts.

Marc-Oliver Schuster, geb. 1968 in Linz, Studium der Germanistik und Philosophie in Salzburg (Mag.) und Toronto (PhD); Forschungsprojekte zu „Semiotik und

Postmoderne" und „Jazz in deutschsprachiger Literatur"; derzeit Projektleiter an der Germanistik der Universität Wien (Thema: H. C. Artmann).

Mareike Stoll, geb. 1979 in Bünde, von 1999 bis 2005 Magister-Studium der Allgemeinen und Vergleichenden Literaturwissenschaft und Kunstgeschichte an der Freien Universität Berlin, der Humboldt-Universität zu Berlin sowie an der Universität Turku (Finnland); Magister-Arbeit zu „Erzähltechniken der Überblendung"; Doktorandin am German Department der Princeton University (NJ). Arbeitsschwerpunkte: Fotogeschichte und vergleichendes Sehen, sowie deutschsprachige Literatur des 20. Jahrhunderts.

Lina Užukauskaitė, geb. 1977 in Kaunas/Litauen, Studium der Germanistik, Kunstgeschichte und Philosophie an der Universität Heidelberg; Promotionsprojekt zur Kategorie des Schönen im Werk Bachmanns an der Universität Salzburg und an der Vytautas Magnus Universität Kaunas; wissenschaftliche Mitarbeiterin am Lehrstuhl für Germanistik und Romanistik, Universität Kaunas. Arbeitsschwerpunkte: Literatur nach 1945, Intermedialität und Filmanalyse.

Sigrid Weigel, geb. 1959, von 1969 bis 1977 Studium der Germanistik, Politologie und Pädagogik an der Universität Hamburg; von 1978 bis 1982 Dozentin am Literaturwissenschaftlichen Seminar der Universität Hamburg; von 1984 bis 1990 Professorin am Literaturwissenschaftlichen Seminar der Universität Hamburg; von 1992 bis 1998 Professorin am Deutschen Seminar der Universität Zürich; seit 1999 Professorin am Institut für Literaturwissenschaft der Technischen Universität Berlin, Direktorin des Zentrums für Literatur- und Kulturforschung Berlin.

Barbara Wiedemann, Staatsexamen Germanistik/Romanistik in Tübingen; Promotion in Tübingen: „Antschel Paul – Paul Celan. Studien zum Frühwerk" (1985); Lehrbeauftragte an der Universität Regensburg von 1993 bis 1996; Lehrbeauftragte an der Universität Tübingen seit 1997. Arbeitsschwerpunkt: Editionen aus dem Nachlass von Paul Celan.

Gernot Wimmer, geb. 1978, lehrt Neuere deutsche Literatur und deutsche Sprache an der St.-Kliment-Ohridski-Universität von Sofia. Der Promotion im Jahr 2004 zu Kafkas Romanfragment *Der Verschollene* folgte der erfolgreiche Abschluss der Arbeit an einer dreibändigen Gesamtdarstellung zu seinem Werk. Arbeitsschwerpunkte: Neuere deutsche Literatur und Weltliteratur.

www.ingramcontent.com/pod-product-compliance
Lightning Source LLC
Chambersburg PA
CBHW070612170426
43200CB00012B/2666